山陰・山陽の戦国史

毛利・宇喜多氏の台頭と銀山の争奪

地域から見た戦国150年 7

渡邊大門［著］

ミネルヴァ書房

刊行のことば

戦国時代がいつはじまり、いつ終わったかについては諸説あるが、本叢書では、享徳三年（一四五四）の享徳の乱から慶長二十年（元和元・一六一五）までの一五〇年とし、「地域から見た戦国一五〇年」というタイトルにしている。

この一五〇年間、各地ではその地を代表する戦国大名が登場し、戦国時代のキーワードとされる下剋上・弱肉強食、そして合従連衡をくりかえしながら、やがて比較的広域支配を行う強大な大名権力が生まれ、最終的には天下統一が果たされることになる。

現在、戦国大名研究は飛躍的に進み、個々の戦国大名について、その軍事や経済、領国経営に関してはかなりなまで明らかになってきている。また、各県の県史、市町村ごとの市町村史の刊行も進み、戦国大名を取りまく状況はかなり細かいところまで浮き彫りになっているといってよい。

このような状況を踏まえ、本叢書は、県や市町村の枠を越えた地域を設定し、地域から戦国史を見る形をとった。では、なぜいま、地域から戦国史を見るのか。

一つ目は、県や市町村レベルでは見すごされがちなその地域の特性が描き出される点である。戦国時代、大名たちは国を越えて行動しているわけで、少し上から俯瞰することで、それまで見えてこなかったものが見えてくるはずである。

二つ目として、地域から見ることで、単なる政治史ではなく、そこに生きた人々に目が向くという利点がある。戦国史というと、どうしても合戦の歴史ばかりが描かれがちであるが、地域に生きた人々の視点で見直すことで、戦国時代を生きた武将たちだけではなく、そこに生きた庶民にも光が当てられることが期待される。

平成二十八年五月

小和田哲男

姫路城（兵庫県姫路市本町）

岡山城（岡山市北区丸の内）
（岡山城提供）

広島城（広島市中区基町）
（広島城提供）

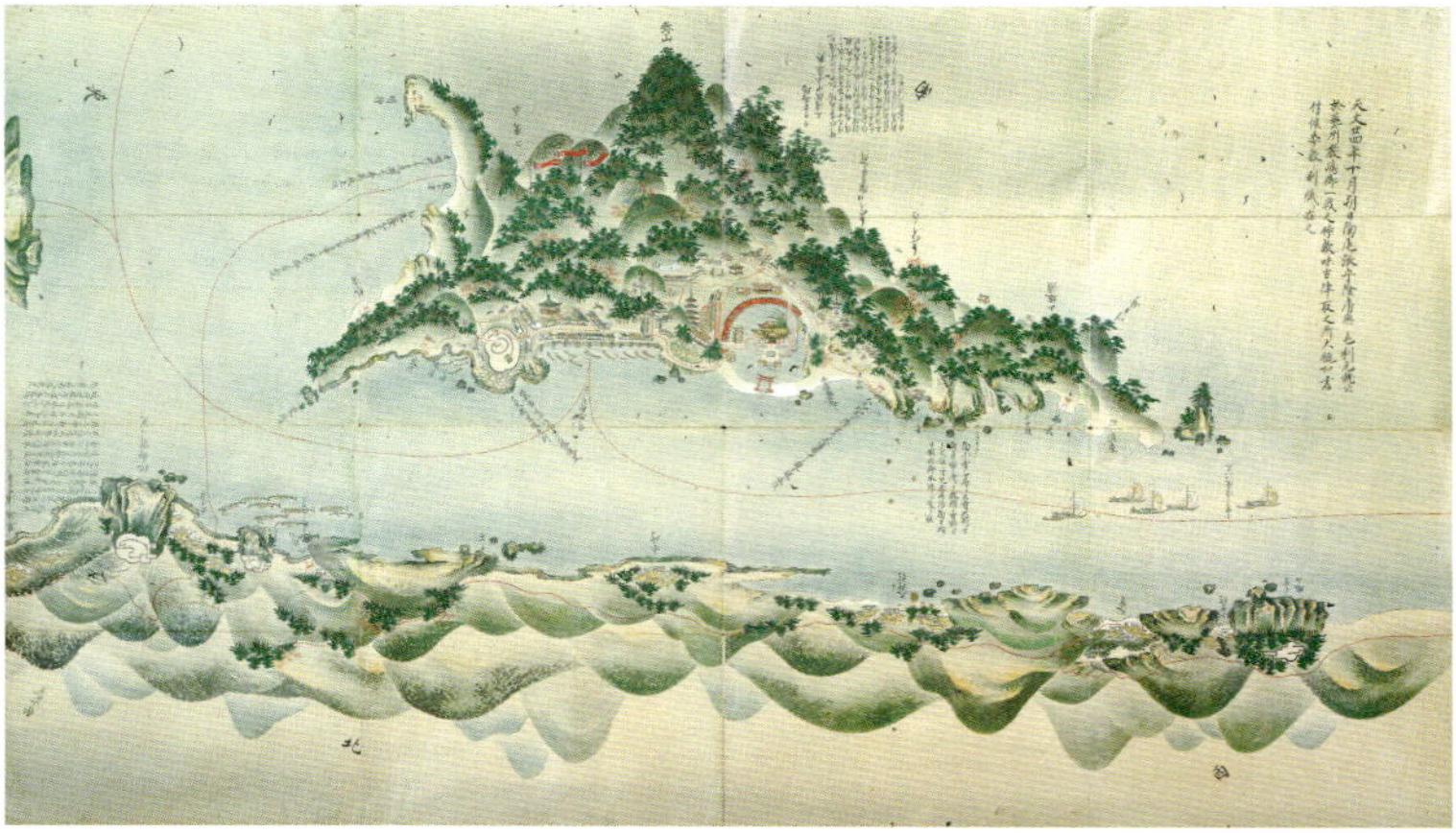

「芸州厳島御一戦之図」（山口県文書館蔵）

大内氏館跡（山口市亀山町）
（山口市教育委員会提供）

石見銀山（島根県大田市）
（大田市提供）

「播州三木城天正中合戦図」
（兵庫県三木市・法界寺蔵／
三木市教育委員会提供）

一猛齋芳虎筆「水攻防戦之図」（和歌山市立博物館蔵）

西大寺
（岡山市東区西大寺）

出雲大社
（島根県出雲市大社町杵築東）

嚴島神社
（広島県廿日市市宮島町）
（廿日市市環境産業部
観光課提供）

はじめに

昨今における戦国史研究の深化には、目を見張るべきものがある。その要因は自治体史の刊行により、史料が次々と収集・整理・刊行され、研究の下地が整ったことが大きい。一部の戦国大名については、『戦国遺文《せんごくいぶん》』(東京堂出版、一九八九年〜)から史料集が刊行されている。中国地方でも相次いで自治体史が刊行され、地域によってはこれからの研究の進展が見込まれている。

また、戦国史の研究者が増加し、成果が続々と研究雑誌に掲載され、いっそう緻密な議論が行われるようになった。これまで軍記物語などに基づく俗説が語られることが少なくなかったが、一次史料を用いた研究により改められた史実も多い。個々の武将の事績、合戦の詳細、政治情勢などの分析は、ますます細かく検討されている。本書もそうした研究成果に多くを負っている。

中国地方に注目すると、毛利《もうり》氏、大内《おおうち》氏などが古くから研究されてきた。近年では、山名《やまな》氏、赤松《あかまつ》氏、尼子《あまご》氏、浦上《うらがみ》氏、宇喜多《うきた》氏なども研究対象となり、取り組む研究者の数も増えている。また、益田《ますだ》氏などの国衆レベルの研究も盛んになっている。特定の大名や国衆などの研究に止まらず、対外関係や石見銀山などの鉱工業、さらに芸能、経済、流通、城下町の研究など、その範囲は止まるところを知らない。戦国時代の研究というのは、大名や合戦だけが対象ではないのである。

中国地方の戦国史研究が進展する一方で、個々の専門があまりにも細分化してしまっていることが懸念されている。極端に言えば、「大名の○○氏については何でも知っているが、他は知らない」ということも少なくない。政治史には関心があるのでとことん調べるが、芸能史にはまったく興味がないなどというのも珍しいことではない。

本書は、おおむね応仁・文明の乱（応仁元年・一四六七年）頃から大坂の陣（慶長二十年・一六一五年）までを範囲として取り上げている。通常の時代区分から言えば、室町時代後期から江戸時代初期である。戦国時代の範囲については研究者によって見解は異なるが、始期は応仁・文明の乱であったとしても、終期はおおむね織田信長が足利義昭を追放し、室町幕府が消滅した天正元年（一五七三年）が有力視されている。したがって、本書後半部分はやや広い時代の範囲を取り扱っている。

以上の点を踏まえ、取り上げるトピックスは、単に大名の興亡と合戦史だけに止まらない。経済、都市、宗教、文化、女性など、幅広く取り扱っている。そこには人々の日常生活があり、戦国という時代は、ただ戦いに明け暮れたのではないことを確認しておきたい。本書ではできるだけ最新の成果に基づき執筆しているが、それぞれの事象に長大なスペースを割いて解説することは困難なので、あらかじめご了承いただきたい。

現在、中国地方といえば、岡山県から山口県までの五県を指す。ただし本書では、但馬国と播磨国（以上、兵庫県の北部と西部）までを中国地方として扱い、論述を進めていく。

山陰・山陽の戦国史——毛利・宇喜多氏の台頭と銀山の争奪　目次

目　次

※読みやすさを考慮し、改元のあった年は改元前の月日でも改元後の年表記とした箇所がある。

毛利氏略系図

(大江)広元《ひろもと》―(十一代略)―┬(毛利)興元《おきもと》―幸松丸《こうまつ》
　　　　　　　　　　　　　　　　└元就《もとなり》┬隆元《たかもと》―輝元《てるもと》―秀就《ひでなり》
　　　　　　　　　　　　　　　　　　　　　　　　├(吉川)元春《もとはる》
　　　　　　　　　　　　　　　　　　　　　　　　└(小早川)隆景《たかかげ》

尼子氏略系図

(京極)高秀《たかひで》―(二代略)―(尼子)清定《きよさだ》―経久《つねひさ》┬政久《まさひさ》―晴久《はるひさ》―義久《よしひさ》
　　　　　　　　　　　　　　　　　　　　　　　　　　　　　　　└国久《くにひさ》―誠久《さねひさ》―勝久《かつひさ》

山名氏略系図

(新田)義重《よししげ》―(十代略)―(山名)持豊《もちとよ》(宗全《そうぜん》)―教豊《のりとよ》―政豊《まさとよ》┬俊豊《としとよ》
　　　　　　　　　　　　　　　　　　　　　　　　　　　　　　　　　　　　　　├致豊《むねとよ》―豊定《とよさだ》―豊国《とよくに》
　　　　　　　　　　　　　　　　　　　　　　　　　　　　　　　　　　　　　　└誠豊《さねとよ》―祐豊《すけとよ》―棟豊《むねとよ》

赤松氏略系図

円心《えんしん》―(三代略)―性存《しょうぞん》―政則《まさのり》―義村《よしむら》―晴政《はるまさ》(政村《まさむら》)―義祐《よしすけ》―則房《のりふさ》

大内氏略系図

琳聖《りんしょう》―(十八代略)―教弘《のりひろ》―政弘《まさひろ》―義興《よしおき》―義隆《よしたか》＝義長《よしなが》

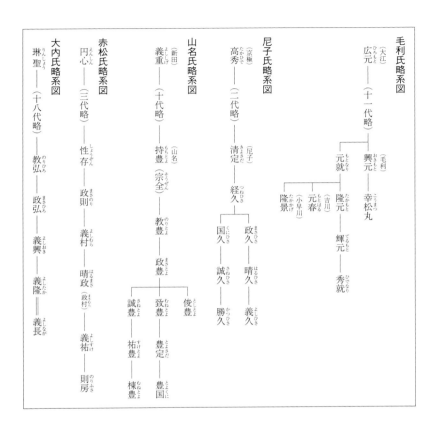

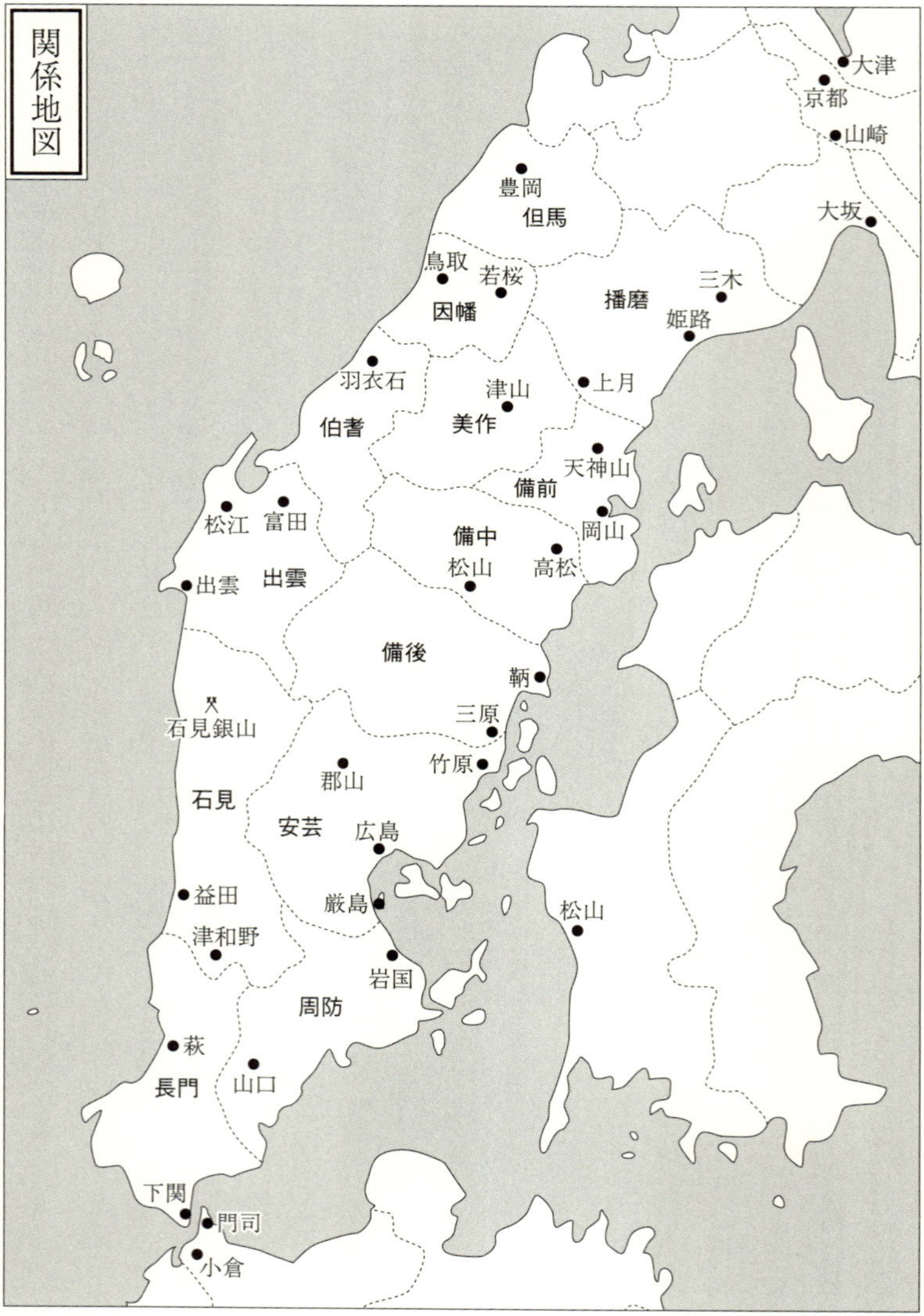

関係地図
大津
京都
山崎
大坂
豊岡
但馬
鳥取
若桜
因幡
播磨
三木
姫路
羽衣石
津山
上月
伯耆
美作
天神山
備前
松江
富田
岡山
備中
松山
高松
出雲
出雲
備後
鞆
石見銀山
三原
竹原
郡山
石見
安芸
広島
益田
厳島
松山
津和野
岩国
周防
萩
山口
長門
下関
門司
小倉

第一章　応仁・文明の乱から戦国へ

1　応仁・文明の乱の開戦

室町期における中国地方の守護

おおむね十四世紀の末頃以降、各国の守護家は固定され、世襲化が図られていく。播磨《はりま》国など三ヶ国を支配した赤松《あかまつ》氏は、南北朝の動乱時に突如として史上に登場したが、山名《やまな》、細川《ほそかわ》、京極《きょうごく》、大内《おおうち》の各氏は鎌倉時代以来の系譜が確認できる名族である。その多くは一族で複数国の守護を兼ねるなど、勢力は肥大化していた。彼らは常に自身の領国にいたのではなく、在京して室町幕府を支える重臣でもあった。山名氏、赤松氏、京極氏は、侍所《さむらいどころ》の所司《しょし》（長官）を務める「四職《ししき》家」と称された。細川氏は将軍を補佐する管領を務め、「三管領《さんかんれい》」の一人に数えられていた。守護が在京する間、その職務を代行し、実際に領国の支配を行っていたのが守護代である。

応仁元年（一四六七）に勃発した応仁・文明の乱は、国内における勢力図を大きく塗り替えた。「下剋上」と言われるゆえんである。これまで威勢を誇った守護らは没落の憂き目に遭い、代わりに彼らの配下にあった守護代・国人《こくじん》などが台頭した。守護が在京している間、実際に領国を支配していた彼らは、着実に力をつけていたのである。もちろん、中国地方も例外ではなく、それはこれから本書の随所で取り上げる通りである。

応仁・文明の乱が勃発する以前、中国地方の守護は次の面々が務めていた。

(1)但馬《たじま》国、因幡《いなば》国、伯耆《ほうき》国、播磨国、石見《いわみ》国、美作《みまさか》国、備前《びぜん》国、備後《びんご》国、安芸《あき》国——山名氏一族

(2)出雲《いずも》国——京極氏

(3)備中《びっちゅう》国——細川氏

(4)周防《すおう》国、長門《ながと》国——大内氏

このなかで、早々に力を失うのが京極氏である。近江国に基盤を置いていた京極氏は出雲守護を兼帯していたが、やがて出雲国の支配は守護代の尼子《あまご》氏に実権を奪われた。一族で九ヶ国を支配していた山名氏の一族も、乱の勃発と同時に播磨国、美作国、備前国の三ヶ国を赤松氏に奪還されてしまう。この三ヶ国は、嘉吉《かきつ》元年（一四四一）に起こった嘉吉の乱以前は、赤松氏の支配する国々であった。その他の国においても、尼子氏、宇喜多《うきた》氏、毛利《もうり》氏などの台頭により、中国地方の勢力図は大きく変わった。その辺りの詳細は、本書で順序立てて述べることにしよう。

応仁・文明の乱とは

応仁・文明の乱とは、いかなる抗争だったのであろうか。永享《えいきょう》元年（一四二九）三月、足利義教《よしのり》が六代将軍に就任した。それまで義教は僧籍にあったが、後継者が不在のため籤《くじ》引きで選ばれ、急遽還俗したのである。遡ること応永三十年（一四二三）三月、四代将軍・義持《よしもち》はその座を長男・義量《よしかず》に譲った。しかし、不幸なことに、義量は応永三十二年二月に病没した。その間、義持が将軍職を代行する形になったが、正長元年（一四二八）一月に亡くなってしまう。こう

した状況下で新将軍に選ばれたのが、義教だったのである。

義教は専制的な政治を志向し、武家、公家を問わず、意に沿わないものを徹底して弾圧した。永享十年（一四三八）十月、鎌倉公方・足利持氏《もちうじ》が関東管領・上杉憲実《うえすぎのりざね》を討とうとしたため、義教は征討軍を関東に送りこんだ。これが永享の乱であり、弾圧の例の最たるものであった。二年後の永享十二年五月には、有力守護である一色義貫《いっしきよしつら》と土岐持頼《ときもちより》が謀殺された。やがて、義教は赤松満祐《みつすけ》の弟・義雅《よしまさ》の所領を没収するなど、徐々に圧迫し始めた。こうして起こったのが、嘉吉元年六月の嘉吉の乱である。満祐の邸宅に招かれた義教は、「犬死」と称されるように無残な最期を遂げた。

嘉吉の乱は細川氏や山名氏らの活躍により終息したが、以後、幕府の権威は著しく低下する。同時に問題となったのが、守護家における家督争いである。斯波《しば》、畠山《はたけやま》といった管領家はもちろんのこと、富樫《とがし》氏など有力守護家でも家督をめぐる争乱がたびたび起きた。家督をめぐる問題は、将軍家でも起こっている。七代将軍・義勝《よしかつ》（義教の長男）の跡を継いだ義政《よしまさ》には子がなかったため、寛正五年（一四六四）に僧籍にあった弟・義視《よしみ》を将軍の後継者として還俗させた。ところが、翌年になって義政に実子の義尚《よしひさ》が誕生すると、義視の立場は微妙なものになった。

応仁・文明の乱が始まったのは、畠山義就《よしなり》・政長《まさなが》の家督争い、斯波義廉《よしかど》・義敏《よしとし》の対立、それらに山名宗全《そうぜん》、細川勝元《かつもと》が加担し、さらに将軍家の後継者争いが複雑に絡んだことが要因であった。以後、東西両軍に分かれて、十年余にわたる戦いに突入する。東軍は細川勝元を中心に、畠山政長、武田信賢《たけだのぶかた》、京極持清《もちきよ》、赤松政則《まさのり》、富樫政親《まさちか》、斯波義敏らで構成された。西軍は山名宗全を中心に、畠山義就・義統《よしむね》、斯波義廉、六角高頼《ろっかくたかより》、一色義直《よしなお》、土岐成頼《しげより》、河野《こうの》通春《みちはる》、大内政弘《まさひろ》らで構成された。

以下、必要に応じて応仁・文明の乱に触れながら、とくに中国地方の大名の動きに着目して、その動静を述べることにしよう。

西軍の首領・山名宗全

山名氏は、清和源氏・新田氏の流れを汲み、その本拠は上野国多胡《たご》郡山名郷（群馬県高崎市山名町）である。平安末期の治承・寿永の内乱において、山名義範《よしのり》は源頼朝に属して戦い、鎌倉幕府の成立後は引付衆に登用された。南北朝の内乱期において、当初こそ山名時氏《ときうじ》は足利尊氏に与していたが、観応《かんのう》の擾乱で足利直義《ただよし》が亡くなると、南朝方に走った。

貞治二年（一三六三）、時氏は二代将軍・足利義詮《よしあきら》に帰順し、丹後など五ヶ国の守護に補任された。しかも、幕府内では侍所の所司という要職を務めるなど重用された。山名氏は一族で畿内や山陰・山陽の一一ヶ国の守護職を獲得し、「六分一殿」と称されたほどである。しかし、こうして版図を拡大した山名氏は、三代将軍・足利義満に警戒された。明徳二年（一三九一）、一族間の抗争と義満による守護抑制策が相俟って、明徳の乱が勃発した。

幕府に反旗を翻した山名氏清《うじきよ》、満幸《みつゆき》は討伐され、義理《よしただ》が出家して乱は幕を閉じた。乱の結果、但馬が山名一族の時熙《ときひろ》、伯耆が同じく氏幸《うじゆき》に与えられ、残りの旧山名領国は反乱の鎮圧に功があった守護に分配された。これにより、山名一族は急速に衰えを見せる。応永六年（一三九九）に応永の乱が勃発し、足利義満は周防などの守護職を保持する大内義弘《よしひろ》の討伐を行った。時熙の活躍もあって義弘は討伐され、時熙は備後、山名氏利は石見、同満氏は安芸と、それぞれ守護職を与えられた。

永享五年（一四三三）八月、時熙から家督を譲られたのが持豊《もちとよ》である。宝徳二年（一四五〇）に出家して「宗全」と名乗るので、以下、宗全で表記を統一する。宗全は但馬など四ヶ国の守護を兼任し、侍所所司や山城国守護も歴任し、幕府の重鎮として存在感を見せる。嘉吉元年（一四四一）に嘉吉の乱が勃発すると、宗全は総大将となり、赤松満祐を追討した。結果、赤松満祐は自害し播磨国は没収された。一連の軍功により、宗全ら山名氏一族は赤松氏の旧領である播磨国の一部、備前国、美作国の守護職を与えられた。播磨国のうち明石《あかし》・美嚢《みのう》・賀東《かとう》の三郡については赤松氏の一族・満政《みつまさ》が御料所《ごりょうしょ》（将軍直轄領）の代官職を与えられたが、残りすべては山名宗全のものとなった。やがて満政の三郡代官職も没収されて宗全に与えられ、満政は文安元年（一四四四）に有馬持家《ありまもちいえ》に討ち取られた。

赤松氏の一族はほぼ没落の一途を辿ったが、赤松時勝《ときかつ》の子息・政則は天隠龍澤《てんいんりゅうたく》に匿われて生き残っていた。長禄二年（一四五八）、赤松氏の旧臣は赤松氏再興を条件として、後南朝《ごなんちょう》の本拠である大和国北山（奈良県上北山村）周辺に赴き、かつて内裏から奪われた神璽の奪還に成功した。この一件により、政則は復帰を認められ、加賀国半国守護に任命された。背後で政則の復活を支援していたのは、細川勝元であった。政則が復帰を果たすと、山名氏が継承した播磨、備前、美作の旧赤松氏の領国が問題となる。これにより、宗全と勝元の関係は少しずつ悪くなっていった。

文正の政変の勃発

応仁・文明の乱の引き金になったのが、文正《ぶんしょう》の政変である。文正元年（一四六六）九月五日、足利義政が足利義視を追討する話が義視自身に伝わった（『大乗院寺社雑事記《だいじょういんじしゃぞうじき》』）。この件については幕臣の伊勢貞親《いせさだちか》が義政に対し、義視が陰謀を企てているとの注進を行ったと考えられている。慌てたのは、身に覚えのない義視である。義視は自身が無実であることを細川勝元に訴え、勝元は義政に申し開きを行った。その結果、「義視の陰謀」とは、貞親と蔭凉軒主の季瓊真蘂《けいしんずい》の讒言《ざんげん》であることが判明した。

翌六日、義政は勝元を通して貞親に切腹を命じたが、貞親は近江国に逃走した。事件に関与したと思われる、季瓊真蘂、赤松政則、斯波義敏らも京都から脱走した。赤松氏が加わっていたのは、季瓊真蘂が赤松氏をその出身としたので、加担せざるを得なかったと推測される。山名宗全にすれば、敵視する貞親が失脚したので、「渡りに船」的な事件であったといえよう。では、なぜ貞親はそのような行動に出たのであろうか。実のところ、義政の実子・義尚の乳父は貞親であった。つまり、貞親は後継者の本命である義視を追い落とし、義尚に跡を継がせたかったのであろう。事実、貞親が近江国に没落後、残った貞親の子息の貞宗は、叔父・貞藤とともに義尚を奉じている。従来、富子《とみこ》が我が子かわいさに義尚を将軍職に就けようと画策したとされているが、それは誤りであると指摘されており、貞親の謀略であったといえる。一連の謀略は、貞親の大きな勇み足であった。

同時に発覚したのが、幕府の有力者・山名宗全と細川勝元の根深い対立である。宗全は山名宗全―畠山義就―斯波義廉―大内政弘の提携ラインを構築していたが、この顔ぶれのなかで勝元は畠山義就―斯波義廉―大内政弘とは良好な関係ではなかった。自然に両者の対立構図が出来上がっており、二人の深刻な対立は、もはや取り繕うことができないところまで悪化していたのである。こうした人的関係の悪化が、応仁・文明の乱の引き金となった。

勝元は宗全から子の豊久《とよひさ》を養子に迎え、細川家を継がせる予定であったが、文正元年、勝元に実子の政元《まさもと》が誕生すると、政元を後継者に定め、豊久を出家させた。そこで宗全は豊久を還俗させ、山名家に引き取ったのである。勝元は宗全の娘を娶《めと》っており、両者の関係は安泰のはずであった。複雑な政情によって、それぞれの政治路線が異なってくると、必然的に関係は破綻した。両者の確執は、応仁・文明の乱という日本全国を巻き込んだ争乱に結び付くのである。

東軍の陣容

当初、足利義政は中立な立場だったが、徐々に東軍寄りに傾いていく。応仁元年（一四六七）五月、義政は勝元と宗全に停戦命令を下した。同年六月一日、勝元は義政に対して、牙旗《がき》と山名宗全討伐の綸旨《りんじ》を下すよう要請した（『大乗院寺社雑事記』など）。牙旗とは天子や大将軍の陣地に立てる旗のことで、かつて中国では、大将の旗が猛獣の牙で身を守るさまを型どり、棹の先に象の牙を飾っていた。牙旗はその故事にちなみ、日本でも用いられた。勝元は牙旗と綸旨を入手し、宗全討伐の名分を得ようとしたのである。

この要請に敢然と反対したのが、日野勝光《ひのかつみつ》（富子の兄）である。勝光が反対した理由は、「牙旗は将軍に敵対する場合に授けるものであり、私戦は該当しない」というものであった。牙旗も綸旨と同じく、私戦の場合は授けられなかった。この言葉に怒り心頭の勝元は、ただちに勝光邸を焼き払おうとした。一説によると、勝光は西軍の宗全と通じていたともいわれている。肝心の牙旗は戦乱で失われたとも、旗奉行の一色義直のもとにあったともいわれ、所在が不明だった。そこで同年六月三日、義政は新たに牙旗を作らせて、勝元に与えたのである。同年六月八日には牙旗が室町殿の四足門《しそくもん》に立てられ、義政が東軍に与したことが周囲に知れ渡った。

この間、義政は西軍と東軍との調停に努めていたので、積極的に東軍に与同したのかどうかは不明である。応仁・文明の乱が勃発した要因は、義政の政治手腕のまずさにもあった。義政は東軍に身を投じることによって、事態の収拾を試みたのであろうか。同年七月、義政は管領の斯波義廉を解任し、新たに勝元を任じている。勝元にすれば、牙旗を授けられたことや管領に任じられたことにより、西軍の山名宗全を討伐する正当性を得たものと認識したに違いない。宗全討伐の綸旨が得られたかどうかは不明であるが、おそらく勝光の反対などにより、得ることはできなかったと指摘されている。

応仁二年（一四六八）十二月になって、代わりに義視追討の院宣《いんぜん》が下された（『大乗院寺社雑事記』）。院宣ということは、天皇である後土御門ではなく、上皇である後花園が発給したものだった。そして、「応仁」年号は、兵革（戦争）を原因として「文明」に改められた。後花園も後土御門も室町邸に仮住まいをしており、このことも東軍有利の材料となった。将軍と天皇を擁することによって、勝元には「東軍有利」との思いがあったと考えられる。

ここからは、山名宗全の西軍を中心に状況を確認することにしよう。東軍が優勢で推移しても、山名宗全の率いる西軍は指を加えて見ているわけではなかった。そもそも

西幕府の成立

応仁・文明の乱が起こった理由は、各守護家の内部における家督争いである。素直に敗北を認めることは、西軍に属したそれぞれの守護家が家督（＝守護職）を諦めることにも繋がっていく。宗全自身も嘉吉の乱で得た播磨国などが、赤松政則によって奪還されつつあり、不利な形勢を挽回する必要があった。再び西軍が勢力を盛り返すには、東軍に比肩するような組織づくりが必要だったといえる。

そのために打ち出された手段が、新将軍の擁立である。最も有力な候補者が、かつての将軍候補の義視だった。応仁元年（一四六七）八月に伊勢国に出奔した義視は、翌年九月に上洛している。義視の上洛は勅書や義政による要請があったといわれ、その背景には西軍に義視を擁立されないようにとの考えがあったのではないか。大和国では西軍方の古市氏と東軍方の筒井《つつい》氏が対立しており、途中で筒井氏が義視を連れ去るのではないかと警戒されている。義視は北岩倉（京都市左京区）に身を置いていたが、

勝元に出家を勧められるなど、不当な扱いを受けていた。応仁二年（一四六八）閏十月、義政が義視暗殺を計画した伊勢貞親の政務復帰を決定すると、義視の不安は頂点に達する。

以上の経緯から、義政と義視の関係は悪化の一途を辿った。応仁二年十一月には、義政が義視を誅伐するとの噂が流れ、日野富子と日野勝光とが義視を中傷するようなこともあった。義視の居場所は、東軍にまったくなかったのである。やがて、義視は西軍に身を投じる覚悟を決め、十一月二十三日に斯波義廉の館に入った。宗全をはじめとする西軍の諸将は、義視を歓迎したと伝わる（『後法興院記《ごほうこういんき》』など）。

山名宗全以下、西軍の諸将が歓迎したのは、義視を将軍に担ぎ上げようとしたからだった。西軍は将軍を擁することによって、戦いへの正当性を得たのである。翌文明元年（一四六九）一月、山名宗全らは年頭を祝して、義視に剣馬を献上している。こうした行為も、彼らが義視を将軍とみなしていた証拠である。正確に言えば、義視は将軍宣下を受けておらず、正式な将軍ではない。しかし、宗全ら西軍は足利家の血統を受け継いでいることを重視し、将軍に擁立したのである。つまり、彼らが義視を将軍とみなすことが重要で、任官の手続きはことさら必要としなかったのだ。

西軍、天皇候補を擁立

西幕府には、まだ天皇という存在が欠けていた。嘉吉の乱で赤松満祐が将軍足利義教を暗殺した際、すぐさま擁立したのが将軍と天皇であった。将軍は足利家の血統に連なる足利義尊《よしたか》を探し出し、天皇は南朝の後裔を奉ろうとしたが、天皇に関しては結局未遂に終わったようである。将軍が存在しても、天皇が不在であれば、体制としての不備は免れ得なかった。天皇の擁立は、西幕府の悲願であったといえる。

西軍が、天皇を迎え入れる準備は整っていた。応仁二年（一四六八）十二月の段階で、朝廷は西軍に走った足利義視以下、十名余りの公家の官職を解いている。公家の一部が西軍に与した理由は不明であるが、朝廷内部においても政治路線をめぐり、東西両軍に分かれるような確執があったのかもしれない。翌年四月に応仁から文明に改元されたが、同じ頃には西軍においても別の年号を用いていたという噂が流れている（『経覚私要抄』）。年号の名称は伝わっていないが、西軍に身を寄せた公家衆によって、新年号が制定された可能性もあろう。

西軍は新天皇を擁立すべく、ついに南朝末裔の人物を探し出した。応仁・文明の乱の前後を通して、後南朝勢力は大和国の奥吉野で活動しており、その子孫を見つけ出したのである。文明二年（一四七〇）五月には、南朝皇胤が擁立されるとの噂が流れた（『大乗院寺社雑事記』）。西軍に属する諸大名は、続々と南朝皇胤の擁立に賛意を示したが、畠山義就だけが反対した。彼の支配領域には、紀伊・河内の領国が含まれていたので、下手をすれば二つの国が「南主御領」として接収される可能性があったからだ。当時、紀伊国・河内国には、後南朝の勢力が存在していた。

公家衆には南朝皇胤に仕えようという動きがあり、尋尊《じんそん》は「事実であれば、公家滅亡の基である」と感想を漏らしている。この言葉は、公家衆の見識のなさ、あるいは「天皇であれば誰でもいいのか」と憂いてのものだろう。見つかった南朝皇胤は、大和国の国人《こくじん》である越智《おち》家栄《いえひで》の屋形に匿われていた。西軍はその功績に報いるため、家栄を和泉国守護に任じたと風聞が流れている。義就も義視や西軍諸大名の説得に応じて、南朝皇胤擁立に賛意を示した。

では、この南朝皇胤とは、いかなる系譜を引く人物なのであろうか。改めて『大乗院寺社雑事記』を確認すると、「小倉宮御末」「岡崎前門主御息」と記されており、法体（僧侶）であった人物を確認できる。この南朝皇胤は、嘉吉三年（一四四三）に没した小倉宮聖承《おぐらのみやせいしょう》の末裔だった。年齢は、当時十八歳であったと伝えているが、「十二・三歳」とも伝えられており、その実体はほとんど分からない状況だった。翌文明三年八月、南朝皇胤は「後村上院之御末」と表現されており、しかるべき血統の持ち主であったことが判明する（『大乗院寺社雑事記』）。しかし、このあと事態は急転する。美濃国守護土岐成頼の守護代・斎藤妙椿《さいとうみょうちん》が、南朝皇胤の上洛に賛意を示さなかったのである。妙椿は主家である土岐氏を凌ぐ実力を持っており、彼の意向は無視できなかった。

理由は不明ながら、義視も南朝皇胤に謁見することなく、ついには擁立に反対した。一方で、他の西軍の諸大名はおおむね賛成していた。反対派が増えたのは、素性が十分確認できなかったからであろうか。文明四年正月の段階では、西軍陣営に「南主」と記されており、南朝皇胤が今出川（京都市上京区）の義視邸にいたことが分かる（『大乗院寺社雑事記』）。結局は、天皇として擁立したのだ。以上のように、西軍では南朝皇胤を擁立すべく画策したが、以降の史料には登場しなくなる。先述の通り西軍内部では、南朝皇胤擁立をめぐって路線に食い違いが見られた。実際のところ、いくら南朝皇胤とはいえ、その血統の確かさを確認するには困難が伴ったに違いない。尋尊らも風聞でしか情報を得ておらず、仮に「身元の不確かな人物」を擁立したならば、それは西軍にとっても逆に大きな痛手になる。義視や妙椿は、そのような事態を恐れたのであろうか。

赤松政則の逆襲

この間、着実に力をつけていたのが赤松政則だった。改めて赤松氏について確認しておこう。赤松氏は播磨国赤松村（兵庫県佐用町）の出身で、悪党《あくとう》と言われてきたが、最近では関東御家人出身説も唱えられている。鎌倉時代の記録には登場しないが、南北朝の争乱時

赤松政則（京都市・六道珍皇寺蔵）

に突如として円心《えんしん》が史上に姿を現す。円心は室町幕府の設立に貢献し、子孫は最盛時に播磨、備前、美作の三ヶ国守護職に任じられた。義則の死後、満祐が跡を継いだが、嘉吉の乱で事実上の滅亡に追い込まれた。赤松氏が復活を遂げたのは、時勝の遺児・政則の代からである。

応仁・文明の乱の勃発前、播磨国では赤松氏牢人の動きが活発化していた。寛正六年（一四六五）六月十二日、室町幕府は、罪科を招く播磨国の牢人衆の名前を注進せよ、と播磨国守護・山名持豊に命令した（「伊和神社文書」）。この事実は、播磨国内部において赤松氏再興を企てる勢力が活発となり、領国の治安を脅かす存在になりつつあったことを示している。つまり、播磨国領国内における山名氏への不満分子が、抵抗勢力として結集されつつあったのである。幕府内部では、細川勝元と嘉吉の乱で功を遂げた山名宗全とが覇権を争う情勢となっていた。細川氏が山名氏に対抗するため、赤松氏を再興して味方に引き入れたのは、すでに述べた通りである。こうした複雑な政治情勢が、山名氏（西軍）と細川氏（東軍）という二大勢力に結集し、応仁元年（一四六七）五月に全面的な争乱に突入したのである。

応仁・文明の乱が始まると、赤松氏は細川氏の陣営、つまり東軍に属していた。次に、播磨国の状況を見ておこう。応仁・文明の乱に乗じて、赤松氏が旧領播磨国に侵攻したのは、応仁元年五月のことである。『応仁記』という軍記物語によれば、赤松勢が播磨国に乱入した際、「本国のことなので百姓・土民とも協力したため、容易に手に入れることができた」と記している。『応仁記』は二次史料であるが、先の赤松氏牢人衆のことを考慮すれば、ほぼ実態に近い記述であると考えてよいだろう。
「難波文書」にも、応仁元年五月に播磨国を手に入れたとあり、『応仁記』を補う史料として重要である。「広峯文書」には、広峯神社の神官・広峯氏が赤松氏に加勢したことを記している。つまり、応仁・文明の乱では、赤松氏が旧領播磨国の国人・土豪から百姓・土民に至るまで幅広い支持を得ていたことが分かる。政則は軍勢を率い、東軍の一員として各地を転戦した。以降、一時期を除いて、政則は再び三ヵ国守護職として君臨した。

こうして赤松氏は播磨国奪還に成功したものの、内部においていくつかの問題を孕んでいた。家督をめぐる争いもその一つである。応仁・文明の乱の勃発後、赤松氏の一族の有馬氏が惣領家の座を狙って叛旗を翻した（『大乗院寺社雑事記』など）。有馬氏はすぐさま討ち取られたが、大きな不安が残った。赤松氏の一族であるならば、彼らにも惣領家を継ぐ資格があったことを示している。以後、政則は一族との内紛に悩まされるが、そうした苦難を克服しつつ発展を遂げたのである。

西軍を支えた大内氏

西軍を山名宗全とともに守り立てたのは大内政弘である。大内氏は、平安時代末期から存在を確認できる名族であり、その先祖は百済聖明王《せいめいおう》の第三皇子・琳《りん》聖太子《しょうたいし》であると称していた。鎌倉時代以降、大内氏は鎌倉幕府の御家人となり、周防国を実質的に配下に治めている。のちに、六波羅《ろくはら》探題《たんだい》評定衆《ひょうじょうしゅう》も務め、幕府から重用されていた。

南北朝時代になっても、大内氏は室町幕府から重んじられ、複数の守護を兼ねていた。大内義弘の代には、周防・長門など六ヶ国の守護職を兼ね、逆に幕府から警戒されるほどだった。応永六年（一三九九）、義弘は室町幕府に対して叛旗を翻したとされ、討伐される（応永の乱）。義弘の死後、幕府はその弟・弘茂《ひろしげ》に周防、長門を安堵《あんど》した。ところが、弘茂は、応永八年（一四〇一）に留守を守っていた同じ義弘の弟・盛見《もりみ》に討たれ長門で敗死した。盛見自身も永享三年（一四三一）に筑前深江（福岡県糸島市）で少弐《しょうに》氏と戦い、討ち死にする。

大内氏は一時衰退の兆しが見えたものの、盛見の子息・教弘《のりひろ》は家督を継承し、周防、長門などの守護職もそのまま引き継いだ。寛正六年（一四六五）、教弘は幕府に反抗する伊予の河野通春の討伐に向かったが、逆に通春に与して幕府と戦った。その背景には、大内氏が朝鮮との貿易をめぐって細川氏と対立しており、河野氏もまた細川氏と対立している事情があった。結局、教弘は同年に興居島《ごごしま》（愛媛県松山市）の陣中で病没した。

大内氏は不幸続きであったが、教弘の子息・政弘が家督や守護職を継承する。政弘は、応仁・文明の乱で西軍の主要な守護の一人として参画した。文明元年七月、義視は大内政弘を左京大夫に推挙するとともに、西軍諸将に対する昇進の運動も行っている（『大乗院寺社雑事記』）。政弘は日明貿易の利益を細川氏と争っており、西軍に身を投じた人物である。しかも、中国・九州地域の守護職を保持した強大な勢力であったため、軍勢動員に欠かせない人物であった。

乱の終結に向けて

応仁・文明の乱は、当初洛中で戦いが繰り広げられたが、やがて戦線は拡大し地方へと拡大していった。この間、事態は一向に収まる気配がなく、戦いは泥沼化していった。西軍を率いる山名宗全、東軍を率いる細川勝元にも閉塞感が漂っていた。文明四年（一四七二）には、山名宗全が亡くなったとか、大内政弘が降参したとの風評も流れている（『大乗院寺社雑事記』）。そうした一進一退の状況のなかで、文明四年一月十五日には和睦の話が持ち上がった。『大乗院寺社雑事記』の記事では、和睦の席に西方（西軍）として、宗全の他に「南主（南朝皇胤）」と「公家之輩」が加わっている。単に武家同士の和睦ではなく、西軍に加わった南朝皇胤や公家の扱いも焦点となったようだ。和睦には、西軍の大内政弘と畠山義就が賛意を示した。東軍では、赤松政則が唯一反対を表明している。赤松氏は半ば強引に三ヶ国（播磨・備前・美作）を接収したが、そのまま継続して保有できるのか不安だったからだろう。

同年五月の和睦の最中、細川勝元父子とその配下の者が髻《もとどり》を突然切るという行為に及んだ（『大乗院寺社雑事記』）。この突然の行動は出家を意味しなかったが、頭に布を巻いていたという。宗全に至っては、切腹しようとして家人に制止されたと伝えられている。最終的に、和睦は決裂した。その理由とは、勝元の妻（宗全の養女）に聡明九郎（のちの政元）が誕生したため、宗全は当初の後継候補であった養子の勝之《かつゆき》（実父は細川教春《のりはる》）に代えて、政元を後継に据えるよう要求したという。しかし、勝元がこの条件を受け入れなかったために、先の行為に及んだとされている。

それも理由の一つかもしれないが、そのような個人的な理由が原因なのだろうか。宗全は和睦に際して、配下の垣屋《かきや》氏ら五名を使いとして、西軍諸将の意見を聴取している。宗全は、和睦の妥協点を探ろうと必死だった。応仁・文明の乱は、尋尊が言うように、天下を滅ぼすような死闘だった。一番の大きな原因は守護の家督争いであり、東西両軍の諸将とも、自身の利益保持に注意を払っていたに違いない。東軍の赤松政則が和睦を拒否したのは、ある意味で当然のことであった。

勝元と宗全の交渉が決裂したのは、それぞれが属する諸将の家督や所領問題において、調整が困難だったからではないだろうか。そのなかで、赤松氏問題も大きな比重を占めていたと推測される。細川氏と赤松氏は緊密な関係であり、細川氏も容易に見捨てることができなかった。一歩誤れば、赤松氏が山名氏から奪い返した三ヶ国（播磨・備前・美作）は、返還が要求される可能性が高い。他の守護にも、同様の事例があったと推測される。

山名宗全の死と長期化する和睦交渉

和睦交渉は決裂したが、この間の同年六月には宗全が引退し、政豊《まさとよ》が山名家の家督を継承した。すでに宗全は、六十九歳になっていた。応仁・文明の乱が開戦して五年が経過していたが、主役たちも交代の時期に来ていたのである。さらに、山名氏一族の内部では、伯耆・備前国の守護・山名教之《のりゆき》が文明五年（一四七三）正月に没し、長男である豊之が後継者となっていた。

文明五年正月には、義政のもとで暗躍した伊勢貞親も若狭国で没した。この二年前に、貞親は万里小《までのこう》路《じ》春房《はるふさ》とともに出家・遁世し、若狭国に出奔している。貞親は文正の政変後に追放されたが、応仁・文明の乱の開戦後には義政のもとで復権を果たした。貞親の評価は「天下大乱根元一方」と指弾されている通り、乱の主役級だったといえる（『大乗院寺社雑事記』）。

同年三月には山名宗全が、五月には細川勝元が、それぞれ和平の実現を見ることなくこの世を去った。宗全の死に接して甘露寺親長《かんろじちかなが》は、「天下乱逆、件の禅門（山名宗全）と管領勝元張行《ちょうぎょう》歟」と記している（『親長卿記《ちかながきょうき》』）。勝元の死を書いた箇所では、葬儀の際に雷が鳴ったことに触れ、「不審」と記している。実は宗全の葬儀の際にも雷鳴が轟いたのであるが、暗に勝元を非難しているのであろう。何よりも『大乗院日記目録』の記述では、勝元が寺社領の違乱を行ったことへの天罰であると厳しく断罪している。

勝元の没後、政元が後継者となった。

次に和睦交渉が行われたのは文明五年四月十三日であったが、この時は畠山義就が応じなかった。引き続き翌年の文明六年四月、再度和睦交渉が行われた。宗全と勝元の跡を継いだ政豊と政元は、それぞれ五人の被官人を引き連れ、交渉に臨んだという。しかし、東軍の赤松政則と西軍の畠山義就は相変わらず反対しており、やむ得ず山名・細川の単独講和という形を取らざるを得なかった。同年四月十五日、山名政豊の子息・俊豊《としとよ》は、将軍足利義尚に対面し、将軍への出仕を開始した。これをもって、西軍・東軍の和睦が実質的に叶った。

東西両軍の和睦と同時に持ち上がったのが、義政と義視の和睦問題である。『大乗院寺社雑事記』文明六年四月十八日条によると、大内政弘は義視の身を案じて義政との和睦を重視しており、二人の和睦が実現しない場合、東西両軍の和睦は受け入れられないとの態度を示した。政弘は、義視のもとにあって西軍を牽引した人物である。万が一、義視が罪に問われるようなことがあれば、自身に何らかの不利益を受けることを懸念していたのではないか。

和睦交渉には、さらに二年の年月を要した。和平交渉の動きが生じたのは、文明八年（一四七六）九月のことである。足利義政は御内書《ごないしょ》を大内政弘に遣わし、和平を求めている（『古文書』）。同年十二月二十日付の義政書状（義視宛）によると、冒頭に「別心無きに就き、子細承り候」とあり、先に義視の方から「詫びを入れた」ようである（『古文書』）。この背景には、政弘による義視への強い説得があったと推測される。

その前に、義政に対して和平の仲介を行ったのが、妻の日野富子である。文明九年五月、富子は和平斡旋の謝礼として、義視から三〇〇〇疋、政弘から五〇〇〇疋を受け取っていた。同年七月、義政は義視の娘を猶子とし、曇華院元揉《どんげいんげんじゅう》の弟子としている（『親長卿記』など）。こうした動きにも富子は絡んでおり、礼銭《れいせん》は義政と義視との和平の証とされたに違いない。

同年十月、大内政弘は周防、長門、豊前、筑前の四ヶ国の守護に義政から任命された（『大乗院寺社雑事記』など）。また、従四位下に叙され、改めて左京大夫に任官している（『兼顕卿記』など）。その理由は、政弘が東軍の「御方（味方）に参るゆえ」であった。当初、朝廷は政弘の叙位任官に対して、日頃から幕府が命に応じないため拒否する姿勢を見せたが、最終的に政弘の叙位・任官は承認された。

この間の事情も複雑である。政弘は、文明元年に左京大夫の官途《かんど》を獲得している。つまり、叙位・任官と守護職の安堵をもって、先の和平交渉に臨んだことは明らかである。政弘は、実質的に義視を見捨てて、叙位・任官と守護職を条件に、東軍に寝返ったのではないか。和平を受け入れた義政にしても、このような裏交渉を行っていたのであろう。

2　混迷する赤松氏と尼子氏の勃興

和睦に同意しなかった赤松氏

応仁・文明の乱はいちおうの終結を見たが、細川氏と山名氏が和平を結ぼうとしても、各守護には容易に賛成できない事情があった。赤松氏も和平に反対した一人である。なぜ、赤松氏は和平に賛成しなかったのか。嘉吉元年（一四四一）、赤松満祐は将軍足利義教を暗殺したため、山名宗全らにより討伐された（嘉吉の乱）。先述の通り、宗全ら山名氏一族は、恩賞として播磨の一部（のちにすべて）、美作、備前の守護職を与えられた。これにより赤松氏の再起の芽はないと思われたが、決してそうではなかった。

長禄二年（一四五八）、赤松氏旧臣は長禄の変で後南朝から神璽を奪還した。その功績によって、翌年に赤松政則は加賀国半国の守護職を与えられ、念願の復権を果たしたのである（『蔭凉軒日録《いんりょうけんにちろく》』）。ところが、問題はすっきりと解決しなかった。実は加賀国でも守護職をめぐって、富樫氏の内部で争奪戦が繰り広げられていたのである。当時、加賀国北半国は富樫成春《しげはる》に、加賀国南半国は富樫泰高《やすたか》にそれぞれ守護職が与えられていた。政則が与えられたのは、富樫成春の跡である加賀国北半国だった。

長禄三年（一四五九）九月、政則らの被官人らは加賀国に向かったが、加賀国の入部には容易ならざるものがあった。現地では、政則の守護職拝領を容認しない富樫氏被官人の岩室氏が、入部を拒んだのである（『蔭凉軒日録』）。政則は将軍から加賀国半国の守護職を与えられており、当然入部する権利があるが、在地ではそれを簡単に許さなかった。つまり、政則の守護職は形式にしか過ぎず、確実な実効支配を約束されたものではなかった。たちまち両者は武力衝突に突入するが、政則は解決を図るために秘策を用意していた。

政則が主張するのは、将軍から加賀国半国守護職を拝領したという正当性である。したがって、入部を拒否する岩室氏に非があり、自身には何ら落ち度がないと考えていた。そこで、政則は伊勢兵庫助を通して、上意（将軍・義政の意向）を仰ごうとした（『蔭凉軒日録』）。とても当事者間での和平交渉には、期待できなかったからである。任免権者である将軍の判断を仰ぐことは、ある意味で正しい選択だといえるであろう。ところが、上意（＝将軍・義政の意向）は何ら示されることなく、結局うやむやのままに事態は推移した。

以降、赤松氏は旧富樫氏の被官人の抵抗に遭いながらも、徐々に加賀国半国に実効支配を展開していった。その中心となったのは、赤松氏の有力被官人の小寺《こでら》氏である。小寺氏は、長禄の変での功労者でもあり、現地の加賀に入部して実力で勢力基盤を築き上げた。そして、もう一人が浦上則宗《うらがみのりむね》である。則宗は在京している守護・赤松政則を補佐し、同時に幕政に関与することによって、赤松氏の復権に大きく寄与したのである。

赤松氏と浦上則宗

政則は加賀国半国を得ながらも、本貫の地である播磨、備前、美作の三ヶ国の守護に返り咲きたいと考えたはずである。応仁元年（一四六七）五月、赤松政秀《まさひで》を先頭とする赤松軍は、山名氏の支配下にあった播磨国に攻め込んだ（「難波文書」など）。赤松氏の勢力は、たちまち播磨国全土を制圧し、やがて備前、美作の両国も配下に収めた。かねてから山名氏の三ヶ国支配は苛烈を極めており、農民などからも強い反発があったという（『建内記《けんないき》』）。在地では赤松氏の復権を歓迎していたと考えられ、問題なく三ヶ国の守護として円滑な支配が行えたと推測される。

その際に問題となるのは、赤松氏が公式に三ヶ国の守護職を得ていたのか、ということである。結論から言えば、赤松氏が幕府から三ヶ国の守護職を与えられたとの史料はなく、その可能性は低いといえる。赤松氏は東軍に属しており、山名氏の播磨国に侵攻したことは、西軍に対する正当な攻撃とみなされたに違いない。赤松氏は正式に守護職を得ることなく、実力で三ヶ国支配を展開しており、皮肉にも加賀国半国の守護職のときとは、まったく逆の立場になったのである。

この事実は、応仁・文明の乱の和平交渉に際して、赤松氏を躊躇させるのに十分な材料となった。正式に和平が結ばれた場合、守護職の扱いが再検討される可能性がある。西軍の将である山名氏が「三ヶ国の返還」を求めた場合、赤松氏は三ヶ国の守護職を失う可能性もあった。それゆえに、赤松氏は三ヶ国守護職を継続して確保できる確実な保証がないために、安易に和平に同意できなかった。以後、この三ヶ国をめぐって、赤松氏は山名氏と抗争を繰り返すことになる。一方、応仁・文明の乱開戦後まもなく、赤松氏は加賀国半国に基盤を築くのが困難となり、やがて守護職を失ったと考えられる。

赤松氏が再興する過程において、浦上則宗の功績は非常に大きいと言わねばなるまい。では、則宗の地位をいかに考えるべきであろうか。通史などを一読すると、則宗は守護代であったと記されることが多く、これが最も通説的な理解であろう。時を同じくして、美濃国守護・土岐氏の被官人・斎藤妙椿や近江国守護・京極氏の被官人・多賀高忠《たがたかただ》が権勢を振るった頃であった。彼らも守護代として取り上げられることが多い。

浦上氏は守護代として権力を握り、のちに主家である赤松氏を討ったことが強調され、下克上の典型として描かれた。しかし現在では、則宗にはさまざまな評価が与えられているが、単純に守護代と考える研究者はいないようである。なぜなら、本来、守護代とは守護の代官を意味するものであり、守護が在京している間、代わりに領国支配を行っていた職務だったからである。

則宗は守護の赤松政則を補佐するとともに、播磨など各国の守護代に当主の命令を下す立場にあった。一方で、則宗は幕府とも密接に繋がっており、単なる守護代とは言い難いようである。つまり、則宗を単に守護代とみなすのは、正しい理解と言えない。それゆえ則宗の政治的地位は、その多様なあり方から、現在も検討が続いている。則宗の権力形成過程に至る源泉は、どこにあったのか。浦上氏一族は、嘉吉の乱以前から守護家内部で備前国の守護代や守護奉行人として活躍しており、実務的官僚として訴訟裁定などに加わっていた。奉行人は守護の膝下の実務官僚として重用され、やがて領国の守護代よりも相対的に地位を高めた。

則宗は実務官僚として、赤松氏にとって不可欠な人材であった。則宗は室町幕府において、侍所所司代や山城国守護代として要職を任されるが、それほど厚い信頼を得ていた。赤松氏の領国支配だけに止まらず、室町幕府にとっても貴重な存在だったといえる。則宗が赤松氏内部で大きな権勢を誇ったのも、このような浦上氏の経歴が関係しているのだ。

則宗は長禄の変以降、中央政界での活躍が顕著になる。寛正三年（一四六二）十月、山城国で土一揆《つちいっき》が勃発するが、則宗を中心とする赤松軍は大きな戦功を上げた。寛正六年（一四六五）十一月の山城西岡の土一揆においても、則宗は京極氏の被官人・多賀高忠とともに鎮圧に貢献している。室町幕府では、則宗を含む有力な守護被官を守護を凌ぐ勢力と認識していた。このような幕府からの厚い信頼は、赤松氏の被官人のなかでの則宗の地位を相対的に高めたといえよう。

出雲国尼子氏の勃興

山名氏や赤松氏のような伝統的な守護が活躍するなかで、新たな勢力が台頭してきた。出雲の尼子氏は、その代表といえるであろう。尼子氏は近江国佐々木氏の流れを汲む一族で、同国尼子郷（滋賀県甲良町）をその本拠とし名字とし、同じ佐々木氏一族の近江国守護・京極氏に仕えていた。京極氏は、室町幕府で侍所の所司（長官）を務める「四職」という家柄であった。十五世紀に京極持清が出雲国守護を兼任した際、尼子持久《もちひさ》が守護代として下向したのが出雲国と関係を持った始まりである。応仁・文明の乱を機に、持久の子息・清定《きよさだ》が月山富田城《がっさんとだ》（島根県安来市）

を本拠として権力を振るった。

持清は経済的にも窮乏しており、多賀高忠など配下の有力武将に支えられていた。この状況では、実質的に出雲支配は不可能だった。文明二年（一四七〇）の持清の没後、嫡孫の孫童子《まごどうし》（持清の嫡男・勝英の子）が京極家の家督を継承したが、孫童子が幼少だったことから、持清の三男で叔父の政経《まさつね》（初名は政高。以下「政経」で統一）が後見人となった。翌年、政経は出雲・隠岐・飛騨の三ヶ国の守護となり、文明五年には近江の守護職も任された。病弱だった孫童子は六歳で亡くなったといわれ、政経が京極家の家督を継承することになった。

月山富田城跡（島根県安来市広瀬町富田）

政経が跡を継いだものの、一族や家臣団が混乱していたことから、出雲国支配を尼子清定に委ねざるを得なかった。京極家内部では、家督をめぐって政経と兄・政光《まさみつ》、甥・高清《たかきよ》（勝秀の次男）が激しく争っていた。それだけではない。これまで京極氏を支えていたのは、重臣で侍所所司代を務めた多賀高忠だった。その多賀氏も、豊後守家の高忠と出雲守家の清直《きよなお》・宗直《むねなお》とに分かれて対立していた。出雲守家の清直・宗直は、東軍の京極氏から離反し、西軍の六角氏に与した。京極氏の内部分裂は、三十余年という長期にわたったのである。

この混乱に乗じて、清定は月山富田城を拠点とし、出雲国内の国人を掌握しようとした。清定は、持久の子として応永十七年

（一四一〇）に誕生した。清定の名は、主君の持清から偏諱《へんき》を与えられたという。清定が出雲守護代職を父から譲られたのは、応仁元年（一四六七）頃と考えられる。主家の京極氏が衰退している状況とはいえ、清定が出雲国に権力基盤を築くのは、決して容易ではなかった。出雲国には、松田《まつだ》氏や三沢《みざわ》氏などの有力な国人が盤踞《ばんきょ》していたからである。

応仁二年六月、十神山《とかみやま》城（島根県安来市）の松田氏が富田城を攻撃してきた。その背後では、山名氏が支援していたといわれている。その直後、清定は反撃すべく十神山城に攻め込み、百余名の敵を討ち取ったが、落城には至らなかった。両者の抗争は継続したが、同年九月に十神山城を攻め落とすことに成功した。その勢いで、清定は環日本海交易の拠点である美保関《みほのせき》（島根県松江市）に兵を進め、松田氏を支援していた山名氏を追い払った。清定の軍功に対して、持清は恩賞を惜しまず、多久和荘、生馬郷、利弘荘などの所領を与えた。何より重要なのは、清定が能義《のぎ》郡奉行職や美保関代官職を獲得したことだった。この二つは尼子氏の経済基盤となり、発展の礎となったのである。しかし、清定の戦いは終わることがなく、以降も敵対勢力との戦いが続いた。

文明二年以降も清定の国内掃討戦は継続し、三沢城（島根県奥出雲町）を本拠とする三沢氏との対決に及ぶ。三沢氏が一揆を糾合して挙兵したため、清定は持清に三沢氏の所領を押さえ込むことを要請する。こうして三沢氏の牽制に成功したが、以後も出雲と石見の国境付近で山名氏と交戦するなど、戦いは継続した。文明五年に細川勝元、山名宗全が相次いで世を去るが、清定は出雲国東部に権力基盤を形成する。

能義郡奉行職と美保関代官職

清定の経済基盤となったのが、能義郡奉行職と美保関代官職の二つである。この点について、もう少し詳しく触れておこう。出雲国能義郡は、おおむね現在の島根県東部に位置する安来市に相当する地域である。尼子氏の月山富田城は、この地にあった。清定は、自らが本拠を定める能義郡の支配を了承されたが、支配の実態については、あまり詳しく分かっていない。とはいえ、能義郡には先述した松田氏の本拠があり、その後も能義郡支配をめぐって、軋轢を生み出すことになる。

美保関は現在の松江市（旧美保関町）に所在し、島根半島東部から日本海を臨む場所に位置する。古来より海上交通の要衝地として知られ、単に日本海だけに止まらず、朝鮮半島との交易も盛んだった。若狭小浜（福井県若狭市）と美保関が結ばれることにより、西日本海沿岸部には荘園などの年貢が輸送される港が続々と設置された。とりわけ美保関の福浦《ふくうら》・諸喰《もろくい》の地は幕府の御料所（直轄領）であり、公《く》用銭《ようせん》（公事銭《くじせん》）という手数料収入があった。公用銭の主なものは舟役（勘過料《かんかりょう》、駄別諸役、帆別料）だった。清定は美保関の代官職を務めることにより、収納した公用銭の一部を手数料として得ていたのである。

清定は能義郡奉行職を梃にして、領内の支配を展開しようとしたが、それは決して容易なことではなかった。こうした状況下の文明八年（一四七六）四月、能義郡の領民は一揆を起こし、尼子氏の居城・月山富田城を急襲した。能義郡土一揆には、松田氏が関与したともいわれている。土一揆の勢力は強大なもので、富田川を下流から上流へと怒濤の如く月山富田城へと迫っていった。この思いがけない事態に対して、清定はわずかな手勢を率いて奮闘し、激戦の末に土一揆勢を撃退したが、手勢には戦死者や負傷者が多数出た。

美保関の代官職については、松田三河守との間で諍いが生じた。松田氏は美保郷に侵攻し、清定による支配に異議を唱えた。とりわけ美保関の福浦・諸喰の領有権が問題になったようであるが、京極持清は清定の知行を認め、松田氏の訴えを退けた。ところが、松田氏はこの裁定結果に納得せず、持清の没後は後継者の政経に訴え続けたが、結論は変わらなかった。文明六年十一月、政経は福浦・諸喰の代官としての領有権を認め、松田氏の主張を退けたのである。その二年後、政経は清定に対して、美保関の公用銭の納入を条件に代官職を認めた。逆に、松田氏に対しては、以後における違乱を禁止したのである。

清定が獲得した美保関の公用銭の運上額は、年額五万疋だった。現在の貨幣価値に換算して、約五千万円である。文明六年十一月、政経は美保関公用銭の納入について、次のように定めた。文明七年から文明十一年の五年間は年額五万疋のうち一万疋を尼子氏に与えることとし、残りの四万疋を運上するというものである。しかし、それは一時的な措置であり、文明十二年以降はもとの通りに年額五万疋を運上するものだった。適当な闕所地があれば進上するとの条件だったので、尼子氏は多久和郷の替地として、京極家領の大原郡立原（島根県雲南市）を希望したが、それは叶うことがなかった。

文明八年五月、清定は当年度の公用銭として、とりあえず割符《さいふ》（遠隔地へ送金するために組んだ為替手形）により百五十貫文（約千五百万円）を運上したが、実際に完納したか否かは確認することができない。やがて、尼子氏の支配権が徐々に出雲東部に浸透すると、年額五万疋のうち四万疋どころか、納入が滞ったと考えられる。こうして尼子氏は美保関を完全に支配下に置き、公用銭を独占することにより経済基盤を築いたのである。

赤松氏と山名氏との抗争

尼子氏が出雲東部に着々と勢力基盤を築いている間、山名氏は応仁の乱で播磨国等三ヵ国を奪還すべく、虎視眈々とそのタイミングをうかがっていた。山名氏が播磨国侵攻を目論んだのには、いかなる理由があったのだろうか。その理由は、(1)山名氏の領国の因幡国において、国人の毛利次郎が強大な勢力を持ち、因幡国守護の山名豊氏《とようじ》を圧迫しており、赤松氏が毛利氏を背後から支援しているとの風聞があった、(2)同じく山名氏の領国の伯耆国では、山名豊氏の弟・元之《もとゆき》が守護を任されていたが、豊氏の子・政之はこれを妬み、元之の追放を企てた。この策動を陰で操ったのが赤松氏であったといわれていた。理由は、この二つに集約されよう。

要するに、赤松氏は背後から山名氏を脅かす存在であり、山名氏としては赤松氏を牽制する必要があった。また、赤松政則が守護職を保持する播磨国等三ヵ国は、嘉吉の乱から応仁・文明の乱に至るまで、山名氏が一族で守護職を保持していた。したがって、山名氏からすれば、赤松氏から三ヶ国守護職を奪われたという意識があったかもしれない。赤松氏と山名氏との戦いは、文明十五年（一四八三）十二月未明、播磨国と但馬国の国境付近の真弓《まゆみ》峠（兵庫県朝来市と神河町の境）で勃発した。垣屋越前守《かきやえちぜんのかみ》の率いる山名軍は、一気に赤松軍を打ち破ると、播磨国に侵攻した。一方、大敗を喫した政則は、家臣らと姫路を目指したが、途中で行方知れずとなった。政則の動向に関しては、さまざまな風聞（堺に逃れたなど）が飛び交うことになる。この敗北は、政則にとって大失態であった。

この敗報を聞いて激怒したのが、赤松氏の有力被官人・浦上則宗である。この事態を重く見た則宗は、他の有力被官人らとともに、政則の三ヶ国守護職を廃し、代わりに有馬慶寿丸（のちの澄則《すみのり》）をその地位に就けることを幕府に願い出た（「蜷川家文書」）。則宗は長禄の変で活躍した、明石・依藤・中村・小寺の各氏を説得し、赤松氏被官人の総意として幕府に申請を行ったのである。

この一事は、政則の持つ権力が決して磐石なものではなく、有力被官人らの支持の上に成り立つ、きわめて脆弱なものであったことを示している。ただ、注意しなくてはならないのは、則宗が赤松氏の一族である有馬氏を擁立したことである。いくら則宗が絶大な権勢を誇るとはいえ、自らが守護に就くことはできなかった。そこには、家格という問題が横たわっており、則宗は赤松氏の一族を守護に擁立し、コントロールすることしかできないという大きな限界があったのである。

『大乗院寺社雑事記』によると、しばらくして政則の守護職解任は無効であると記されている。政則が失脚したという情報は、被官人らの分裂と反乱を招いた。有馬右馬助は山名氏と同心し、また赤松氏一族の在田《ありた》氏・広岡氏は「新赤松」を擁立するなど、それぞれが政則に叛旗を翻したことが記録されている。赤松氏と山名氏との抗争は、彼ら赤松氏一族にとって、惣領家に取って代わる大きなチャンスだったのである。

山名氏は播磨国侵攻後、着々とその支配を進めていった。文明十六年（一四八四）四月、政豊は京都金蓮寺（京都市北区）に故・持豊の寄進の旨に任せて、飾東郡国衙（兵庫県姫路市）の内二十石の寺納は不要であると伝えている（「金蓮寺文書」）。この通達は、政豊が持豊以来、播磨国守護職に返り咲いたことを強烈に意思表示したものと解されよう。また、大徳寺の侍衣禅師には、播磨国入国に際して青銅三百疋を贈っている（「大徳寺文書」）。山名氏は、寺社に寺領安堵の懐柔策を採用し、迅速な支配体制の構築を目論んだのである。

一方、山名氏の勢力は、在地に厳しい措置をとっている。たとえば、三条西《さんじょうにし》家領大山荘（兵庫県神河町）は、代官の安丸氏が没落し、山名四天王の一人である太田垣《おおたがき》氏が新たに代官を務めることになった。安丸氏は、赤松氏と関わりのある人物であった。山名氏の被官人・垣屋平右衛門尉孝知《たかとも》のように、地下人《ちげにん》（農民などの庶民）に折檻を加える者もあった（「三宝院文書」）。山名氏は、懐柔策と厳しい政策により、播磨国支配に臨んだのである。

山名氏は戦功のあった被官人・国人に対し、次々に新たに給分地を与えるか、安堵を行った。まず、牧田孫三郎には、「播磨国賀西郡道山村地頭方内切米、多可郡松井荘右方半分」等の給分地が安堵されている（「牧田文書」）。さらに、山内豊成には給分を宛て行っている（「山内首藤家文書」）。いずれも播磨国内であり、山名氏の播磨侵攻がかなり浸透していたことが理解される。こうして、山名氏は被官人らに新しく給分地を与えることにより、自らへの求心性を高めることを企図した。守護としての器量を示し、播磨国支配をより有利に展開するための手法である。逆に山名氏の被官人らは、新たな給分地を失わぬよう、播磨国駐留に積極的だった。

抗争の終結と山名氏の動揺

山名氏の勢力は播磨国へ急速に浸透するが、やがて両者の争いは泥沼化する。文明十六年（一四八四）二月、政則の有力被官人の一人である浦上則宗は、太山寺（神戸市）に三ヶ国奪還を祈願した（「太山寺文書」）。しかし、則宗の祈願に反するかのように、その後の戦局はあまり芳しくなかった。文明十七年（一四八五）二月、則宗は備前国福岡（岡山県瀬戸内市）での合戦で山名氏に敗れた（「田総文書」）。この合戦において、赤松氏方の松田氏・菅《かん》氏一門が数多く落命している。この影響からか、則宗は陣中祈禱のため、備前国餘慶寺《よけいじ》（岡山県瀬戸内市）に寄進を行った（「餘慶寺文書」）。にもかかわらず、以後の戦況は好転することなく、一ヶ月後には備前国砥石城《といし》（岡山県瀬戸内市）

で一族の浦上則国が敗死したと伝えられた（『蔗軒日録』）。則宗は守護の政則を排斥し、新たな体制を築き上げようとしたと考えられるが、山名氏を相手に意外なほど苦戦を強いられていた。

山名氏と赤松氏が雌雄を決したのは、蔭木城合戦である。蔭木城の場所そのものは確定されておらず、現在もいくつかの説がある。文明十七年（一四八五）閏三月、播磨・但馬国境の真弓峠で赤松氏と山名氏は交戦状態に入った。赤松氏は蔭木城合戦で勝利を得たうえ、山名氏の有力部将である垣屋氏をも討ち取った。以降、赤松氏は攻勢に転じ、山名氏との戦いを有利に進めることになる。政則は同年六月の片島（兵庫県たつの市）の合戦において、浦上・島津氏といった有力な部将を失うが（『蔭凉軒日録』）、文明十八年（一四八六）一月の英賀《あが》合戦（兵庫県姫路市）では再び勝利を得、同年四月の坂本《さかもと》合戦（兵庫県姫路市）でも勝利を重ねた（『蔭凉軒日録』）。

敗戦を繰り返した政豊は、細川政元に援軍を依頼するが断られている（『蔭凉軒日録』）。細川氏は赤松氏との連携を深めていたので、当然の結果といえよう。このようななりふり構わぬ行動は、度重なる敗戦と合戦の長期化に伴い、山名氏側に焦りの色が色濃く滲んできたものと察せられる。赤松氏の快進撃は止まるところを知らず、政豊は赤松氏の坂本城攻撃に敗れ、行方知れずとなった（『蔭凉軒日録』）。政則は畳み掛けるように坂本城を攻撃し、ついに長享二年（一四八八）七月、政豊は播磨国を撤退せざるを得なくなったのである（『蔭凉軒日録』）。しかし、そこに至るまで、政豊は撤退を拒む備後衆を説得しなければならなかった。なぜなら、山内氏のごとく播磨国に給分地を得た者は、山名氏が播磨国守護であってこそ意味がある。要するに、播磨国を撤退するということは、給分地を放棄することを意味したのである。

度重なる敗北によって、政豊は長享二年に但馬国へと戻らざるを得なくなった。敗北の痛手は大きく、政豊から離反する配下の者が続出した。その際の主な問題は、次の二つである。

第一に、因幡国では国人である森（毛利）二郎が反乱を起こし、山名氏の庶流である山名政実《まさざね》を擁立した。この動きの背景には、浦上則宗による調略があったといわれており、山名氏には大きな動揺がもたらされた。第二に、政豊は田公《たきみ》氏を除く「諸侍」「備後衆」から叛旗を翻され、但馬国は垣屋氏によって掌握されてしまった。そして、新守護として政豊の長男・俊豊が擁立され、俊豊は有力な被官人を引きつれ、幕府に出仕した。以後、政豊・俊豊父子は交戦を続けることになる。政豊は被官人から当主として認められず、子息に家督が移ったということになろう。

山名氏の守護職は、配下の被官人によって決定される存在であり、当該期における幕府の守護補任権は喪失していた。その理由は、政豊が赤松氏に敗北を喫したことにより、配下の被官人らに与えた播磨国内の知行地の維持が困難になり、政豊は当主としての器量に欠けると判断されたのである。同様の例は、赤松氏のケースにおいても確認することができる。以後、政豊と俊豊はそれぞれ被官人を率いて激しく対立する。

以上の山名氏の状況を要約すると、十五世紀末期以降、山名氏の家督は配下の重臣や被官人の動向に左右されるようになり、幕府による守護補任権は事実上喪失する。こうした傾向は山名氏のみならず、先述した赤松政則の例にも見られる。家督継承者を選ぶ重要な基準は、国を統治する器量や軍事力である。山名政豊は播磨国に侵攻した際、被官人や寺社の知行地を播磨国内に設定した。しかし、それらは山名氏の但馬国撤退に伴って失われたと考えられる。政豊のように器量なき当主は、排斥される運命にあった。

結局、山名氏の権力は、重臣や被官人らによって支えられたものであって、一種の共同支配的な要素を色濃く持っていた。その際、山名氏が擁立される根拠は、守護職を保持していたことであり、その高い家格にあった。守護職や当主権は幕府により命じられるものであるが、この時代には実質的に守護配下の者の支持が必要となったのである。

3　明応の政変と室町幕府の崩壊

大内政弘の周防・長門支配

応仁・文明の乱の終結後、大内政弘は文明九年（一四七七）十二月に周防国へ帰国した。翌文明十年、政弘は九州北部に出兵して少弐氏を討伐し、筑前・豊前の領国を支配下に収めた。同時に、安芸や石見にも強い影響力を及ぼすようになる。こうして政弘は、周防・長門を中心にして周辺諸国に支配権を確立しようとしたが、大きな問題が持ち上がる。

さかのぼること文明二年、政弘の叔父・教幸《のりゆき》は、足利義政から大内氏の当主に認められ、西軍の政弘を討伐するよう命じられた。これにより教幸は赤間関《あかまがせき》（山口県下関市）に挙兵し、留守役の陶弘護《すえひろもり》ら大内氏の家臣を配下に収め、起請文《きしょうもん》を提出させた。ところが、反撃の機会を狙っていた弘護は、同年十二月に教幸を討ち破った。両者は石見、長門と転戦し、翌文明三年十二月に弘護が教幸に勝利を収め、教幸は豊前国に逃亡した。その後の教幸の動向は不明であるが、翌文明四年頃に没したという。弘護は、教幸の討伐に大いに貢献したのである。

陶弘護は政弘が京都で幕政に関与している間、徐々に領国支配の実権を掌握していた。このことが、のちに政弘と弘護の対立の要因となる。文明十四年、弘護は山口の築山館《つきやまやかた》（山口市）で催された宴席の席上で、吉見信頼《よしみのぶより》によって殺害された。両者は長らく対立関係にあり、それが弘護殺害の要因とされてきた。しかし、近年では、政弘が領国支配の実権を握る弘護を疎ましく思い、背後で暗殺に関与していたとの説もある。弘護の死により、政弘は再び実権を取り戻し、同時に家中の統制にも成功したのである。政弘は知行宛行の下文《くだしぶみ》を発給し、国人層を御家人として配下に収め、領国支配を行ううえで必要な制度、法令、裁判機構を整えた。それらの機構は室町幕府を例にしたと考えられ、財務を担当する政所《まんどころ》、軍事・検断を担当する侍所《さむらいどころ》、裁判記録を保存する問注所《もんちゅうじょ》の他、寺社奉行、段銭《たんせん》奉行、普請奉行など多数の役所名を確認することができる。

日々の政務は、奉行衆の評議が奉行所で執り行われ処理された。奉行衆は、大内氏の実務官僚に位置づけられるものである。奉行衆の上位には、評定衆が設置された。大内氏当主の臨席のもと、毎月六回催される評定会議において、重要政務が協議された。その内容は、家臣の知行地の宛行や軍事行動、法令の制定、訴訟裁定が主たるものである。

家法の『大内家壁書《おおうちけかべがき》』は、一八一ヶ条にわたる条文から構成されている。成立年は不詳であるが、おおむね明応《めいおう》四年（一四九五）をさして降らない時期と推測されている。形式は、大内氏の歴代当主が制定した単行法令について、ある時期に大内氏の家臣がまとめたもので、その大半は政弘の時代に制定されたものである。殿中における武士、山口の城下町内における諸人の取締り規定が多くを占めており、これにより支配の骨格が定まったといえる。

大内氏は複数の国の守護職を兼ねていたので、それぞれの国には守護代が設置され、守護の職務を代行させていた。そして、守護―守護代―小守護代・郡代というルートを通じて命令が伝達され、小守護代・郡代は守護代が任命していた。守護代は実質的に当主の権限を代行していたので、所領問題の裁決、軍事や恩賞などを取り決めていたのである。京都には在京雑掌《ざっしょう》が置かれ、朝廷や幕府との交渉を担当していた。

政弘は領国に帰還後も、幕府を支え続けた。文明十二年に幕府の相伴衆《しょうばんしゅう》に加えられた政弘は、長享元年（一四八七）に将軍義尚が近江の六角高頼の討伐を開始すると、現地に軍勢を派遣した。このときは自身が参陣せず、家臣の問田弘胤《といだひろたね》を派遣した。延徳三年（一四九一）に二度目の六角氏討伐が開始されると、今度は政弘自身が兵を率いて出陣した。このように大内氏は遠隔地にありながらも将軍を支え続け、政弘の子息・義興《よしおき》の時代になると、いっそう緊密な関係を築いたのである。

尼子経久の登場

清定の没後、尼子氏の家督を継承したのは子の経久《つねひさ》（幼名は又四郎）である。経久が誕生したのは、長禄二年（一四五八）。文明六年（一四七四）、経久は京都の京極政経のもとに送られ、五年もの歳月を過ごした。経久の「経」は、政経の偏諱《へんき》を与えられたものである。その四年後、経久は出雲へ戻り、父の跡を継ぎ出雲国守護代に就任した。経久とは、どのような人物だったのだろうか。『塵塚物語《ちりづかものがたり》』によると、経久は持ち物を家臣から褒められると、即座にその場で与えたという。また、ある冬の寒い日、経久は着物を家臣に与え、自身は小袖一枚で夜を過ごした逸話がある。それゆえ、無欲で正直な人と評価され、「天性無欲正直の人」といわれた。逆に、五山僧の惟高妙安《いこうみょうあん》はその著『玉塵《ぎょくじん》』のなかで、「性シワイ人」と評価をしている。「シワイ」つまり吝嗇《りんしょく》（ケチ）であるとともに、決して好まれない性格だったのだろう。

経久はわずか一代で、最大時で中国地方の十一ヶ国を支配したことから、毛利元就《もとなり》、宇喜多直家《なおいえ》と並び称され、「中国の三大謀将」の一人に数えられた。十八世紀前半に成立した『陰徳太平記』には、「智雄全備」といった最高の賛辞が送られている。しかし、経久が中国地方に覇権を築くのには、苦難の道のりが待ち構えていた。当時、室町幕府は寺社本所領安堵を政策の基本にしていたが、経久はことごとくこれに反し、寺社本所領や段銭を押領した。また、同じ出雲の塩冶《えんや》氏と対立するなど、国人らとの軋轢も生じた。『陰徳太平記』によると、経久の態度に怒った京極政経は、文明十六年に三沢氏ら有力国人に命じて経久を追放し、代わりに塩冶氏を出雲国守護代に任じたという。その後、経久は各地を流浪し、飢えに苦しみつつ、母方の里で隠遁生活を送った逸話が残っている。

二年後の文明十八年一月、経久は月山富田城の奪還に成功し、息を吹き返す。同年七月、主君の政経は子息・材宗《きむね》と上洛し、家督をめぐって甥の高清と交戦状態になった。実は以前から、政経と高清は近江の支配権を争っており、そうしたことも京極氏の弱体化を招く原因だった。政経が出雲を離れたので、経久にとっては幸運であった。

尼子経久
（島根県安来市広瀬町・洞光寺蔵）

経久が月山富田城を攻略した際、芸能を生業とする蜂屋賀麻《はちやかま》党《とう》を起用したという。蜂屋賀麻党は太鼓、笛、鼓を打ち鳴らし、新年のお祝いと称して踊りながら月山富田城に乱入すると、城兵は「めでたい」と一緒に大騒ぎした。蜂屋賀麻党は相手が油断した隙に諸所に火を放ち、敵兵を切り伏せた。経久の意表を突く作戦は、まさしく「謀将」の名にふさわしいものだった。長享二年（一四八八）、経久は仁多郡に本拠を持つ三沢氏を降伏に追い込むと、飯石郡の有力な国人である三刀屋《みとや》氏、赤穴《あかな》氏も経久の軍門に降って来た。以後、経久は周辺の国人を次々と制圧し、着々と出雲支配を進めたのである。

三沢氏の攻略に際しては、ユニークな逸話がある。殺人を犯した経久の配下の山中氏が三沢氏のもとに逃亡し、二年余を同氏のもとで過ごした。あるとき、山中氏が三沢氏に対して「経久を討つ」と申し出、兵を率いて出陣したが、山中氏は途中で三沢氏を裏切り、逆に尼子勢の手引きをした。これにより三沢氏は大敗北を喫したというのだ。経久はわざと山中氏を三沢氏のもとに潜り込ませ、二年も潜伏させたのだから、大した策略家である。このような逸話により、経久が軍略家と認識されることになったと考えられる。

経久は出雲に基盤を持っていなかったが、諸権益を主君の京極氏から継承し、やがて周辺国人を屈服させ、婚姻関係を結んで連携を強めた。彼が謀将といわれる所以は、さまざまな奇策を用いて敵を討ち滅ぼす一方、冷静な態度で諸勢力との関係を強化する二面性を併せ持っていたからであろう。やがて経久は、出雲国外へと目を向ける。

明応の政変と中国の諸勢力

応仁・文明の乱の終結後、室町幕府はどうなったのだろうか。乱の終結直前の文明五年、義政は将軍職を子息の義尚に譲ったが、実権は掌握したままで、文明十五年には東山山荘を造営し隠遁生活を送った。義尚は政治に対して意欲的で、高名な学者でもある一条兼良《いちじょうかねよし》から『樵談治要《しょうだんちよう》』『文明一統記《ぶんめいいっとうき》』を贈られ帝王学を学んだ。ただ、義政と義尚の関係はぎくしゃくしたままで、権限委譲がなかなか進まなかったため、政治は混乱したままだった。

長享元年（一四八七）に義尚は、幕府に反抗的で寺社本所領などを侵す六角高頼の討伐を実行に移す。ところが、義尚は酒色に溺れるという不摂生により、延徳元年（一四八九）に近江国鈎《まがり》（滋賀県栗東市）の陣中で病没した。まだ二十五歳という若さだった。その翌年、父の義政も義尚のあとを追うようにこの世を去ったのである。義政の死後、将軍の座に就いたのが、義政の弟・義視の長男である義材《よしき》（のちの義尹《よしただ》、義稙《よしたね》）だった。義材が将軍に就任できたのは、日野富子の支援があったからだった。義材もそのことを意識してか、義尚の遺志を引き継いで六角氏討伐を積極的に行っている。富子は義視とは仇敵であったが、将軍職は自分の血縁者（義材の母は富子の妹）から輩出したかったと考えられる。しかし、両者の関係は、延徳二年（一四九〇）五月に亀裂を見る。

延徳二年四月、日野富子は香厳院清晃《こうげんいんせいこう》（のちの義澄《よしずみ》）に小川御所（京都市上京区）を譲り、六月から住まわせることを決定した（『蔭凉軒日録』）。小川御所は、故義政の別邸である。清晃は亡くなった義尚の後継候補だったこともあり、義視・義材父子を著しく刺激することになった。翌月の五月十八日、義視は河原者《かわらもの》に命じて小川御所を破壊させており（『後法興院記』）、この行為に富子は強い不快の念を抱いていた。同日付の『後法興院記』には、富子が家督（＝将軍職）に清晃を擁立しようとし、細川政元との間で密談が交わされたと記されている。

それまでにも両者の確執はあったかもしれないが、延徳二年五月の段階で、両者の関係が破綻したことが白日の下にさらされたのである。以降の事態は、義材側に不利に展開する。延徳二年十月、義材の母であり、富子の妹である良子が没した（『蔭凉軒日録』）。翌月の十一月には義視に腫れ物ができ、病に伏せるようになった（『後法興院記』）。そして、翌三年一月七日、義視はついに没したのである（『実隆公記』など）。二人の死によって、義材の孤立は明らかとなった。

政界の再編と赤松氏の暗躍

義材が孤立気味であったのは、二人の死だけが原因ではなかった。義視・義材父子は長く京都を離れて美濃国に在住しており、政権内部との関わりは皆無に等しかった。義尚の没後、その配下の有力者は次々と政権を離脱しており、義材の基盤はきわめて脆弱なものであったといえよう。このような不安定な政権基盤のもとにあって、早い段階から義視・義材父子は連携パートナーを探していた。その人物が畠山政長である。

延徳二年八月、幕府は畠山義就を討伐すべく、興福寺（奈良市）に対して畠山政長の味方につくように命じた（『大乗院寺社雑事記』）。同年五月に義視・義材父子と富子との関係は破綻しており、富子は細川政元に急接近しつつあった。義視・義材父子が政長に接近したのは、そうした危機感の表れである。逆に政元は、義就そして義就没後に子息・基家《もといえ》（後の義豊）と結び、義視・義材父子へ対抗する。

このような事態を受けて、「政界再編」ともいうべき連携関係が一気に進むことになった。政元の配下にあって、これを強力に支援したのは、上原賢家《うえはらかたいえ》・元秀《もとひで》父子であった。上原父子は、赤松政則、畠山基家（義就の子）、朝倉貞景《あさくらさだかげ》との連携を画策し、彼らを味方に引き入れることに成功しているのである。彼らが政元に協力するのには、置かれた政治的な立場が影響していた。基家の例はすでに見てきた通りであるが、朝倉氏は斯波氏と越前国守護職をめぐる争いが再燃していた事情がある。こうした一連の連携工作は、明応の政変の引き金となった。

連携を取り結んだ例でいえば、赤松政則の例はきわめて象徴的であったといってもよい。明応二年

（一四九三）四月、赤松政則は政元の姉・洞松院尼《とうしょういんに》と結婚し、両者の関係は強力なものとなっている（『蔭凉軒日録』）。婚姻の成立の背景には、上原元秀の策略があった。前月の三月、元秀は赤松氏の重臣・別所則治《べっしょのりはる》と面会し、政則と洞松院尼の婚姻を取りまとめていることが確認できる（『大乗院寺社雑事記』）。当時、則治はもう一人の赤松氏の重臣・浦上則宗と対抗関係にあり、水面下で暗闘を繰り広げていた。つまり、則治は則宗の機先を制すべく、早急にこの話を推進したのであろう。次に触れる通り、政則は義材に従って河内国に参陣しているので、離反を誘う工作であった。このように、連携工作には、相手方の家の事情も十分に考慮されていたのである。

義材の挙兵と明応の政変

将軍義材と細川政元との間では、徐々に溝が深まっていた。ともに連携工作を展開し、水面下で暗闘を行っていたのであるが、ついに義材が行動を起こした。明応二年二月十五日、義材は畠山政長以下、斯波義寛、赤松政則らを率い、河内国誉田《こんだ》城（大阪府羽曳野市）の畠山基家の討伐に向かったのである（『後法興院記』）。その際、義材は朝廷の許しを得て、初代将軍である尊氏の佩刀《はいとう》を得た。この行為は、自らの正統性をアピールしたものであると解される。

出陣から九日後の二月二十四日には、河内国の正覚寺（大阪市平野区）に着陣し、義材は基家の誉田城に迫っていた。異変が起こるのは、その約二ヶ月後の四月二十二日のことである。細川政元はかねてから対立関係にあった義材に背き、当時十四歳の香厳院清晃（後の義澄）を突如として擁立した（『後法興院』）。このとき、大内義興や赤松政則は政元側に馳せ参じ、義材の側近や奉公衆は逆に逃亡する有様であった。河内国では畠山政長・尚順が紀伊国に逃れ、将軍・義材は政元方の上原元秀に投降し、捕らわれの身となった。このクーデターが、明応の政変と称される事件である。

クーデターによって将軍が擁立されたことは、室町幕府でなかったが、守護のレベルにおいては、このような事例が少なからず見られた。ついに、同様の事態が幕府にも及ぶようになったのである。問題は、クーデターで擁立された将軍が有効であったか否かである。これまでにも触れたように、将軍宣下などの扱いはどうなったのであろうか。その後の手続きを確認しておこう。

明応二年（一四九三）四月二十八日、清晃は細川政元邸で義遐《よしとお》と名を改め、従五位下に除された（『公卿補任』など）。名は東坊城和長《ひがしぼうじょうかずなが》が撰したものであった。翌月の五月六日には、義材から将軍家重代の具足が義遐に譲られた（『後法興院記』）。さらに、六月十三日には義遐からさらに義高《よしたか》へと名を改め（『大乗院寺社雑事記』など）、七月二十二日には読書始を行っている。残念ながら、改名の理由は明らかでない。このようにして、義高は着々と将軍への地歩を固めていった。

義高が、過去の例にならって正五位下・左馬頭になったのは、翌明応三年十一月二十四日のことであった（『親長卿記』）。この叙位・任官によって、義高が将軍後継と認識されるようになる。ここまで義高がクーデターで擁立されてから、一年半以上が経過していたが、ここから奇妙な現象が生じることになる。

同年十二月二十日、義高は来るべき将軍宣下に備え、元服式に臨むことになった。このとき過去の例にならって、細川政元は管領となり武蔵守に任じられたが（『後法興院記』など）、政元の「迷惑・難儀」という理由によって、にわかに元服式は中止になった。「迷惑・難儀」には多様な意味があるが、何らかの政元の事情によるものであろうか。周囲の者は政元を説得したが、ついに受け入れられなかったという。将軍宣下は、一週間後に決まっていた。

同年十二月二十七日、義高の元服と将軍宣下は同時に執り行われた（『後法興院記』など）。あわせて、御評定始、御沙汰始、御判始も行われた。これによって、義高は名実ともに征夷大将軍となったのである。クーデター後から相当な時間を要しているが、手続きよりも実体が先行しているのは、足利義政ら歴代将軍にも見られた現象である。ところで、義高が新将軍に就任することにより、問題は解決したのであろうか。

室町幕府の崩壊

一方の義材は、どうなったのであろうか。上原元秀に投降した義材は、元秀邸でしばらく幽閉生活を余儀なくされた。政元は、義材を讃岐国の小豆島へ流す計画であったらしい。しかし、明応二年六月、義材は元秀邸を脱出し、神保長誠《じんぼうながのぶ》とともに越中国へ脱出した（『蔭凉軒日録』など）。越中国は亡くなった畠山政長の領国であり、神保長誠はその守護代であった。義材は各地に政元討伐の檄を飛ばし、西国の中では大友氏、菊池氏、島津氏、相良《さがら》氏などがこれに応じたのである（『大乗院寺社雑事記』）。

何のことはない。義材は未だ将軍の地位にあると見なされていたのである。

同年十一月になっても、義材から政元の追討命令は、相良氏、大友氏などの九州の諸将に送られた（「大友文書」など）。もちろん、追討命令だけではない。明応三年四月には、山城国勧修寺《かじゅうじ》西林院（京都市山科区）に対して禁制《きんぜい》を与えている（「勧修寺文書」）。その後、義材は何度も入京を試みるが果たせず、自らに従った者には所領安堵を行っている。義材はクーデターによって失脚したが、一方で支持する勢力もあり、事実上「二人の将軍」が存在する様相を呈したのである。

明応の政変によって解体したのは、将軍権力だけではない。将軍直轄の軍事力である奉公衆も解体し、将軍は軍事的基盤を失う。以後の将軍は、有力武将との連携が重要な鍵となり、彼らの支援なくしては将軍としての地位を維持できなくなっていった。とりわけ明応の政変について言えば、赤松政則、大内義興（政弘の子息）の力が必要だったと言えよう。応仁・文明の乱、明応の政変を経て、中国地方の守護らは自らの領国に帰還し、領内の支配に専念した。そして、国人らの領主を配下に収め、やがて国外へと打って出るようになった。こうして世は、戦国時代へ突入するのである。

第二章　中国地域の争乱

1　赤松氏の没落と宇喜多氏の登場

政則の死と明応の政変

明応の政変と相前後して、中国地方の守護たちはどのような動きを見せたのだろうか。まず最初に取り上げるのは、播磨、備前、美作の三ヶ国守護・赤松氏である。

明応五年（一四九六）四月、播磨坂田荘の長円寺《ちょうえんじ》（兵庫県加西市）で赤松政則が没すると、次の三ヶ国守護には赤松義村《よしむら》が就任した。義村は政則の実子ではなく、七条家の流れを汲む人物で政資の子だった。義村の守護就任に際しては、赤松氏の有力被官人や守護代が室町幕府に義村の守護職就任を求めていた（『書写山縁起附録』）。その際、義村の三ヶ国守護職の就任を要望したのは、浦上則宗、別所則治、赤松則《のり》貞《さだ》、小寺則職《のりもと》、薬師寺《やくしじ》貴能《たかよし》の五名であった。

彼らの顔ぶれを確認しておこう。小寺・薬師寺の両氏は、御着納所《ごちゃくなっしょ》（兵庫県姫路市）として領国支配の一環を担っており、赤松氏内部において有力な存在であった。別所則治と赤松則貞は、それぞれ東西の守護代を務めている。浦上則宗は、赤松氏の再興後に政則を支えた有力な被官人である。彼らが自らの意思で新守護を申請した事実は、すでに幕府権力が形骸化しており、守護は幕府から一方的に任命されるのではなく、被官人らの意向が反映されたという事情を物語っている。当時、権勢を誇っていたのは浦上則宗であったが、別所氏などとの抗争も絶えず、政則在世中から抗争を繰り広げていた。明応二年（一四九三）に勃発した明応の政変は、二人の確執が表面化した事件でもあった。

明応の政変とは先述の通り、細川政元が時の将軍・義稙の河内出陣中に、堀越公方・足利政知の子義澄を擁立した事件である。その結果、義稙を支える直臣団の大半が離反し、政元に降伏せざるを得ない状況に追い込まれた。この事件を契機に、将軍の政治的権力基盤が崩壊し、細川氏がその実権を握るところとなった。細川政元は、このクーデターに赤松氏の協力を取りつけるため、姉の洞松院尼と政則との婚儀を画策したと言われている。

このときの赤松氏内部では、政変に対する対処をめぐって、浦上氏と別所氏との対立が見られた。すでに細川京兆《けいちょう》家内部において、被官人・上原氏と安富氏との対立が明瞭となっていたが、彼らは浦上氏と別所氏との関係を深めることにより対抗した。それは婚姻による連携の強化だった。

浦上氏は安富氏の子息を養子に迎え、結束を深めた。別所氏は一方の上原氏と連携し、細川政元の姉・洞松院尼を政則に嫁がせた。政則と洞松院尼との婚約の背景には、明応の政変があったと指摘される所以である。『大乗院寺社雑事記』明応八年五月十九日条には、浦上氏が義村を取り、別所氏が洞松院尼を取ったと記す。いわゆる「東西取合」と称された、浦上氏と別所氏の対立構造である。

このような複雑な過程を経て、義村の守護職への就任は実現したが、文亀二年（一五〇二）に浦上則宗は没し、別所氏の勢いにも陰りが見えた。同年には、西播磨守護代の赤松政秀も亡くなっている。代わりに守護・義村のサポート役として台頭したのは、政則の後妻・洞松院尼である。洞松院尼は細川勝元の娘で龍安寺（京都市右京区）の尼僧だったが、僧籍から還俗し、明応二年に赤松政則と婚約を交わした（『蔭涼軒日録』）。政則は再婚であった。

洞松院尼の活躍

『後法興院政家記』などの記述によれば、洞松院尼は文正元年（一四六六）の生まれであることが分かる。洞松院尼は容姿に恵まれなかったようで、日記や後世の軍記物語にまでその不器量さが指摘されている（『蔭涼軒日録』など）。このため、政則が洞松院尼を政元に追い返したという風説が流れたほどであった。政則と洞松院尼との婚儀は政略結婚であったが、政則の没後、思いがけず洞松院尼の活躍が目立つようになる。『赤松記』により、政則没後における政務の取り扱いについて要約すると、次のように記されている。義村が幼少のうちは国の成敗は洞松院尼が行い、何事も印判状《いんばんじょう》で行うが、この間に訴訟があった場合は裁決を引き延ばし、義村の治世になるまで待つ、というものである。洞松院尼が守護の代理のような形で領国支配を担ったが、あくまで義村が成長するまでの中継ぎ役と解すべきであろう。

永正年間には、洞松院尼の発給文書が何点か存在する。その内容を吟味すると、いくつかの共通点が認められる。まず、すべての文書が黒印《こくいん》を捺した印判状という点である。その黒印には、「釈」という文字が刻まれている。女性が黒印を使用するケースはきわめて稀であり、駿河国の戦国大名・今川氏親《いまがわうじちか》の妻である寿桂尼《じゅけいに》の例があるくらいである。

第二に、文言中に「松泉院殿《（政則）》さまの御判のすじめ《（筋目）》にまかせ」と記されているように、政則の先例を追認していることである。その書止文言《かきとめもんごん》は「おほせ《（仰）》いだ《（出）》され候、かしく」という奉書《ほうしょ》文言である。洞松院尼は、あくまで守護の意を奉じる姿勢を取っており、独自の路線を追求していないことが分かる。したがって、洞松院尼が領国支配に参画したことを高く評価する論者もいるが、むしろ義村が成長するまでの繋ぎ役と認識すべきであろう。そうした洞松院尼の政治姿勢は、政則時代の政策を継承する文言や奉書文言に表れているのである。

洞松院尼と守護裁判を検討する例としては、鵤荘《いかるがのしょう》（兵庫県太子町）での裁判が有名である（『鵤《いかるが》荘《のしょう》引付《ひきつけ》』）。以下、詳しく述べることにしよう。永正十一年（一五一四）、鵤荘と小宅荘《おやけのしょう》（兵庫県たつの市）との間に、用水をめぐって相論が持ち上がった。このとき義村は召文《めしぶみ》を立て、両荘園の百姓を守護所の置塩城《おきしお》（兵庫県姫路市）に集めたのである。

しかしその結果は、裁許を成すことは難しいというものであった。裁判は延期されることとなり、年老衆が出仕のときに再度審理を行うことになった。その際、不満を和らげるため、洞松院尼の文書が発給された。つまり、訴訟や裁判に際しては、洞松院尼の独断専行で決定されたわけでなく、守護の意思を尊重しつつ、正当な手続を踏まねばならなかったのである。この事実は、永正十二年（一五一五）の『鵤荘引付』の記事によっても裏づけられる。そこには、罪人の件については、御屋形様《おやかたさま》（＝義村）の儀によって成敗されるべき、と記されている。いかに洞松院尼であっても、守護の専権事項を犯すことはできなかった。その点に、洞松院尼の権限には限界があると見るべきであろう。

それでも、洞松院尼の政治的役割は大きかったと言わざるを得ない。永正八年（一五一一）七月、阿波国に逃れていた細川澄元《すみもと》は、細川政賢《まさかた》や細川尚春《ひさはる》と結託し、摂津に上陸し京都へ進撃した。目的は、細川高国《たかくに》の追討にあった。赤松義村は澄元に協力し、高国方の瓦林政頼《かわらばやしまさより》が籠もる鷹尾城《たかお》（兵庫県芦屋市）を陥落すると、さらに伊丹城（兵庫県伊丹市）を囲んだ。しかし、細川高国と大内義興の連合軍は、澄元軍を京都の船岡山合戦で破り、畿内近国での実権を握った。これにより、澄元方についた義村は窮地に陥った。

このとき活躍したのが洞松院尼である。洞松院尼は高国に願い出て、義村の赦免手続を進めた。結果、永正九年（一五一二）には、義村を赦免する旨の御内書が細川高国と大内義興宛に発給された。こうして同年六月、摂津尼崎（兵庫県尼崎市）において高国と義村との間で和議が結ばれた。その後、高国は宿所に洞松院尼を招き、猿楽《さるがく》を催したと伝える（『後法成寺尚通公記』）。政治的な場面で、洞松院尼が細川氏の人脈を生かし、赤松家の危機を救った好例といえる。

赤松義村の守護職継承

政則の跡を継いだ義村とは、いかなる人物だったのか。義村は政則の実子でなく、赤松七条家の政資の子である。政則没後、義村は赤松氏の有力被官人らによって播磨国等三ヶ国の守護に推挙された。義村の生年は、系図、軍記物語等の記載によると、文明四年（一四七二）、延徳二年（一四九〇）、明応三年（一四九四）誕生の各説が唱えられている。仮名《けみょう》の名乗りの時期を考慮すれば、少なくとも文明四年（一四七二）誕生説は退けるべきである。

義村の幼名は「道祖《さえ》松丸《まつまる》」といい、赤松氏歴代当主と同じである。その後、赤松氏歴代当主と同じ仮名の「二郎」を名乗った。永正九年（一五一二）六月、浦上村宗《むらむね》と別所則治は、義村の「御字」と「官途」を拝領するため上京した（『鵤荘引付』）。このとき義村は、将軍より「義」の字と官途「兵部少輔」を与えられ、その翌年から「兵部少輔」と呼ばれている（『後鑑《のちかがみ》』）。なお、義村を「政村」と記す系図が存在するが、義村が「政村」と名乗った発給文書は存在しない。

義村の幼少期には、洞松院尼が赤松家の政務を代行していたが、それはあくまで義村が守護となるまでの間の中継ぎであった。義村が本格的に支配体制を築くには、いくつかのステップが必要になる。

その画期は、永正九年になろう。すでに述べた通り、この年は赤松氏と細川高国が和睦した年であるが、それ以外にも理由がある。まず、義村が政則と同じ兵部少輔を名乗ったことである。義村が赤松氏歴代当主の官途を名乗ることは、自らの存在を周囲に強く印象づけた。くわえて、将軍から「義」の字を与えられたことも、同様の効果を持ったと推測される。それら一連の流れは、義村が幕府・朝廷という公権力から認知されたことを意味する。

永正十三年（一五一六）、義村は椀飯《おうばん》（年始の供応）のお礼として、馬一匹を幕府に献上している。同年六月には斑鳩寺《いかるがでら》の修造に伴い、その奉加《ほうか》（神仏に金品を寄進すること）を義村の御判によって沙汰を行った（『鵤荘引付』）。奉加は国中に勧進されており、義村の守護としての初仕事である。奉加という行為を通じて、義村の存在を強く領国内にアピールしたのである。永正十四年（一五一七）、義村は御代継目の御判を発給し、本格的な領国支配を展開した（『鵤荘引付』）。

義村は単独の発給文書以外にも、膝下に奉行人を配置し、官僚機構を整備した。その初期には、三奉行人の一人として相川阿波守の名前が見え、その使者として河原氏の存在が確認できる。義村は自らの意思を政治上に反映させるため、意識的に膝下の官僚機構の整備を行ったと考えられる。

永正十四年十二月以降、志水清実《しみずきよざね》、衣笠朝親《きぬがさともちか》、櫛橋則高《くしはしのりたか》の三人が連署する奉行人奉書が発給される。志水氏、衣笠氏に関しては、その事蹟が詳らかでないが、櫛橋氏は歴代赤松氏当主に仕えた、生え抜きの奉行人である。志水・衣笠両氏は新興勢力といえよう。この年を境にして、義村は強力なリーダーシップを発揮したのである。

大内義興の上洛と室町幕府

ここで少し、大内氏に目を転じておこう。室町幕府の将軍が山口に滞在していた事実は、案外知られていない。十代将軍の足利義稙（義材などを名乗るが、「義稙」で統一）は、大内義興に庇護されていた。義興は政弘の子で、明応三年（一四九四）に父の跡を受けて大内家の家督を継いだ。義興はのちに、周防・長門・豊前・筑前と中国地方西部から九州北部の守護職を保持することになった。その威勢は徐々に中国地方東部に及び、当該地域では随一の権勢を誇ったのである。前述のように義稙は、足利義視（義政の弟）の嫡男として誕生した。延徳二年（一四九〇）一月に義政が亡くなると、その後継者として将軍に就任している。義稙は当初、反抗する六角氏の討伐を行うなど、将軍親裁権の強化を企てた。明応二年（一四九三）二月、義稙は畠山基家を討つために河内に出陣するが、ここで重大な問題が生じた。

同年、細川政元と富子が結託して義稙を廃するクーデターを起こし、新たに十一代将軍として義澄を擁立した（明応の政変）。義稙は河内で捕らえられ、のちに越中に亡命した。明応七年には、朝倉氏らの助力を得て京都奪回を図るが、ついに念願を果たすことができなかったのである。弱った義稙は大内義興を頼り、明応八年十二月に周防・山口に逃れた。義稙が最初に招かれたのは、楊井津《やないづ》（山口県柳井市）であった。翌年一月、義稙は山口に入り、当初は乗福寺《じょうふくじ》に住んだが、その後、義稙のために館（神光寺付近の「御屋敷」）を築いた。「宮野御所」と称されたという。

義稙は政元に屈することなく、大内氏の庇護のもと、着々と京都奪還を期していた。義稙は西国などの有力守護らに対して、自分への協力を呼び掛ける文書を次々と送った。亡命中ではあったものの、自らは将軍として振る舞い、多数派工作を画策したのである。一方、義澄や政元は、西国などの有力守護らに対して、義興の退治を命令する文書を送り続けた。山口滞在中の義稙は京都奪還を実現するため、寺社で盛んに願を掛けた。その合間に、和歌を楽しむこともあったという。永正四年（一五〇七）、細川政元が家臣の香西元長《こうざいもとなが》に謀殺されると、好機到来とばかりに義稙は上洛を計画した。その義稙を物心両面で支えたのが義興である。同年十一月、山口を出発した義稙と義興は、西国の有力諸大名に味方するように呼び掛けつつ、順調に上洛の途についた。

一方、政元を失った京都では混乱が続いており、政元の養子である澄元と高国が抗争を繰り広げていた。義稙らが手を結んだのが高国である。澄元は現職の将軍である義澄を擁立していたが、義稙らに圧迫され近江へと逃れた。永正五年三月のことである。この軍功によって、義興は左京大夫に任じられ、管領に准じる管領代に補任された。同時に山城国守護を兼任するなど、絶大な権力を手にしたのである。義興が重要な職務に就いたことは、長期間の在京を可能にした。むろん、義稙自身も悲願の将軍職に復帰した。その後も義稙と義澄の抗争は続いたが、義澄の急死もあって、義稙の地位は揺るがなかった。しかし義興は、義稙・高国との関係が悪化し、さらに尼子氏の挙兵が自身の領国を脅かす問題に直面した。そこで義興は、永正十五年に帰国の途についたのである。

赤松義村と浦上村宗との確執

赤松義村が官僚機構を整備し、本格的な支配を始めると、浦上氏の子孫である村宗が台頭してきた。則宗の跡を受け継いだ村宗にとって、義村は名目的な存在に過ぎなかった。しかし、義村が膝下の官僚制度を整えるなど、独自路線を打ち出すのを目の当たりにして、村宗は脅威と考えたに違いない。逆に、義村にとって村宗は、自らの権勢を強化拡大するうえで、煙たい存在だったといえる。永正十年（一五一三）には、東播磨守護代の別所則治が没したこともあり、両者の対決姿勢はますます深まってゆくばかりであった。

このような状況下で、ついに両者は戦いの火蓋を切ることになる。永正十五年（一五一八）十一月、置塩城（兵庫県姫路市）を出発した義村は、村宗を討伐すべく備前国三石城《みついし》（岡山県備前市）を目指した。『鵤荘引付』によると、義村は三石城の堅い守りを破ることができず、同年十二月に居城である置塩城に空しく引き返した。翌年の永正十六年（一五一九）、義村は計略を巡らし、村宗の弟・宗久《むねひさ》を味方に引き入れた。義村の作戦は、宗久の居城・香々登城《かがと》（岡山県備前市）から三石城の背後を攻撃させるというものだった。しかし、この作戦は、香々登城内にあった宇喜多能家《よしいえ》の察知するところとなり、宗久は備中国に逃れた。そこで義村は、同年十一月、再度三石城に攻撃を仕掛けたが、このときも三石城を落すことができず退陣した（『実隆公記』）。

義村は度重なる失敗により作戦を変更し、美作国へ侵攻を企てる。永正十七年（一五二〇）の夏、義村は有力被官人の小寺則職に対し、美作国・岩屋城《いわや》（岡山県津山市）の攻略を命じた。岩屋城には、村宗の属将・中村氏が籠もっていた。ところが、この作戦も無残な結果に終わる。『鵤荘引付』によると、岩屋城には三石城から援軍が派遣されており、小寺氏は一戦交えたものの敗北を喫したという。

戦いの結果、小寺則職は敗死し、残りの軍勢は伯耆・因幡へ落ち延びた。義村にとって、有力被官人である小寺氏を失ったことも痛手であったが、何よりも大打撃となったのは、この敗戦で義村の権威が大きく失墜したことだった。一方で、村宗の権勢はますます高まってきた。永正十七年、岩屋城の戦勝に気を良くした村宗は、逆に播磨国に攻め込んだ。結局、降参した義村は剃髪して「性因《しょういん》」と名乗り、家督を子の政村《まさむら》（のちの晴政《はるまさ》）に譲ったのである。

その後、義村は、手許で養育していた将軍の遺児・義晴《よしはる》を伴って置塩城を脱出し、各地を転々とする。置塩城を脱出した義村は明石の櫨谷《はぜたに》に至り、同地の領主・衣笠氏を頼った。そして、永正十八年（一五二一）正月、義村は再び村宗を討伐すべく、義晴を奉じて御着城に着陣したのである。このとき、赤松村秀《むらひで》や広岡氏が揖東郡《いっとう》太田城（兵庫県太子町）に進出し、義村を援護した。ところが、広岡氏は突如として義村を裏切り、村宗方に寝返った。義村は、再び無残な敗北を喫したのである。

同年四月になると、状況は一変する。義村は村宗と和睦し、義晴を伴って英賀の今在家遊清院《いまざいけゆうせいいん》（兵庫県姫路市）に入った。のちに、片島の長福寺（兵庫県たつの市）に移っている。中央政界では、新将軍擁立の動きが進んでいた。永正十八年、時の将軍・義稙は細川高国を嫌って京都を出奔し、和泉の堺から淡路に走るという事態が生じていた。この状況に管領の高国は新将軍擁立を検討し、播磨に滞在していた義晴を候補とする。義村はすでに播磨国で実権を失っており、交渉はすべて村宗が義村を説得する形で行われていた。

最終的に、村宗の斡旋は実を結び、大永元年十二月、帰京した義晴は将軍の座に着いたのである。皮肉なことに、義晴の帰京は義村に災いをもたらした。村宗は、長福寺にいた義村を室津《むろつ》（兵庫県たつの市）へ移し、大永元年九月十七日に被官人らの手により暗殺させたのである。

義村の後継者・赤松政村

義村の没後、その跡を継いだのは子の政村である。最初に、政村の生没年などについて触れておこう。政村は初名であり、天文八年（一五三九）に晴政と名を改めている。

政村の生年を記した史料には、『赤松諸家大系図』がある。同系図には、政村が明応四年（一四九五）に誕生し、永禄八年（一五六五）正月十七日に七十一歳で没したとある。ところが、『赤松盛衰記』は永正十二年（一五一五）、『備前軍記《びぜんぐんき》』は永正九年（一五一二）、『赤松記』は永正十一年（一五一四）をそれぞれ政村の生年とする。

いずれの説が正しいかは確証のないところであるが、少なくとも明応四年説は義村の生年と齟齬をきたしており、誤りとすべきであろう。政村の生年は、おおむね永正九年から十二年の辺りが妥当なところではないだろうか。一方、政村の没年に関しては、各種赤松氏系図などの記述が一致しており、永禄八年（一五六五）正月十六日と見てよいだろう。「上月文書」の赤松氏系図奥書には、同年に政村が病死したと記載されている。政村が三ヶ国守護に復帰するまでには、厳しい道程を乗り越えなければならなかった。以下、政村が守護に返り咲くまでの過程を見ていくことにしよう。義村の死後、浦上村宗が主導権を握り、播磨国等を支配した。しかし、かつて義村に仕えた旧臣らのなかには、村宗の専横に憤りを隠せない者もおり、政村を担ぎ村宗に対抗する。以後、かつて義村に仕えた旧臣で、村宗に対抗すべく集結したグループを政村派旧臣と呼ぶことにしよう。

大永二年（一五二二）九月、淡路国に逃れていた小寺氏など政村派旧臣は、村宗を討伐するため福泊（兵庫県姫路市）に上陸した。その後、政村派旧臣は大貫・高峰山に陣取った。政村派旧臣には、小寺藤兵衛（村職《むらもと》）・宇野中務少輔（村景）・浦上村国《むらくに》などが加わっている。東播磨の守護代である別所氏も、この勢力に加担していた。小寺氏はかつて赤松氏内部で有力被官として活躍しており、村景は龍野赤松氏の一族である。村国は明らかに村宗と同族であるから、播磨国内の反村宗派が政村のもとに結集したと考えてよいであろう。

これに対して、村宗は坂本（兵庫県姫路市）へ出陣し、双方睨み合いの状況が続いた。先に動いたのは村宗で、三木《みき》の別所館（兵庫県三木市）を攻撃したが、あえなく敗北することになる。逆に村宗は、播磨国牢人衆三千人を率いる別所・小寺両氏の連合軍の反撃を受けた。村宗はやがて備前国三石城へ逃れ、再起を期すことになった。しかし、細川高国の影響下にある摂津・丹波・四国の国人衆が村宗救援に動き出すなど、周囲の状況は村宗に有利に作用したと考えられる。

一方、こうした播磨国の混乱に乗じて、但馬国守護の山名誠豊《さねとよ》（政豊の次男）は、密かに播磨国侵攻を企てていた。大永二年（一五二二）六月、誠豊は「播州発向達本意」を立願している（「日光院文書」）。播磨への出陣の呼びかけは但馬国内だけでなく、誠豊は備後国の上山氏にも十月十六日に播州へ発向することを伝えている（『萩藩閥閲録《はぎはんばつえつろく》』）。『鵤荘引付』には、「因州（村国）并村景（赤松）ナントハ山名殿と同心ナリ」と記されており、誠豊は早くから村宗包囲網を計画していたと推測される。

山名氏の播磨侵攻

以下、『鵤荘引付』によって、大永二年における山名氏の播磨国侵攻について触れておこう。十月十六日に但馬を出発した誠豊は、同二十四日に播磨国法楽寺《ほうらくじ》（兵庫県神河町）に到着し、十一月十一日には広峯山（兵庫県姫路市）に着陣した。「当国衆ハ悉以退散畢」と記されているように、山名氏の攻撃は激しく、播磨衆を蹴散らすところとなった。さらに山名氏は、占領地を給人に割り当て、兵粮米の供出を命じるなど、たちまち播磨を占領下に収めたのである。

山名氏の播磨侵攻に動揺したのは、播磨における政村派旧臣である。政村派旧臣は山名氏に対抗すべく、急遽村宗と和睦を結んだ。この間、村国が約束を破棄し村宗を攻撃することもあり、村宗の被官人・宇喜多能家に撃退されるなど紆余曲折があった。この同盟は功を奏し、一年後の大永三年（一五二三）十月、小寺氏を中心とする政村派旧臣は、書写山《しょしゃざん》（兵庫県姫路市）の合戦で山名氏を見事に打ち破ったのである。

山名氏の但馬帰還後、播磨国にも平和が訪れたが、政村の影響力は思ったほど広まらなかった。大永六年（一五二六）十一月、将軍・足利義晴は細川尹賢《ただかた》を討伐すべく、政村をはじめ村宗ら播磨における有力国人に入京を命じた。村宗以外に出陣を命じられた国人は、赤松又次郎、赤松下野守、別所小三郎、明石修理亮の四名である。さらに翌七年（一五二七）五月、政村は義晴の求めに応じて、再び堺へと出陣する。このように見てみると、当時の政村は守護ではあったが、実質的には有力国人の力が比肩するレベルになっていたことが分かる。

播磨争乱と政村の復讐劇

統一権力が現れない播磨国内では、いつ争乱が勃発してもおかしくない状況に達していた。享禄元年（一五二八）に播磨国内で争乱が起こったが、将軍義晴の斡旋によって、ひとまず収まった。義晴の発した御内書の宛名には、別所・在田・小寺・櫛橋の名前が挙がっている。御内書に「播磨東西和与」とあるので、播磨国を東西に二分割するほどの争いであったと思われるが、関連史料を欠くため、詳細は不明である。

翌二年（一五二九）には、村宗と在田氏が合戦に及んだ（「朽木文書」）。在田氏は、北播磨に勢力基盤を持つ国人である。同年十月には「三木西口出張口合戦」が起こり、美作国江見氏が赤松村秀より感状を与えられている（「江見文書」）。三木西口とは三木城（兵庫県三木市）のことで、別所氏を指すものと考えられる。先の争乱と併せて考えると、東西に分裂した状況とは、浦上村宗派と政村派旧臣との激しい権力闘争の一環と推測される。

享禄三年（一五三〇）に至ると、播磨の国内情勢はさらに混迷化する。同年六月、三木城主・別所氏はライバル依藤氏を討伐するため、柳本賢治《やなぎもとかたはる》に協力を要請したが、柳本賢治は細川高国を支援する村宗に刺客を向けられ、六月二十九日の夜半に暗殺された。この混乱に乗じて、村宗は庄山城（兵庫県姫路市）・三木城・在田城（兵庫県加西市）を次々と攻撃した。この戦いにより、小寺村職は庄山城で討死にし、戦死者が千人余りに上ったと伝える。播磨の争乱は複雑な畿内政治と連動しつつ、ますます混迷の度合いを深めていったが、この政治的状況にようやく決着をつけるときが来た。享禄四年（一五三一）五月、細川晴元《はるもと》は阿波国の細川持隆《もちたか》の助力を得て、摂津国天王寺（大阪市天王寺区）に陣を置く細川高国を攻撃した。この戦いには高国側として赤松政村・浦上村宗の二人が参戦していたが、意外にも勝敗を決したのは政村の行動だった。

政村は、この戦いで父・義村の仇を討つため、突如として村宗に攻撃を仕掛け、これを討ったのである。政村は晴元と内通しており、村宗の軍勢も多数が政村側に寝返ったといわれている。政村の裏切りにより、高国方は総崩れとなり、あえなく敗北を喫した（大物《だいもつ》崩れ）。高国はこの敗戦により尼崎に逃れたが、のちに捕らえられ、尼崎広徳寺《こうとくじ》で自害させられた。

政村の復讐劇は成功に終わったものの、播磨国内の状況は相変わらず混乱していた。享禄四年七月、政村は早々に報恩寺《ほうおんじ》（兵庫県加古川市）に寺領安堵を行うなど、領国の安定化を図った。ところが、『二水記《にすいき》』によると、この年には浦上氏の残党が蜂起したと伝えている。京都にあった赤松氏関係者は、急ぎ播磨国に下り対応せざるを得なかった。近年の研究によれば、政村は浦上氏残党との戦いで苦戦を強いられ、おおむね天文三年（一五三四）頃まで両者の合戦が続き、その後は膠着状態になったといわれている。

このような状況は、政村の権力が播磨国内で浸透していなかったことを示している。政村が播磨国守護に復活してから、その勢力範囲は実質的に西播磨方面に限定されつつあったといってよい。かつてのように、現地の守護代、郡代、国人は、完全なコントロール下にはなかった。したがって、政村自らが播磨に在国し、指揮命令を行う必要があったのである。

宇喜多能家の登場

赤松氏が国内の争乱で弱体化が進むなか、備前では浦上氏と並び宇喜多氏が勃興しつつあった。宇喜多氏は応仁・文明の乱を境に史料上に登場するが、能家の代に至って動向がはっきりとするようになる。

能家は宇喜多氏中興の祖と称されるが、その実像は不明な点が多い。能家に関する史料は「宇喜多能家寿像画賛」の記述と「西大寺文書」などの僅かな古文書類、そして近世に編纂された『備前軍記』等の諸書にしか伝わらないからである。『備前軍記』の内容は、多くを『宇喜多能家寿像画賛』に拠っており、そこに若干の脚色を加えたに過ぎない。同書によると、能家の没年は天文三年（一五三四）とされているが、裏付けとなる史料がなく、生年すら分かっていないのが実情である。そのような点を踏まえ、以下、能家について触れることにしよう。

能家が史料上に現れるのは、明応六年（一四九七）のことである。その前年、備前国の守護でもあった赤松政則が播磨国で没し、赤松七条家の道祖松丸（のちの義村）が跡を継いでいた。しかし、この守護職継承は、必ずしも赤松氏だけの総意でなされたわけではなく、浦上則宗、別所則治ら五名の有力者が幕府に届け出ることを認められたのは、先述の通りである。赤松氏内部では、幼君義村のもとで混乱が生じていた。その主導権をめぐって、浦上則宗を中心とするグループと別所則治を中心とするグループに分かれて争い、文亀二年（一五〇二）まで断続的に続いたのである。その一方において、則宗は、自らの勢力範囲でもある備前で、松田氏との闘争を繰り広げていた。宇喜多氏が史上に登場するのは、ちょうどそのような時代であった。

浦上氏と松田氏の抗争

松田氏は幕府に近習・奉公衆として仕え、備前国金川城《かながわ》（岡山市北区）にその本拠を置いていた。金川城は、旭川と宇甘《うかい》川の合流地点である現在の岡山市北区に所在した。金川は備前と美作を結ぶ主要街道であり、水運の重要な拠点であった。松田氏は、地の利を生かして経済基盤を形成したと考えられる。松田氏は備前国の守護・守護代を務めたこともあり、備前国内で有力な存在であった。

文明十五年（一四八三）頃から、松田氏は山名氏と協力し、赤松氏とたびたび備前国内で合戦を繰り広げていた。このような状況もあって、赤松氏配下の浦上氏は、松田氏との戦いを避けることができなかった。その流れを最も詳しく記しているのが、『備前軍記』である。『備前軍記』は史料の質が低く、あまり信が置けないとされているが、その点に留意しつつ経緯を確認しよう。

明応六年（一四九七）三月一六日、浦上宗助《むねすけ》は千余騎を率いて備前三石城を出陣し、松田惣右衛門の籠もる富山《とみやま》城を攻撃した。三石城は岡山県備前市に所在し、播磨国との国境に位置していた。旧山陽道にも面しており、交通の要衝でもある。富山城は岡山市北区の矢板山にあり、備前西部の重要な拠点となっていた。現在、城跡は、花崗岩の採掘が行われたため無残な姿をさらしている。松田惣右衛門は、『備前文明乱記』にも登場する松田氏一族であり、元成《もとなり》・元藤《もとふじ》の舎弟とされている。松田元藤はこれを援護するため、五百余騎を率いて笹ヶ峰表へ出張し、浦上軍を撃破した。『備前軍記』では、援護した人物を松田元勝と記しているが、最近の研究では元藤が正しいと指摘されている。

敗走した宗助は、龍ノ口山《たつのくち》（岡山市中区）に陣を敷いた。元藤はこれを追って、龍ノ口山の北部に位置する牧石《まきいし》に着陣すると、松田惣右衛門の軍と虎倉《こくら》城主の伊賀《いが》勝隆が元藤の軍勢に加わっている。伊賀氏は鎌倉時代に政所執事を務めた伊賀光宗《みつむね》の子孫といわれ、この頃には備前国に勢力基盤を築いていた。伊賀の居城の虎倉城は岡山市北区に所在し、金川城とも比較的近い距離にある。松田軍の戦法は、あえて龍ノ口山を攻撃せず、遠巻きにして兵糧戦で挑んだと伝えている。三石城への通路を立たれた宗助は、厳しい状況へと追い込まれていった。

宗助の窮地に登場するのが、宇喜多能家である。能家は惣右衛門の軍を崩そうとするが、なかなかうまくいかない。しかし、能家は惣右衛門軍の油断しているところを衝き、兵六十余名を農民に変装させて、深夜に村々に火を放った。松田軍が狼狽する隙を突いて、能家は宗助を救い出し、三石城へ戻ったのである。以上の『備前軍記』における記述は、「宇喜多能家寿像画賛」にその原形があるため、それを参考にしたのであろう。ゲリラ的な戦法は、いかにも土豪的な戦いである。一連の救出劇によって、能家は浦上氏と強固な関係を築くことができたと考えられる。

この合戦については、残念ながら他に裏付けとなる史料がないが、合戦があったことはやや誇張している面があるにしても、事実であろうと考えられる。ここで注目されるのは、もとの「宇喜多能家寿像画賛」にも「能家独身」と記されているように、かなり少ない勢力で宗助を助けていることである。能家は、強大な軍事力を保持していたのではなく、小規模な在地の土豪クラスであったことがうかがえる。

能家は一族と僅かな手兵を率いて、参陣したのである。

赤松氏の争乱と能家

明応八年（一四九九）頃から、赤松氏の重臣らは、幼少の守護・義村を擁立する浦上則宗の勢力、洞松院尼を抱えた別所則治の勢力、赤松播磨守の勢力の三つの勢力に分かれて戦っていた。いずれも眈々と守護職をうかがっており、能家は好むと好まざるとにかかわらず、この争いに巻き込まれることになる。

一方、則宗は明応八年に同族の村国と合戦に及んでいたという（『備前軍記』）。村国の系譜や事績には不明な点が多いが、村国の「村」字は義村から与えられたと考えられる。村国は播磨国内の自身の兵を集めて則宗を攻撃し、則宗も三石の兵七百余人を率いて戦ったが、則宗は結局敗北し、播磨の白旗城《しろはた》（兵庫県上郡町）へと逃れた。白旗城は三石城からも近く、則宗に従った兵たちは、早々に白旗城へ脱出を試みたと伝える。

しかし、宇喜多能家だけは、大声で則宗軍を叱咤激励し、命を捨てる覚悟で戦うべしと味方を鼓舞した。能家の言葉に、城兵たちは俄然力が沸き起こり、たちまち村国軍を退けたと伝える。その後、則宗は播磨・置塩城の義村を奉じて、播磨・塩屋城（兵庫県たつの市）の赤松政秀を頼った。村国はこれを打ち破ろうとするが、攻めあぐねていた。ここで、細川政元が仲裁に入り、東西の和議が相成ったという。この一連の出来事は、短いながらも「宇喜多能家寿像画賛」に載っている。

一連の戦いは他の史料にも見られ、確かなことである。『東寺過去帳』によると、その前年の十一月には浦上則宗がその一族及び小寺氏らと不和になり、播磨において合戦に及んだことが記されている。この噂は京都まで流れており、三条西実隆《さねたか》の日記『実隆公記』にも記載されている。細川政元の仲裁については、『赤松再興記』のような軍記物語にしか記事がないが、赤松政則の後室が細川氏の一族であったことなどを考慮すると、そのような事実があった可能性は高いであろう。一連の戦いは、能家の活躍により幕を閉じたのである。

再び浦上氏と松田氏との抗争

浦上氏が同族及び小寺氏らと抗争する状況下で、再び松田元藤の活動が活発になる。『備前軍記』によると、元藤は出雲国尼子氏、備後国山名氏と手を組み、たびたび浦上氏と戦いに及んだという。文亀二年（一五〇二）の冬、三石城に浦上軍が結集し、能家が将として三百余騎を率いて戦いに及んだ。能家を将とした浦上軍は、東川を越えたところで、元藤の家臣である横井、大村、伊賀、佐藤氏らと、宍甘村矢津で交戦状態になった。矢津は岡山市東区に位置し、龍ノ口とも近い距離にある。能家は自ら兵を指揮して、松田方の将・有松らをたちまち打ち破り、松田軍を退けたのである。

この戦いは、「宇喜多能家寿像画賛」にも記されているが、元藤が出雲国尼子氏、備後国山名氏と手を組んだということは信じがたい。この頃、尼子氏は出雲の支配に奔走しており、とても松田氏の援助どころではなかったはずである。山名氏についても同様に、松田氏を助ける理由が見当たらない。むしろ、この年の六月には浦上則宗が没しており、松田氏にとって大きなチャンスであったに違いない。合戦は、松田氏が則宗の死後を狙って仕掛けたものと考えられるが、事実関係に錯誤が見られるのは注意すべきである。

翌年の正月にも、能家は元藤が笠井山《かさい》に着陣したことを知り、これを牧石川原で打ち破った。笠井山は、現在のＪＲ備前原駅の西部にある山である。ちょうど龍ノ口山から旭川を越えた地点に位置していた。この戦いで、能家は槍で内兜を突かれたが、ものともせずに最後まで戦った。以上の戦いについても、簡単ながら「宇喜多能家寿像画賛」に記されている。戦いの概要は、『備前軍記』の作者・土肥経平《どひつねひら》が、「宇喜多能家寿像画賛」を参考にしたことは想像に難くない。基本的な部分では事実と認められるが、粉飾も多々あると考えざるを得ない。当時の宇喜多氏はようやく歴史の表舞台に登場したところで、浦上氏に従う無名の土豪に過ぎなかった。

一方、この一連の能家の軍事的な行動を、どのように評価すべきだろうか。合戦の経過は、金川城に本拠を持つ松田氏と、三石城に本拠を持つ浦上氏との戦いである。史料には名前が現れないが、備前国の中小領主層の多くも巻き込まれ、いずれかに味方したはずである。能家もその一人であったと考えられ、否応なく戦いに巻き込まれたと見るべきであろう。能家は当初小規模な勢力で戦っていたが、一連の抗争のなかで、軍事規模を拡大する必要に迫られた。宇喜多氏は浦上氏の抗争に巻き込まれて出陣し、そのことが軍事基盤を強化する契機になったと推測される。

京極政経の没落と尼子経久の台頭

京極政経は形式的とはいえ、出雲国守護職を保持していたが、応仁・文明の乱以降、一族の家督争いですっかり威勢を失ってしまう。明応四年（一四九五）から翌五年にかけて、美濃で船田合戦が勃発し、斎藤妙純は敵対する石丸利光《いしまるとしみつ》を打ち破った。妙純はその勢いで近江に攻め込み、政経は窮地に陥った。政経は、一連の家督争いや斎藤氏の近江侵攻ですっかり消耗し、経久を頼るべく出雲に下向した。永正五年（一五〇八）十月、政経は譲状を吉童子丸《きちどうじまる》に残した（「佐々木文書」）。その内容とは、(1)家督を譲ること、(2)出雲、隠岐、飛騨の守護職を譲ること、(3)所職の所領などを譲ること、の三点である。このうち(2)については、すでに出雲、隠岐の両国の実権が完全に尼子氏に握られており、もはや京極氏は形式的な存在でしかなかった。直後に政経は亡くなるが、譲状は反故同然であり、以降、尼子氏は名実ともに出雲国の支配者になる。

経久は、大内義興や細川高国など有力者との関係構築に力を入れた。経久の次男・国久《くにひさ》は高国から、三男・興久《おきひさ》は義興から、それぞれ偏諱を受けている。ところが、永正十五年、長男・政久《まさひさ》は伯耆の桜井《さくらい》宗的《そうてき》が籠る磨石城（島根県雲南市）を攻略中に戦死してしまった。一方、経久は三男・興久を出雲の有力国人の塩冶氏の養子として送り込み、安定した支配を行うことに成功する。

その後も経久の躍進は続いた。大永三年（一五二三）、経久は毛利元就に大内方の安芸・鏡山《かがみやま》城（広島県東広島市）の攻略を命じた。元就は城主の蔵田《くらた》房信《ふさのぶ》の叔父・直信《なおのぶ》の調略に成功し、同城を落とした。翌年には、伯耆の山名澄之《すみゆき》、南条宗勝《なんじょうそうしょう》を放逐する。大永五年、元就は尼子方を離れ大内方へ与し、経久は危機に陥った。さらに翌年には、山名氏が反尼子の態度を鮮明にするなど苦境が続いた。大永七年、経久は自ら兵を率いて備後に出陣するが、大内方の部将・陶興房《おきふさ》に敗れる。危機を感じた尼子氏与党の備後の国人は、大内方に流れたという。

流れは経久に悪い方へと傾いた。天文元年（一五三二）、子息の興久が突如として反乱を起こしたのである。興久が反旗を翻した理由は、国外への遠征が続き、国人らが負担の重さに音を上げたことにある。尼子氏の家臣団や国人に不満が溜まり、経久に対抗すべく、興久が擁立されたのだろう。興久

毛利元就
（山口市・豊栄神社蔵／山口県立山口博物館提供）

は、国内に影響力を持つ出雲大社《たいしゃ》、鰐淵寺《がくえんじ》（以上、島根県出雲市）といった寺社勢力、そして三沢氏や備後・山内氏など国内外の有力な領主層をも取り込み、周到に準備を進めていた。

経久にとって、興久の謀反は青天《せいてん》の霹靂《へきれき》であったが、大内義隆《よしたか》が経久への支援を約束した。大内氏の支援により、逆に興久は苦戦を強いられる。結局、戦いは約四年もの長期間に及び、天文三年（一五三四）に経久が勝利して終結した。最終的に、興久は自害を余儀なくされ、その遺領は経久の次男・国久と興久の子息・清久《きよひさ》が継いだ。こうして経久は反対勢力を徹底的に殲滅し、一族や国人との関係を強固なものにした。天文六年、経久は家督を孫の詮久《あきひさ》（のちの晴久《はるひさ》）に譲ったが、実際には後見として補佐しており、完全な引退ではなかった。以後も経久は領国拡大に腐心し、積極的に周辺諸国に攻め込んだ。備前、美作、播磨などにも出陣し、上洛の志向があったとさえいわれている。

天文八年以降、経久は播磨国に侵攻して赤松氏を放逐するなど、一時的に支配を実現した。一方、大内氏から奪った石見銀山（島根県大田市）が奪還され、窮地に陥る。天文九年から翌年にかけて元就の居城・吉田郡山城《よしだこおりやま》（広島県安芸高田市）を攻めるが、敗退。経久は、安芸における影響力を失うのである。尼子氏はかつての栄光を失いつつあった。

2　尼子氏の勢力拡大と毛利氏の台頭

晴久の活躍と経久の死

天文年間以降、出雲・尼子晴久（初名は詮久。以下「晴久」で統一）と周防・大内義隆の対立が激しくなった。尼子氏は脅威となった隣国の安芸毛利氏と敵対したため、毛利元

大内義隆（山口県長門市・大寧寺蔵）

就は大内氏の配下となり尼子氏に対抗する。天文八年（一五三九）、晴久は月山富田城で軍議を開くと、家臣団の意見を抑え、元就の討伐を建議したという。しかし、実際は天文五年（一五三六）に晴久が安芸・頭崎《かしらざき》城（東広島市）に攻め込み大内氏と開戦したことが、吉田郡山城の戦いの原因になったというのが正しいと指摘されている。

頭崎城の戦いの最中の天文九年、尼子方の佐東銀山《さとうかなやま》城（広島市安佐南区）主・武田光和《みつかず》が病没し、元就は戦いを有利に展開した。危機に陥った光和の養子・信実《のぶざね》が尼子氏に援軍を依頼すると、尼子氏は毛利氏の討伐に向かった。同年八月、晴久は約三万の軍勢を率いて出雲赤穴（島根県飯南町）を発ち、吉田郡山城の北に位置する多治比《たじひ》の風越山に本陣を敷いた。尼子軍は同城の城下を放火し、八月二十三日に本陣を青山三塚山に移動して、吉田郡山城を包囲した。

やがて大内勢の援軍が毛利氏のもとに集まり、農民らも毛利氏に協力した。九月になると、尼子方の湯原宗綱《ゆはらむねつな》、三沢為幸《ためゆき》が戦死し、徐々に劣勢に追い込まれた。大内義隆は元就の支援を積極的に行うべく、配下の陶隆房《たかふさ》（晴賢《はるかた》）の軍勢を吉田郡山城に送り込んだ。天文十年一月、元就と陶氏の連合軍は、吉田郡山城の麓で尼子氏と交戦に及んだ。結果、尼子方は、晴久の大叔父・久幸が戦死するなど総崩れとなり、出雲へ退却した。

備中、備後、安芸、石見の国人衆は尼子氏から離反し、大内方へ寝返った。同年二月、頭崎城も落城し、武田信実は出雲へ逃亡した。続く同年五月、佐東銀山城も元就らの猛攻を受け、落城したのである。相前後して、大内義隆は出雲侵攻を決意する。天文十一年一月、大内氏が大将となり出雲に進軍した。軍勢には養子・晴持《はるもち》や陶隆房ら重臣の他、元就や安芸、周防、石見の国人衆が加わり出陣している。

天文十一年四月、出雲に侵攻した大内軍は、六月に赤穴の瀬戸山《せとやま》城を包囲した。大内氏は熊谷直続《くまがいなおつぐ》らを戦死で失うなどしたが、翌月に城主・赤穴光清《みつきよ》を見事に降《くだ》した。その後、大内氏は三刀屋（島根県雲南市）に本陣を置き、翌十二年に月山富田城の前の経羅木山《きょうらぎ》に陣を移動した。尼子氏が苦境に立たされた天文十年十一月、経久は月山富田城で亡くなった。享年八十四。精神的な支柱である経久を失った尼子氏は、ますます厳しい立場に追い込まれたのである。

尼子氏の形勢逆転

天文十二年（一五四三）三月、再び尼子氏と大内氏の戦いが開始されたが、尼子氏配下の出雲の国人衆の多くは、離反して大内氏のもとに走るなど、尼子氏の状況は不利になった。しかし義隆は、有利な状況にもかかわらず、月山富田城で苦戦を強いられる。そうした影響から、同年四月末頃以降、大内氏に従っていた三刀屋久扶《ひさすけ》、三沢為清《ためきよ》、本城常光《ほんじょうつねみつ》、吉川興経《きっかわおきつね》、山名（杉原《すぎはら》）理興《ただおき》ら国人衆が、続々と尼子氏のもとに舞い戻ったのである。

こうなると形勢逆転で、大内氏は劣勢に追い込まれる。同年五月七日、義隆は状況の不利を悟り、一斉に全軍を撤退させた。義隆は何とか脱出したが、養子・晴持の乗った船は途中で転覆し、溺死する。義隆がようやく山口に逃げ帰ったのは、五月二十五日のことだったが、晴持を失ったことで心中は穏やかではなかった。

大内氏との戦い後、尼子氏は領国支配に腐心し、家臣団の再編にも力を入れた。尼子氏には、山中《やまなか》鹿介幸盛《しかのすけゆきもり》ら「尼子十勇士」なる勇猛果敢な家臣団がいたといわれているが、実在は疑問視されている。晴久が和歌や連歌に精通した教養豊かな大名であることも、特筆すべき点であろう。連歌師の宗養を招き連歌会を興行したのは、その一例である。晴久は、連歌会の興行を通して家臣の団結力を強めようとしたという。句を受けてつなげる連歌を詠む際は、心を一つにすることが重要だからである。

そのような状況下で、尼子氏に僥倖が訪れる。天文二十年九月、陶晴賢の謀反により、大内義隆が長門の大寧寺《たいねいじ》（山口県長門市）で横死した。翌年、晴久は、室町幕府から出雲など八ヶ国の守護に補任され、従五位下・修理大夫に任官されたが、それは名目的なものにすぎず、すべての領国を実効支配したわけではなかった（「佐々木文書」）。弘治元年十月には、毛利元就が陶晴賢を厳島《いつくしま》（広島県廿日市市）の戦いで打ち破った。これにより中国方面の勢力図は、大きく変化を遂げる。その前年の十一月、晴久は叔父の国久が率いる新宮党《しんぐうとう》を粛清し、権力基盤の強化に成功した。以後、晴久は毛利氏との戦いに集中する。

当時、尼子氏と毛利氏との間で争奪の対象となったのが、石見銀山であった。石見銀山から産出される銀は、領国経済の重要な財政基盤となった。両者にとって、石見銀山を掌握できるか否かは、まさしく生命線であったといえる。永禄二年（一五五九）以降、尼子氏は毛利氏と石見銀山の領有をめぐって戦いを繰り広げるが、何とか死守した。しかし、その翌年、毛利軍と交戦の最中、晴久は月山富山城で病没したという（没年は諸説あり）。晴久の死は、その後の尼子氏の命運に暗い影を落としたのである。

尼子氏の播磨国侵攻

先述の通り、赤松政村は浦上氏との抗争を通して復活したが、安定期はそう長くは続かなかった。その大きな原因が、出雲国守護・尼子晴久による播磨国侵攻である。晴久は領国の拡大路線を採用しており、播磨だけではなく、備前や美作といった赤松氏領国にも侵攻をもくろんでいた。

晴久の播磨国侵攻は、天文六年（一五三七）十二月に密かに行われたが、翌年正月には深い雪のため、いったんは退却を余儀なくされている。しばらく間を置いて、晴久は山名氏を頼って播磨国に侵攻し、その軍を一気に播磨国中央部へと進めた。晴久が城山城《きのやま》（兵庫県たつの市）を本拠としたことは、『鵤荘引付』にも見られる。『赤松記』の記述によると、「弘《(広)》岡どのをはじめ国衆少々尼子に一味し」とあるように、播磨国の国人はこぞって尼子方に味方した。広岡氏以外も、龍野赤松氏の村秀が同様の立場を取った。播磨国で唯一尼子氏に抵抗したのは、三木城主の別所村治《むらはる》である。村治は三木城で孤軍奮闘し、淡路国に逃れていた政村とも連絡を取っていた。

尼子氏の播磨国侵攻により、政村は流浪生活を強いられた。以下、『赤松記』等を参考に述べることにしよう。天文七年（一五三八）の晴久侵攻後、政村は居城の置塩城（兵庫県姫路市）を脱出し、高砂城（兵庫県高砂市）主の梶原氏を頼る。しかし、頼みとした高砂城は、晴久に寝返った小寺・明石の両氏に攻撃された。やむなく政村は、高砂から淡路国郡家《ぐんけ》（兵庫県淡路市）の田村能登守のもとへと逃れた。

その翌年、政村は反撃へと転じ、播磨国回復を目指した。天文八年（一五三九）八月、政村は阿波国の細川氏・三好《みよし》氏の援助を受けて明石に上陸し、尼子方の明石城を攻撃した。さらに政村は、神吉《かんき》の常楽寺（兵庫県加古川市）に着陣し、北播磨に基盤を有する在田氏の援助を受けつつ播磨回復を目指したが、播磨の国人衆は晴久に与しており、頼りの別所氏も尼子氏と内通しているとの噂が飛び交った。同年十一月二十五日、別所氏に疑心を抱いた政村は、播磨国を出奔し和泉国堺（大阪府堺市）へと落ち延びたのである。

政村は、苦境に陥ったため、天文八年十一月、幕府に申し出て、「左京大夫」という官途を与えられた。「政村」という名前も、時の将軍義晴の一字を拝領し、「晴政」と改名したのである。政村は、官途を与えられたお礼として、太刀一腰と馬一匹を進上している（「赤松春日部家文書」）。しかし政村は、天文三年（一五三四）の段階において、すでに「左京大夫」を名乗っていたことが判明する（「西仙寺文書」）。『証如上人日記』なども、政村を「左京大夫」と称しているので、政村は以前から「左京大夫」を僭称していたが、尼子氏の播磨侵攻を機会に、正式な任官を牧夫に望んだと考えてよいであろう。

「左京大夫」任官と改名の意図は、どこにあったのであろうか。それは、祖父の政則が「左京大夫」に任官し、赤松氏歴代最高の地位を獲得したことと関係している。「左京大夫」という官途が侍所所司に関係する官途であることも、大いに影響しているであろう。つまり政村は、幕府から正当な地位を獲得して、自らの権威を高めようとしたことが察せられる。もう少し言えば、任官と改名により国人からの求心力を高め、尼子氏に対抗しようとしたと考えられる。

「左京大夫」任官にどれだけの意味や効果があったかは不明であるが、以後、晴政は尼子氏の動静を幕府に逐一報告している。最終的に、尼子氏は播磨から退却した。

諸勢力の播磨侵攻

外部からの播磨国への侵略は、尼子氏だけに止まらなかった。天文二十三年（一五五四）、三好長慶《ながよし》の勢力が東播磨へ押し寄せる。同年九月に合戦があり、三好勢は別所氏を攻撃したことが判明する（『細川両家記』）。ほぼ時を同じくして、明石氏は長慶と結んでおり、長慶は早々に播磨へ影響力を及ぼした。同年十一月には、三好実休《じっきゅう》の禁制が太山寺（神戸市）に与えられており、その証左となろう。

弘治三年（一五五七）十二月には、長慶から加東郡の清水寺《きよみずでら》（兵庫県加東市）に禁制が与えられた（「清水寺文書」）。こうして三好氏は、おおむね東播磨を中心に影響力を及ぼしたと考えられる。別所氏は東播の雄というべき存在であったが、三好氏の圧倒的な軍事力の前に屈する。播磨は畿内に近かったため、畿内で覇を唱えた三好氏の影響を強く受けた。この間に赤松氏の弱体ぶりは、いっそう進む。先述の通り天文二十一年（一五五二）四月には、備前・美作など八ヶ国の守護職が尼子晴久に与えられている（「佐々木文書」）。このことによって尼子氏が備前・美作の領国で実効支配を完全に保証されたわけではないが、形式的とはいえ、晴政は三ヶ国守護職のうち二ヶ国を失った。

諸史料を踏まえて検討すると、晴政は弘治元年（一五五五）閏十月から弘治三年十月の間に、出家したことが確認できる。この間に、晴政は剃髪して「性熙《しょうき》」と号した（本書では、以下も「晴政」で統一）。その理由は判然としないが、これまでの政治的混乱に対する配慮があったと推測される。晴政が出家するに及んで、播磨国における赤松氏の権威はますます低下した。

晴政の失脚と死

このような状況下で、ついに晴政はクーデターにより失脚する。永禄元年（一五五八）、赤松氏内部で騒劇が勃発し、晴政は同族の赤松政秀のもとで庇護された（「上月文書」の系図奥書）。晴政が政秀のもとに身を寄せたのは、晴政の嫡女が政秀に嫁いでいたからである。騒劇の具体的な中身やこの間の事情は、関連史料がなく詳らかではない。別の史料には、晴政が長男の義祐《よしすけ》と不和であったと記している。

晴政は、政秀に庇護されるに至り、大胆に路線転換を図る。これ以前の天文二十三年（一五五四）八月、政秀は毛利元就に脇差を贈っていた。脇差を贈った意図は、東の脅威である三好氏に対抗して、政秀が毛利氏を頼ったからだと推測される。晴政は義祐との対立を契機とし、以後は政秀と協力して毛利氏に接近する。永禄二年（一五五九）十一月、晴政は小早川《こばやかわ》氏に書状を送り助力を乞うた（「増補三原志稿」所収文書）。さらに永禄五年（一五六二）六月、晴政は毛利氏に対して同様に助力を頼んでいる（「臼井家文書」）。この助力とは、義祐から播磨を奪還するための支援と考えてよいであろう。晴政の本意は、義祐から主導権を奪うことであった。

永禄二年は、毛利氏が石見小笠原《おがさわら》氏を屈服させた年であり、永禄五年は毛利氏が石見国を平定した年である。晴政は山陽・山陰地域の情報を適宜入手していたようであるが、最終的に毛利氏から援助を得られたかどうかは、関連する史料がなく不明である。

「性煕」の署名のある文書は現在何点か知られているが、先の事情を勘案すれば、政秀の居城である龍野城から発せられたと思われる。つまり晴政は、義祐から家督を追われたあと、西播地域における政秀との共同支配を模索していたと推測される。その際、有効だったのは、晴政が播磨の前守護であったことに尽きるであろう。

永禄年間には、「性煕」の署名の発給文書が少なからず残っているが、美作地域に多く、同国の国人の豊福氏や廣戸氏の家督安堵などが行われた。義祐の勢力範囲が西播磨にあったため、晴政は、美作など競合しない地域へと展開したと考えられる。その際に、強力な庇護者を必要とするため、毛利氏の援助を得ようとしたのである。義祐と決裂した晴政は、本意を遂げることなく永禄八年（一五六五）正月十六日に病没した。同年二月六日、晴政の遺骸は置塩城下の宝殊寺に運ばれ、仁如《にんじょ》和尚を迎えて葬礼が行われた。晴政の生涯は争乱に始まり、争乱に終わったのである。

浦上宗景と政宗の兄弟

浦上村宗の没落から時を経て、天文末年頃から浦上宗景《むねかげ》が備前東部で台頭してくる。宗景には政宗《まさむね》という兄がおり、播磨西部に基盤を置いていた。両者はやがて反目しあうが、その詳しい理由は分かっていない。尼子氏が美作と備前に侵攻したことをきっかけに、両者が仲違いしたのは、ほぼ間違いないと考えられる。天文二十年（一五五一）十月、尼子晴久は自ら軍勢を率いて美作国へ侵攻し、その勢力は備前国周匝《すさい》（岡山県赤磐市）にまで及んでいた（『証如上人日記』）。その際、晴久は政宗と同盟を結んだというが、実際には天文二十三年（一五五四）が正しいであろう。宗景は晴久・政宗に対抗すべく、坪井氏、花房氏、難波氏、羽床氏らと同盟を結び戦いを挑んだ。宗景の居城である天神山城《てんじんやま》（岡山県和気町）は播磨や山陽道、そして味方する領主の居城を意識して、この頃に築城されたと考えられている。晴久の侵攻は、天文二十二年（一五五三）にも行われた。

一方の晴久は、播磨国宍粟郡の中村氏や但馬国朝来《あさご》郡の田路《とうじ》氏を配下に収め、宗景との戦いを有利に進めた。尼子氏の備前、美作侵攻に伴って、政宗・宗景がいかなる対応策を施したかは明らかでないが、二人の関係に綻びが見えたことが指摘されている。天文二十二年に推定される毛利元就・隆元《たかもと》父子の連署書状には、播磨国に浦上氏が乱入したとの記載がある（「譜録」）。当時、政宗は室津（兵庫県たつの市）に拠点を置いていたので、備前にいた宗景が政宗に攻撃を仕掛けたと考えられる。この仮定が正しいとするならば、天文二十年に尼子氏が美作国に侵攻した時点から、両者の確執は始まっていたと推測される。

こうした政宗・宗景兄弟の不和が決定的となったのは、天文二十三年のことである。同年に推定される二月一日付の浦上政宗書状には、政宗が宗景と「義絶」したと、備前国の領主である森氏と恒次氏に対して書かれている（『黄《き》薇《び》古《こ》簡集《かんしゅう》』）。そして、政宗は晴久に人質を送ったことを告げ、森氏と恒次氏に天神山城への通路を遮断するように依頼した。政宗と決別し晴久に挑んだ宗景であったが、単独では対抗できないのは自明であった。そこで、宗景が頼みとしたのが毛利氏である。

もともと毛利氏と尼子氏は対立しており、宗景が毛利氏を頼みとするのは必然的な流れであった。その動きは、天文二十三年から確認できる。同年八月に推定される毛利元就・隆元の連署書状には、井原元造の率いる毛利氏の軍勢が備前国に侵攻したことがうかがえる（『萩藩閥閲録』）。元造は、松田氏の諸城を攻撃すると、一気に落城寸前にまで追い込んだ。敗勢が濃くなった松田氏は、和平を望んだといわれ、毛利氏による松田氏攻略は目前であった。

毛利氏が松田氏を攻撃したのには、当然ながら理由がある。浦上政宗と松田氏は、婚姻によって姻戚関係を結んでいた。政宗と宗景が敵対していたので、松田氏は政宗に与したことになる。この前月に尼子氏は備前国に進軍しているが、それは松田氏を支援するためであり、イコール尼子氏が政宗を支援することにも繋がった。こうして、政宗には尼子氏が支援し、宗景には毛利氏が支援することとなり、備前国内で戦いが繰り広げられた。

複雑な抗争の経過

両者の戦いでは、盛んに調略戦が仕掛けられた。宗景の有力な被官人である日笠氏は、天文二十三年七月の天神山城付近の戦いで政宗方に寝返った（「坪井文書」）。草創期の宗景を支えた有力者であっても、敵対する可能性があったのである。このときは、宗景軍の奮闘によって尼子氏と政宗の軍勢を追い払うことに成功した。戦いでは鉄砲の使用が認められ、注目される。年未詳ながら宗景の書状には、鉄砲玉薬の記述が見られる（「松田文書」）。宗景は、早くからこの最新兵器を用いていたのである。

備前国で宗景を支えた勢力は、毛利氏に属した備中国に基盤を置く領主の中にも存在した。その一人が三村家親《みむらいえちか》である。戦国期には、備中国内の有力な領主の多くが尼子氏に従う中で、三村氏は毛利氏の麾下に属して命脈を保った。天文二十三年（一五五四）六月、三村氏は備中衆を率い、松田氏の籠もる富山城付近に陣を取った（「坪井文書」）。備中衆とは、三村氏をはじめとする備中で毛利氏に従った領主層の軍勢であり、宗景の援軍である。このとき、宗景の一族でかつて味方であった浦上将監、そして羽床氏が政宗方へ与した。結局は、坪井氏らの奮闘によって危機を凌いだようである。その後も尼子氏による執拗な攻撃は続き、鳥取荘（岡山県赤磐市）付近から中山《なかやま》氏の籠もる沼城（岡山市東区）を攻撃した（『黄薇古簡集』）。この戦いでは宗景配下の宍甘《しじかい》氏が軍功を上げ、宗景軍が勝利を収めた。

その後も年未詳ながら、宗景と政宗の激烈な戦いは続いている。宗景を支援する三村氏は盛んに備前国に侵攻し、政宗方の新城、山越構を攻撃した（『旧鳥取藩士山田家資料』）。危機に瀕した政宗は、盟友の松田氏はもとより、美作国の有力な領主である江見氏、後藤氏にも鳥取まで出陣するよう要請したが、江見氏も後藤氏も政宗の要望に応えることはなかった。頼みの綱である尼子氏の援軍も到着が遅れており、政宗の焦りは頂点に達した。一方、尼子氏は、毛利氏の急速な発展によって苦境に追い込まれていた。弘治元年（一五五五）に大内義隆が家臣の陶晴賢に滅ぼされ、石見国の有力領主・小笠原氏が毛利氏に降伏するなど、尼子氏の形勢は不利な状況で進んだ。そのような状況下、晴久は永禄三年（一五六〇）十二月に月山富田城で亡くなったという（永禄四・五年説もある）。永禄八・九年（一五六五・六六）、尼子氏は美作国東部で後藤氏の居城である三星城《みつぼし》(岡山県美作市)を攻撃したが、以後の記録は乏しい。

こうして宗景は尼子氏と政宗の軍勢を退けたが、その後、思わぬ行動を取る。永禄六年(一五六三)に比定される大友宗麟《そうりん》の書状(「田村文書」)によると、長らく不和であった政宗・宗景兄弟が和を結んだと記されている。しかし、そこに至るまでにはさまざまな難題があり、浦上家中の者が殺害されたとの記述がある。トップ同士の合意で済む問題ではなく、家中が二分するほどの激烈な議論が交わされたのであろう。以後、宗景は毛利方を離脱し叛旗を翻すが、翌年に政宗父子は赤松政秀の手の者によって謀殺された。

永禄十年(一五六七)五月には、宗景が甥の浦上二郎九郎とその子・久松丸《ひさまつまる》を殺害した(『書写山十地坊過去帳』)。その詳しい理由は不明であるが、強大な勢力が迫り来るなかで、浦上氏一族は今後の方針をめぐって対立していたであろう。結果、反対する勢力には、厳しい粛清が行われた可能性もある。

尼子氏と毛利氏の攻防

永禄三年(一五六〇)の晴久の死により、尼子氏の家督を継承したのが長男の義久《よしひさ》だった。義久が誕生したのは、天文九年(一五四〇)である。義久は亡き父の政策を受け継ぎ、領国の拡大路線を推進したが、周辺の諸勢力との戦いに苦戦した。義久の時代は尼子氏の衰退期にあり、毛利氏には太刀打ちできなかった。苦境にあえぐ義久を助けたのが、山中鹿介幸盛である。幸盛は、天文十四年(一五四五)に出雲国で誕生した。父は満幸《みつゆき》。「鹿之助」「鹿之介」とも書かれるが、「鹿介」が正しい表記である。永禄六年(一五六三)に毛利氏が月山富田城の攻撃をしたとき、初めて史料に登場する。数々の合戦譚を残したことで、非常に有名な人物であるが、その幸盛をもってしても、尼子氏の劣勢はいかんともし難かった。

永禄五年に尼子氏と毛利氏と交戦中、尼子方の重臣の本城常光《ほんじょうつねみつ》が降参し寝返った。尼子氏の家臣が次々と離反するなかで、本城氏の裏切りは最も手痛かった。常光の裏切りは、その後の尼子氏の運命を暗転させた。この直後、石見銀山を毛利氏に奪われ、義久は経済基盤を失うと同時に兵站《へいたん》の確保が困難になった。それだけにとどまらず、本城氏の寝返りは国人衆に激しい動揺を与え、尼子氏が不利と感じた彼らの多くは離反して毛利方に寝返った。翌六年には、松田誠保《まさやす》が守る出雲白鹿《しらが》城（島根県松江市）が毛利氏によって落とされると、月山富田城の孤立化が進んだ。やがて、毛利氏は周囲の補給路を断ち、月山富田城の尼子氏を追い詰めた。兵糧不足に陥った城内の兵たちは、飢えに苦しんだ。

毛利氏は大友氏とも交戦状態に陥っており、苦しい立場に追い込まれていたが、それは尼子氏のハンディにすらならなかった。同九年十一月、義久は毛利氏の軍門に降り、月山富田城を開城した。義久は、二人の弟・倫久《ともひさ》、秀久《ひでひさ》とともに円明寺（広島県安芸高田市）に幽閉された。毛利氏との約束により、命だけは助かったのである。天正十七年（一五八九）、義久は毛利氏の客分となり、のちに出家して友林《ゆうりん》と号したが、慶長十五年（一六一〇）に長門国阿武郡で没した。倫久の長男・元知《もとさと》が義久の養子となり、尼子氏の家督を継いだのである。

毛利氏の台頭

中国地方の大名と言えば、ここまでもたびたび登場した毛利氏が有名である。改めて毛利氏の出自を辿ってみよう。毛利氏の祖先は、鎌倉幕府で政所別当を務めた大江広元《おおえのひろもと》である。その後、子孫の時親《ときちか》が南北朝期に安芸国吉田荘（広島県安芸高田市）に本拠を定め、以後は同地の国人として発展していった。応仁元年（一四六七）に始まった応仁・文明の乱以降、毛利氏は大内氏の従属下にあったが、出雲で尼子氏が台頭すると、いずれに与するか絶えず去就を気にしなくてはならなかった。また、安芸国内には有力な国人衆が数多く存在しており、毛利氏は彼らと協調しながら、存続の道を模索する必要があった。永正九年（一五一二）に毛利氏をはじめとする安芸国人が一揆の盟約状を作成し、互いの協力を誓ったのが証左である。

明応八年（一四九九）以降、毛利家では興元《おきもと》が当主を務めていたが、永正十三年（一五一六）に没すると、嫡男の幸松丸《こうまつまる》が二歳で跡を継いだ。しかし、その幸松丸も大永三年（一五二三）にわずか九歳で病没してしまう。幸松丸の死後、興元の次男・元就と三男・相合元綱《あいおうもとつな》の二人が、毛利家の家督をめぐって争うことになったのである。

毛利家の家督継承候補は、元就と元綱の二人に限られたわけではなく、毛利家の家人の半分は尼子氏から後継者を迎えようと考えていた。当時、出雲国尼子氏が勢力を増しており、無視できない存在だったが、尼子家から後継者を迎えれば、毛利家は尼子家に乗っ取られる可能性があった。最終的に毛利家中では、元就を家督に据えることで意見が一致したのである。毛利家中では尼子氏から後継者を迎え入れるか、元就を据えるべきか議論を行い、家督継承者を決定した。二年後の大永五年（一五二五）、元就は尼子経久と手を切り、大内義興に従うことを決意したのである。

元就の活躍

大内氏に従った元就は、尼子氏についた高橋・武田の両氏を討滅し、その所領を掌中に収めた。同時に、宍戸《しど》氏、天野《あまの》氏、熊谷氏などの国人とも連携を深め、安芸国人の盟主の地位を確固たるものにしている。一方の同盟者である大内氏は、尼子氏との対決姿勢をますます強め、天文八年（一五三九）には尼子氏と結ぶ安芸・武田氏の佐東銀山城（広島市安佐南区）を攻撃した。

毛利氏が大内氏と結んだことから、尼子氏と元就の対決は避けることができず、天文十年（一五四一）

に両者は安芸・吉田郡山城で交戦した（吉田郡山城の戦い）。先述の通り、元就は数万の軍勢を率いる尼子氏に苦戦するが、周囲の国人や大内氏の援軍もあって撃退に成功した。翌年には、元就が大内氏と協同して、尼子氏の居城・月山富田城を攻撃した（第一次月山富田城の戦い）。この戦いは、天文十二年（一五四三）まで約一年四ヶ月の長期戦となったが、大内・毛利の連合軍は芳しい成果を上げることができず、無残な敗北を喫したのである。同時に、大内・毛利の両氏と尼子氏の対立はますます激化し、戦いは継続された。

天文十九年（一五五〇）、毛利氏にとって大事件が発生する。有力国人の一人・井上元兼《いのうえもとかね》は、日頃から元就に対して秩序を乱す横暴な態度を取っていた。見かねた元就は井上一族を討滅し、家中に絶対的支配権を確立したのである。事件の七日後、元就は家臣二三八名に対し起請文を提出させ、毛利氏の家中支配権を承認させた。これまで毛利氏と対等あるいは同盟関係にあった国人衆は、その軍事動員権、行政命令権、警察裁判権に服することを余儀なくされたのである。これは、毛利氏にとって画期的な出来事で、以後、戦国大名として飛躍するきっかけとなった。

3　大内氏・陶氏の滅亡

大内氏の家臣・陶氏

尼子、大内、毛利の三氏が互いに戦うなかで、徐々に力を付けていたのが大内氏の家臣の陶晴賢である。そもそも陶氏は大内氏の一族であり、代々大内氏に家臣として仕え、周防国守護代を務めていた。その地位は、家臣のなかで枢要な位置にあった。股肱《ここう》の臣と言っても差し支えないであろう。大永元年（一五二一）、晴賢は若山《わかやま》城（山口県周南市）主・興房の次男として誕生した。なお、初名は隆房であるが、以下、晴賢で統一する。晴賢は容姿が端麗であり、主君の大内義隆から寵愛を受け（『大内義隆記』）、初名の隆房は義隆の偏諱「隆」を与えられたものである。天文八年（一五三九）四月、陶家の当主・興房が亡くなった。享年六十五。引き続き陶氏の家督を継いだのが、まだ十九歳の次男・晴賢である。興房には長男の興昌がいたが、安芸における合戦で戦死していた。家督継承に先立つ天文六年、晴賢は従五位下に叙されていた。

ここで、大内氏の状況に目を転じておこう。享禄元年（一五二八）に義興が没すると、家督は子の義隆が継承した。以後、義隆は版図拡大に力を入れる。天文八年、尼子詮久（のちの晴久）が安芸に侵攻すると、義隆は対抗すべく兵を送った。その後、義隆は尼子氏とたびたび交戦に及び、同十一年からは出雲攻略のため、自ら出陣するほどだった。しかし、先述の通り天文十二年五月、義隆は尼子氏に大敗を喫し、息子の晴持も失うなど、失意のどん底へと転落する。以後、義隆は周辺地域へ積極的に出兵し、反大内勢力と交戦するが、芳しい成果を挙げることができなかった。この頃から義隆は徐々に文芸に傾倒し、武断派である晴賢と対立するようになる。また、義隆が文治派の相良武任《たけとう》を登用したことは、家中を分断する確執の一因となった。こうした方針が、大内氏弱体化の大きな原因となったのである。

大内氏が制定した『大内家壁書』によると、享禄二年（一五二九）の段階で奢侈《しゃし》を禁止したことが分かる。出陣に際して、武器や兵卒が不足したり、戦闘意欲を減退させないためであった。むしろ、日頃から他国侵攻があることを念頭に置き、いつでも命令に従って出陣できるよう準備を怠らないよう命じている。

それは、軍事に主眼を置いた方策といえよう。晴賢は、この方針を代表する武断派の一人であった。

一方の文治派と目される相良武任は、もともと肥後の相良氏の流れを汲む、筑前の国人だった。武任の父・正任《ただとう》は大内政弘に仕えており、勅撰連歌集『新撰菟玖波《しんせんつくば》集《しゅう》』に連歌が採用されるなど、文芸の心得があった。武任は父の素養を受け継ぎ、能書家としても知られ、義隆の右筆を務めるほどであった。やがて武任は義隆から重用され、単に右筆としてではなく、政治・軍事方面にも影響を及ぼすようになったのである。

晴賢と対抗勢力

武任は一右筆に過ぎなかったが、義隆から重んじられるに至り、武断派から不満が噴出する。武任も従五位下に叙され、さらに遠江守に任じられていた。それは、義隆の推挙によるものである。『大内義隆記』によると、武任は不肖の身ながらもずる賢く、右筆の立場を利用して義隆に接近し、やがて思うがままに振る舞い、同僚から憎まれるようになったと書かれている。多少割り引いて考えるべきかもしれないが、急速に台頭したのは事実であろう。

こうして文治派が台頭したものの、天文十四年四月には奢侈禁止令が発布された。これは、晴賢の属する武断派と武任が属する文治派の抗争の結果、武断派が勝利を得た結果であると考えられている。事実、武任は翌五月に出家し、大内家を離れて一族の肥後・相良氏に身を寄せた。以降、晴賢は大内家中を掌握すべく、次々と謀略を画策した。晴賢の台頭の契機は、義隆の文芸への傾倒と、義隆を支える文治派と武断派との抗争にあった。

晴賢が対立していたのは、武任だけではなかった。豊前国守護代を務める杉重矩《すぎしげのり》とも、よからぬ関係にあった。天文二十年一月の相良武任申状写（「毛利家文書」）によると、晴賢が大内家の家督を狙っていたので、重矩はその旨を義隆に報告していた。晴賢は家臣のなかでかなりの実力を持つとはいえ、十分に彼らをまとめきれなかったようである。たとえば、晴賢の片従兄弟の隆康《たかやす》は、一族ながらも晴賢に与同していなかった。安芸の毛利氏、石見の吉見氏、筑前守護代の杉興運《おきつら》らも、周囲の敵対する勢力を牽制するためには、大内氏の力が必要であると考え、晴賢に与していなかった。同じく、陶・相良の両氏と比肩する家臣の内藤興盛《もりおき》も慎重な態度を取っていた。

対抗する晴賢

一方、晴賢の行動は、徐々に大胆になっていく。晴賢は大内氏の御家人、領国内の百姓や民衆をはじめ、若年の衆までも積極的に自陣に引き入れた。これは、不穏な動きだと言えよう。重矩は、義隆に対して晴賢の策謀を報告したが、義隆はなかなか聞き届けなかったという。しかし、天文十七年（一五四八）八月、義隆はついに手段を講じた。その一つは、一度は大内氏のもとを離れた武任を再出仕させたことである。もう一つは、内藤興盛の娘と毛利元就の長男・隆元を結婚させることであった。興盛の娘は、義隆と養子縁組をしたうえで嫁いだので、大内、内藤、毛利の強固な関係が結ばれたことになろう。義隆は婚姻を一つの軸として、晴賢と対抗しようとしたのである。

翌天文十八年三月、元就は山口を訪れ、義隆のもてなしを受けたが、一方では元就を呼び出したのは晴賢であり、二人は通じているとの風聞が流れていた。杉重矩は晴賢の野心を見抜いていたが、武任はやや認識が甘かったようである。ところが、同年の冬、晴賢と対立関係にあった重矩は、にわかに晴賢に急接近したという。重矩が晴賢に接近したのには、いくつかの理由がある。一つは次男の隆辰が継承した所領が没収されたこと、もう一つは重矩が幕府から毛氈鞍覆《もうせんくらおおい》・傘袋《かさぶくろ》という栄典が与えられる予定だったが、武任の反対意見により実現しなかったことである。率直に言えば、当時の状況判断により

「義隆に利がない」と考えたのであろう。以上の点により、重矩が義隆や武任に不満を抱いたことは、疑いないと考えられる。

天文十九年になると、晴賢の行動はさらに先鋭化する。同年八月、晴賢は義隆の子・義尊《よしたか》を大内氏の新当主として擁立すべく、毛利氏に協力を要請したが、義尊が義隆の実子であるか否かが問題となり、未遂に終わった。翌月には、義隆と武任が今八幡宮（山口市）に参詣する機会をうかがい、晴賢が二人を拉致するとの噂が流れた。晴賢は義隆に無実であることを訴えたが、義隆の軍勢が晴賢の屋敷を強襲するとの風説が飛び交った。結局、何も起こらなかったが、両者には緊張感が走ったのである。その直後、騒動に身の危険を感じた武任は筑前に出奔し、杉興運に庇護を求めた。

大内氏の滅亡

陶晴賢は天文二十年に興隆寺《こうりゅうじ》（山口市）の修二月会大頭役を務めるため、家人を参集させていた。晴賢が家人を動員したことは、義隆の警戒するところとなった。不興を被った晴賢は若山城に戻り、大内氏への出仕を長期間にわたって拒んだ。結局、晴賢は天文二十年二月に予定された、興隆寺の修二月会大頭役も務めなかったのである。ここに至り義隆は、武任や杉興運の晴賢に関する報告により、事態がさらに深刻化したことを悟った。そこで義隆は、再び武任を出仕させたのである。同時に、有事に備えて毛利氏に使者を送り、万が一の時の協力要請を行った。この間、晴賢の陰謀は着々と進み、義隆父子を殺害し、その後継者には大友義鎮《よししげ》（宗麟）の弟・晴英を迎える計画を立て、その同意を義鎮から得たという。

天文二十年八月、武任は再び大内氏のもとから出奔した。義隆の密命を帯びて石見の吉見氏に向かったとの説もあるが、身の危険を感じて逃亡した可能性もある。八月二十日になると、晴賢は厳島（広島県廿日市市）を攻撃し、これに呼応する形で元就が安芸の佐東銀山城（広島市安佐南区）を攻撃した。義隆は、元就に裏切られたのである。晴賢謀反の噂は山口市中に広がり、大混乱に陥ったが、義隆は事態が呑み込めなかったのか、いささか冷静であった。八月二十六日には大友氏の使者らを招き、宴を催し能を興行したが、翌々日の二十八日には、晴賢の率いる軍勢が山口に迫っていた。この期に及んでも、義隆は対策を練らず、従っていた配下の兵卒も当初の三千余から大幅に減っていた。さすがの兵卒も危険を察知し、逃亡したのだろう。そして、八月二十九日になると、晴賢らの軍勢五千余人が山口を襲撃したのである。

義隆は九州方面を目指して落ち延び、途中で多くの味方を討ち取られながらも、何とか大津郡仙崎《せんざき》（山口県長門市）へと辿り着いた。ここから船で出航しようとしたが、激しい風雨により断念せざるを得ず、義隆らは大寧寺（山口県長門市）に入り、同寺を終焉の地としたのである。こうして晴賢は下剋上に成功したが、この四年後には厳島の戦いで元就に敗れ、無念の最期を遂げた。

毛利元就の台頭

先述の通り、晴賢による義隆への謀反には元就も関与していた。晴賢の軍事行動に伴い、元就は佐東銀山城を陥れ、佐東郡を占領した。さらに義隆の死後、元就は平賀氏を配下に収め、大内氏の槌山《つちやま》城（広島県東広島市）を陥落させた。晴賢が擁立した大友義長《よしなが》を、大内氏の家督に就けることも了承している。義隆の死は、元就が備後、安芸へ版図を広げる契機となった。元就が晴賢に与同して、共同歩調を取っていたのは明らかであるが、両者の蜜月の関係は長くは続かなかった。

天文二十二年十月、石見国の津和野城（島根県津和野町）主・吉見正頼《まさより》が義隆の仇を取るため、晴賢に対して挙兵した。翌年三月、晴賢は自ら出陣するとともに、安芸の国衆にも出陣を迫っている。当然、元就にも晴賢から出陣要請があったが、天文二十三年五月、元就は突如として晴賢に反旗を翻した。元就は佐西郡と厳島に侵攻すると、陶氏の勢力を排除したのである。さらに同年八月、能美島（広島県江田島市）を攻略すると、翌弘治元年四月には陶方の野間氏を滅亡に追い込んだ。

元就が周防に侵攻するなかで、晴賢は宮川房長《みやがわふさなが》を桜尾城《さくらお》（広島県廿日市市）に向かわせた。房長の動きを察知した元就は、天文二十三年六月五日に房長を奇襲攻撃で討った（明石口の戦い）。従来、この戦いは九月十五日とされてきたが、誤りである。桜尾城は桂元澄《かつらもとずみ》が守っていたが、のちに元就は元澄に命じて晴賢に内応させ、厳島におびき出したという逸話がある。

晴賢は元就に対して、「悪逆は猛悪無動のいたすところ」だと激怒したという。晴賢は元就の裏切りであると憤っていたが、のちに元就は「防芸引分」と称し、あくまで対等の争いであると正当化している。元就が晴賢に反旗を翻したのは、予想以上に勢力を拡大したからであろう。義隆を討って領土拡大のチャンスが生じたものの、その前に晴賢が立ちはだかるような格好になった。このままでは、元就の本懐が成し遂げられないと考えたのである。ちなみに元就が晴賢を討とうとしたのは、主君・義隆を誅殺した弔い合戦であるといわれてきたが、それは単なる口実に過ぎない。実際には、自らの領土拡大が念頭にあったのである。

元就の策略と海賊衆

元就は晴賢との戦いを有利に進めるため、次々と手を打った。天文二十三年（一五五四）一月、尼子晴久は新宮党（叔父・国久父子）を滅亡に追い込んだ。新宮党は尼子氏内部で隠然たる力を持っていたが、晴久は彼らの傲慢な振る舞いを許さず、粛清して家中の統制を図った。確たる証拠はないが、背後の尼子氏を牽制するため、元就が画策したとの説もある。

それだけではない。元就は晴賢と決裂以後、大内氏領国の豊前・筑前の国衆に協力を呼び掛けた。同時に大友義鎮とも友好関係を結び、豊前・筑前を与える代わりに、周防・長門を元就が領有することを認めさせ、さらに晴賢の味方をしないように迫っている。こうして「晴賢包囲網」は、徐々に形成されていった。この間、晴賢のもとで、元就との交渉役を担当したのが重臣・江良房栄《えらふさひで》である。元就の交渉役・児玉就秋《こだまなりあき》が晴賢から知行を受け取らない一方、房栄は元就から三百貫の地を与えるとの約束で内応を迫られたが、それ以上の知行を要求していた。しかし、房栄は元就から晴賢に裏切りを密告され、晴賢から殺害される。これも元就の謀略であった。弘治元年三月のことである。

弘治元年四月以降、元就は厳島に宮尾城を築城し、対岸の桜尾、草津、仁保《にほ》城（広島市南区）と連携して「海の要塞網」を構築した。「海賊城」である宮尾城は広島湾に面し、番衆が交代で警備にあたり、警固船が警備にあたるなど、晴賢の攻撃に絶えず警戒していた。遡ること天文二十年八月二十日、晴賢は厳島を占拠しており、佐西郡と桜尾城を手に入れていた。元就の軍事行動により、晴賢は広島湾における制海権を失うことになり、厳島を奪還することが至上命題になっていた。

両者の勝敗のカギを握るのが、水軍の存在であった。陶氏は大内氏の遺産を継承し、宇賀島《うかしま》氏ら周防・屋代島（山口県周防大島町）を中心とする周防・長門の水軍を配下に収めていた。北九州の門司《もじ》氏らや、安芸の白井氏も味方に見込んでおり、それは毛利氏の水軍を凌いでいた。一方、毛利氏の水軍の主力は、小早川氏配下の者や川内警固衆であった。小早川氏の庶流は村上水軍と比肩する勢力であり、当時は乃美《のみ》（浦《うら》）宗勝《むねかつ》が率いていた。川内警固衆は毛利氏直属の水軍で、主従関係にあったといわれてい

吉川元春（吉川史料館〔岩国市〕蔵）

る。こうして両者は雌雄を決すべく、厳島を舞台にして激闘を繰り広げることになった。

厳島の戦い始まる

弘治元年（一五五五）九月二十一日、思い余った晴賢はついに厳島に上陸し、塔ノ岡《とうのおか》に本陣を置いた。では、晴賢が厳島にこだわったのには、いかなる理由があったのだろうか。

厳島は海上交通の要衝にあり、安芸から周防・長門に通じる要路であった。そのうえ厳島には門前町が発達し、諸国の商人が集まる港湾都市としても栄えていたのである。大名たちにとっては、垂涎の地であったといえる。晴賢が厳島を支配していたとき、商業発展を推進していたのは、そこからの税収を大いに期待していたからであろう。晴賢は京都や堺の商人だけではなく、厳島の商人とも積極的に結び、特権的な地位を認めていた。そのような事情ゆえ再上陸したのである。

晴賢が攻撃したのは、毛利方の宮尾城である。この戦いで晴賢軍は、中国地方で初めて鉄砲を用いたという。九月二十四日、宮尾城の危機を知った元就は、子の隆元、吉川元春《もとはる》とともに佐東銀山城を発ち、厳島の対岸の草津へと移動した。陶軍、毛利軍がともに頼りにしていたのは、水軍であった。とくに陶軍は、約二、三万という圧倒的な大軍勢で大元浦《おおもとうら》に上陸したといわれている。しかし、晴賢には少なからず誤算があったようだ。

毛利氏が率いる水軍は主従関係にあったが、陶氏の水軍は必ずしもそうではなかった。陶氏に与した水軍は横の関係で協力しているに過ぎず、陶氏から離反する危険性を内包していたのである。実際のところ、陶氏が頼みとした屋代衆の浅海氏は、来島通康《くるしまみちやす》を通して毛利方に寝返っている。同じく桑原入道も、能島村上氏とともに毛利氏へ身を投じた。水軍を率いる海賊衆たちは、陶氏と毛利氏を天秤に掛け、有利と思われるほうに靡いたのだ。

毛利氏サイドも戦いを控えて、決して安泰とは言えない状況にあった。弘治元年九月二十七日の段階において、元就は小早川隆景《たかかげ》に書状を送り、来島村上氏の援軍がいつになるのかを問うている。元就は、援軍の可否により勝敗が決するので心配だったのだ。それだけでなく、元就は隆景に草津に急行するように指示し、小早川衆の六、七十艘、川内警固衆の五、六十艘の船だけででも決戦に臨みたいと述べている。いかに名将の元就とはいえ、頼みの水軍衆を味方につけておくには、少なからず苦労したのだ。ところが、元就の悩みはまったくの杞憂に終わった。翌二十八日、能島・来島の村上水軍が二、三百艘の船を率いて、元就の応援に駆け付けたのである。乃美宗勝が元就の命を受けて来島に赴いており、説得工作が功を奏したと考えられる。

小早川隆景
（広島県三原市・米山寺蔵）

それでも、元就の率いた軍勢は約三千といわれており、劣勢は否めなかった。能島・来島の村上水軍の来援により、毛利方の劣勢の挽回は大いに期待できたのかもしれないが、元就が勝利を得るには、正攻法では勝ち目がなかったといえる。一方の陶氏にとって、能島・来島の村上水軍が毛利氏に与したのは、大きな誤算だった。むろん、それには理由がある。晴賢は大内氏を滅亡に追い込んだあと、村上水軍の瀬戸内海における諸特権を剝奪していた。村上水軍が毛利氏の呼び掛けに応じたのは、むしろ当然のことといえよう。

ただし、近年の研究によると、来島村上氏が来援したのは確実であるが、能島村上氏が来援したという裏付け史料がないため、真相は不明だと指摘されている。

陶氏の滅亡

弘治元年九月三十日、元就の本隊は厳島の包ヶ浦に上陸した。厳島は周囲約二九キロの小島で、山々が海岸線に迫る狭隘の地である。陶方の軍勢は、本陣のわずかな平野部分に押し合いへし合いしている状況にあった。元就は、陶軍の本陣の背後の山頂から攻撃を試みようとしていた。同時に小早川隆景は、別動隊を率いて正面の鳥居から侵攻した。毛利方は二手に分かれて、陶軍を挟撃する作戦を採用した。

毛利氏が厳島に侵攻したのは、夜のことであった。その日は風が非常に強く、船が大きく揺れたため、兵卒は船酔いに苦しめられたという。当初、隆景の別動隊は、晴賢が陣を敷く大元浦に着岸しようとしたが、警固が厳しかったために断念せざるを得なかった。そこで、一計を案じた乃美氏は、思い切って敵船のひしめく鳥居付近への上陸を献言した。鳥居付近には陶方の軍船が大挙していたが、夜間ということもあり、敵味方の区別は困難であった。乃美氏はそうした状況を逆手にとって、あたかも筑前国から応援に馳せ参じた宗像《むなかた》氏らを装って、堂々と敵中に紛れ込んだといわれている。そして、軍船を鳥居前に寄せると、そのまま上陸して攻撃の機会をうかがったのである。敵の意表を突く作戦であった。

同年十月一日早朝、満を持して作戦を練った毛利軍は、突撃を合図する太鼓の音と同時に、背後の山頂から一斉に鬨《とき》の声を上げて陶軍に突撃した。折からの暴風雨により、毛利方の攻撃を予想だにしなかった陶軍は狼狽した。陶軍は二万という大軍であったが、それが狭い場所ではかえって災いして、思うように身動きが取れなかった。陶軍は、背後からの毛利軍の奇襲攻撃に対処していたが、次に岡の下から小早川軍が突撃してきた。挟撃された陶軍には動揺が広がり、たちまち混乱に陥り自壊した。総崩れとなった陶軍は、散り散りに逃亡したのである。

一方、戦いは海上でも繰り広げられていた。毛利方の村上水軍は、陶方の船の碇綱を切り、すぐさま火矢を放つと、敵船に乗り移って白兵戦を展開した。陶方の水軍は、船に火を掛けられ沈められるか、あるいは乗っ取られるか、兵卒が逃亡するかの散々な敗北を喫したのである。

晴賢は自陣の奮起を促し、全軍に引き返して毛利方を攻撃するよう号令した。しかし、総崩れとなっていた陶軍は海岸線に殺到し、船に乗って逃亡しようとしたが、陶方の水軍はすでに逃亡したあとだった。わずかに毛利軍に抵抗する者もいたが、虚しく討ち取られたのである。晴賢は戦火を避け逃亡したが、ついに覚悟を決め大江浦で自害した。享年三十五。別の説によると、晴賢は東海岸の青海苔《あおのり》の浜で逃亡用の船を探したが叶わず、山を越えて高安ヶ原で自害したとも伝わる。晴賢の首実検は桜尾城で行われ、のちに厳島の洞雲寺に葬られた。

その後も陶軍の残党が抵抗を続けたが、同年十月三日に戦いは終息した。また、合戦の直後、陶氏の居城・富田《とんだ》若山城は、杉重矩の子・重輔《しげすけ》の攻撃を受け落城した。城を守っていた晴賢の長男・長房《ながふさ》は、討ち死にしたとも逃亡したとも伝わる。宿敵の陶晴賢を滅ぼした毛利元就は、余勢を駆って大内氏領国である周防・長門に侵攻し、そのまま安芸・周防の国境付近に兵を進めた。一方、大内義長は、山口を本拠として、各地の城に兵を置き、毛利氏の攻撃に備えている。ここで毛利氏の取った作戦が、調略戦であった。大内氏の家臣・椙守隆康《すぎのもりたかやす》などは、たちまち元就に降伏したという。

同年十一月、元就は村上水軍を使って宇賀島を攻略すると、山代《やましろ》地方（山口県東部）に軍を遣わし平定させることに成功した。その後、元就は、豊後・大友氏が周防・長門に侵攻しないように協定を結び、大友氏の背後の龍造寺氏と結んで牽制している。こうして万全の体制を築いた元就は、さらに快進撃を続けた。西から徐々に軍勢を進めた元就は、弘治三年に大内氏方の須々万《すすまぬま》沼城（山口県周南市）を落城させるなどし、大内氏の本拠である山口を一路目指した。

毛利氏の快進撃とは裏腹に、大内氏家中ではすでに内部の統率が取れなくなっていた。晴賢に討たれた杉重矩の遺児・重輔は、晴賢の長男・長房の籠もる富田若山城（山口県周南市）を攻撃するなどしていた。その結果、長房は自害し、状況はますます毛利氏に有利に傾いた。

富田若山城落城後、元就は山口に総攻撃を仕掛けた。この時点で、すでに無勢の大内氏の敗勢は濃く、義長は長門に逃走した。義長は重臣・内藤隆世《たかよ》の居城・且山《かつやま》城（山口県下関市）にいたが、追い詰められ長福寺（現在の功山寺）で自害した。まだ二十六歳という若さであった。

毛利元就の最期

弘治三年（一五五七）、元就は嫡男・隆元に家督を譲った。同年十一月、元就は隆元、元春、隆景の三子《さんし》に対して「三子教訓状」を与えた（「毛利家文書」）。

臨終間際の元就は三人の息子（隆元、元春、隆景）を枕元に呼び寄せ、一本の矢を折るよう命じた。三人の息子たちが簡単に矢を折ると、次は束になった三本の矢を折るよう命じたが、誰一人として折ることができなかった。元就は、三本の矢を三兄弟に喩え、三人が結束すれば強靭になると説いた。これが有名な「三本の矢」の逸話であるが、元就の臨終前であるならば、長男の隆元はすでに亡くなっているので疑問視されている。先述の通り、元就は弘治三年十一月に「三子教訓状」を三人の息子たちに残しているが、「三本の矢」のエピソードは、この「三子教訓状」がもとになったと考えられる。元就は毛利家の存続を第一とし、吉川・小早川の支援は当面のものであり、毛利家中を盛り立てるため兄弟が協力する必要性を説いた。吉川・小早川両氏が毛利宗家を支える「毛利両川《りょうせん》体制」は、この頃に成立したと考えられている。

元亀二年（一五七一）六月十四日、同年二月以来の病状を悪化させ、元就は吉田郡山城内で没した。当時としては、七十五歳と長命であった。元就の没後、毛利家の家督を継承したのは、亡き長男・隆元の遺児・輝元《てるもと》であった（実質的に、隆元没後に家督を継承）。若き輝元を支えたのは、小早川隆景と吉川元春をはじめ、毛利氏の有力な一族である。「毛利両川体制」は健在であった。

毛利輝元（毛利博物館蔵）

輝元が毛利家の家督を継承したのと相前後して、京都で天下に覇を唱えようとしたのは、織田信長であった。永禄十一年（一五六八）、信長は足利義昭を伴って入京すると、義昭を将軍として推戴した。元就の没後、毛利氏は織田氏と戦いを繰り広げることになる。

第三章　女性たちの戦国時代

1　宇喜多氏の婚姻戦略

女性の時代

いつの世にも女性は存在したが、ごく一部の有名な女性を除くと関係史料は乏しく、その存在はほとんど知られることがない。戦国時代において、大名間の同盟を締結するため、人質の交換や婚姻関係を結ぶことがその証しとされた。そのため戦国大名は、自身の娘を相手の戦国大名の息子に娶らせることがたびたびあった。その相手は、同盟を結ぼうとする戦国大名だけではない。ときに配下の重臣に娘を娶らせ、その関係を強化することもあった。したがって、当時は自由恋愛や自由意志による結婚はほとんどなく、政略的な意味を持つものが多数であったといえよう。

戦国大名の婚姻関係を見ることは、大名間の同盟関係を確認するうえで、非常に興味深いものがある。先述した備前・美作・播磨の三ヶ国守護を務めた赤松政則の妻・洞松院尼は、亡き当主の代わりに政治に関わったことで知られている。洞松院尼は細川勝元の娘であり、政元の姉（または妹）であった。赤松氏は、嘉吉元年（一四四一）に勃発した嘉吉の乱により、いったんは事実上滅亡したが、その後、細川勝元の支援などもあって、応仁・文明の乱後に復活を果たした。政則と洞松院尼が結婚したのは、明応二年（一四九三）である。その背景には、有力守護に対抗すべく、協力する勢力を欲していた細川氏の思惑と赤松氏との利害関係が一致したことがある。明応二年には明応の政変が勃発し、細川政元は現職の将軍・足利義材を廃して、代わりに足利義澄を擁立した。このとき政元方として動いていたのが、赤松政則であった。政元は政則を抱きこんでいたのである。

明応五年（一四九六）に赤松政則が没し、赤松七条家の政資から養子として義村を赤松惣領家の家督に据えると、洞松院尼はその政治的手腕を発揮した。政則の没後、赤松氏は家中が分裂し、浦上則宗、別所則治といった有力な家臣の対立が激化したが、洞松院尼は幼い義村を支え続けている。その際に重要なのは、洞松院尼は女性としては珍しく、「釈」という文字の黒印状を用いて、仮名書きの文書を発給していたことになろう。

その発給文書の特色は、基本的に政則の先例に沿って所領安堵などを行っており、自身が義村の成長を待つ中継ぎ役に徹していたことが分かる（「伊和神社文書」など）。『鵤庄引付』によると、鵤荘（兵庫県太子町など）と小宅荘（兵庫県たつの市）の間の相論の裁定は延期されることとなり、義村の成長を待つという決定が下された。しかし、両荘の百姓に対しては、洞松院尼の「御文」が与えられた。『赤松記』という史料には、「義村が幼少であるので、国の成敗は洞松院尼の印判で措置し、訴訟は延期して義村の治世を待つ」とあり、一連の事実を裏付けている。

こうして洞松院尼は「女戦国大名」あるいは「女守護」と称され、今川氏親の妻・寿桂尼と並び称されたのである。

洞松院尼のように政治の表舞台に出た女性は、むしろ稀であったといってよい。すでに述べた通り、多くの女性は他の戦国大名（あるいは中小領主）のもとに嫁いで同盟の証しとされ、表舞台に出ることは少なかった。ここでは、宇喜多直家と備前国の領主・穝所《さいしょ》氏との婚姻関係を通した同盟の事例を取り上げることにしよう。

備前国内における婚姻関係

穝所氏の本拠である龍ノ口城は、現在の岡山市中区祇園に位置し、旭川に面した交通の要所に所在した。穝所氏は天文年間末期に浦上政宗の配下にあり、近年の研究成果によれば、旭川河口の平井氏ら土豪層の盟主的な地位にあったと指摘されている。穝所氏は旭川流域の中小領主を束ねる存在であったといえよう。その事実を裏付けるかのごとく、政宗が平井氏らを軍事動員する際には、事前に穝所氏に相談を行っていたことが分かっている。政宗は穝所氏を通して平井氏らを軍事動員し、逆に平井氏が上げた軍功は、穝所氏を通して政宗に上申された（『黄薇古簡集』）。軍事行動を例にとっても、穝所氏が当該地域の盟主であったことを端的に示している。

政宗は、穝所氏を通して松田氏と婚姻関係を結んだことが知られている。政宗の奉行人である浦上国秀らの連署事書には、穝所氏の行動を認めるとともにその支援を実施すること、そして穝所氏の仲介により浦上政宗と松田元堅《もとかた》との間に婚姻を成立させたことが記されている（「弘法寺文書」）。松田氏は金川城（岡山市北区）に本拠を置く備前国の名族であり、かつては備前国守護の地位にあった。政宗は、松田氏と婚姻を通して同盟を結ぶため、穝所氏を頼ったのである。穝所氏は旭川流域の領主を束ねる有力な存在であったため、同じ旭川流域の松田氏と政宗との婚姻を斡旋しえたのであろう。

穝所氏は大規模な支配を展開していたわけではないが、決して侮れない存在であったといえよう。当

宇喜多直家（岡山市・光珍寺旧蔵）

然、当該地域に勢力を伸ばしつつあった宇喜多直家は、穝所氏を無視することができなかった。『宇喜多戦記』などの軍記物語によると、穝所元常《もとつね》は直家の姪婿と記されており、婚姻を通じた関係を持っていたことが分かる。姪婿なのでやや血縁関係が遠いかもしれないが、婚姻関係を通した同盟といっても差し支えないであろう。ところで、元常は最初こそ直家に忠実だったが、中国地方に勢力を拡大しつつあった毛利氏を強く意識していた。毛利氏は莫大な恩賞を餌にして、穝所氏に味方になるよう誘い入れた。むろん直家がこうした状況を甘受するわけがない。直家は岡清三郎なる小姓を送り込み、男色を好んでいた元常を暗殺させたという。永禄四年（一五六一）頃の話であると伝わる。

直家が謀略をもって、婚姻関係を結んだ相手を討滅させた例は事欠かない。天文二十年（一五五一）頃、直家は浦上宗景の命によって、沼城（岡山市東区）に本拠を置く浦上宗景の家臣・中山信正《のぶまさ》の娘を妻に迎えたという。しかし、『備前軍記』などの軍記物語によると、信正は宗景を蔑ろにしたため、宗景は直家に信正の討伐を命じた。信正は直家が娘婿であるため、油断したのであろう。酒宴の最中にあっけなく討たれてしまった。

直家が婚姻関係を通して同盟を結んだ相手を討伐した話は、後世の編纂物におもしろおかしく書かれているが、殺害したことのみは史実として認めてよいと考える。『浦上宇喜多両家記』という軍記物語には、「兄弟親類をもって、縁を結び盟類となる。親族憐れと号して甥・姪・従弟は申すに及ばず、遠き筋目を尋ねて、女子など呼びて養いおきて、或いは人質等に遣わす」と記されている。宇喜多氏の婚姻政策の趣旨を明快に示しており、誠に興味深い。

宇喜多秀家と豪姫

婚姻関係により有力大名と繋がることは、直家の子・秀家の代に至っても続けられた。それは、秀家と羽柴（豊臣）秀吉の養女（前田利家娘）である豪姫《ごうひめ》との婚姻であった。二人の結婚には、秀家が異例とも言える出世を遂げた要因が隠されている。最初に、豪姫についで記すことにしよう。

天正二年（一五七四）、豪姫は前田利家《まえだとしいえ》の四女として誕生した（『前田氏系譜』）。母は、芳春院《ほうしゅんいん》である。秀吉夫妻には子がなかったため、幼少時に養女として送り出された。秀吉夫妻は、男子であっても女子であっても、利家の子をもらうことが決まっていたという（『可観小説《かかんしょうせつ》』）。実際、ついに秀吉夫妻は実子に恵まれなかった。秀頼《ひでより》は、秀吉と淀殿との間に生まれた子供である（実子でないという説もある）。豪姫を養女として迎えた秀吉夫妻は、大変かわいがったと伝わる。

秀吉が豪姫を寵愛していたことは、多くの文書や記録で確認できる。最も有名なのは、文禄二年（一五九三）頃に秀吉が肥前名護屋《なごや》（佐賀県唐津市）の陣中から、妻の北政所に宛てた書状である（「賜蘆文庫文書」）。

その書状には、「豪姫が男であったならば、関白に就任させたい」と記されている。一方の秀家については「八郎（秀家）にかまうことはない」といった表現が確認できる。秀吉が豪姫を溺愛した様子がうかがえるが、秀吉の書状にはときに大袈裟な表現が見受けられるので、これを額面通り受け取るのは注意が必要である。もう一例挙げておくと、文禄四年（一五九五）に豪姫が病に伏した際、秀吉は内侍《ないし》

宇喜多秀家（岡山城蔵）

所《どころ》に神楽を奏請し、その平癒を願っている（『親綱卿記』）。医療が発達していない戦国時代において、神に祈願して病の平癒を祈ることが、ほとんど唯一の手段であった。これらの一連の事実から、秀吉が豪姫を愛していたことが確認できよう。

ところで、秀家と豪姫はいつ結婚したのだろうか。二人の結婚の時期を示す一次史料に恵まれないため、後世の編纂物から推測を試みることにしよう。

天正十年（一五八二）六月、本能寺の変で織田信長が横死すると、宇喜多氏の有力家臣・岡野豊前が明智光秀討伐に強い意欲を示し、秀吉に対してその討伐を進言したという（『関屋政春古兵談』）。岡野豊前とは岡豊前の誤りであり、岡家利《おかいえとし》のことを指すと考えられる。岡豊前は猛将として知られ、あるとき秀吉は豊前に、戦いで負った傷を見せてほしいと懇願した。

岡豊前は顔の傷だけを見せたが、秀吉が背中の傷も見たいとさらに願った。豊前は固辞したが、結局はやむを得ず背中の傷を見せると、秀吉は大いに感嘆したという。そこで、秀吉は秀家に対して、実子同様に育てた豪姫を嫁がせたいと申し出た。豊前が傷を見せたお礼というところであろうか。やや、荒唐無稽な印象を受ける逸話である。天正十年六月の本能寺の変の直後（実際は清須会議を経て落ち着いた時点か）、秀家と豪姫は婚約したということになろう。

秀家が豪姫と結ばれた経緯に関しては、『老人雑話』にも記述が残っている。同史料によると、天正十年の備中高松《びっちゅうたかまつ》城（岡山市北区）の攻防において、岡（野）豊前ら宇喜多勢が秀吉の味方になることにより、秀家が秀吉の養女・豪姫を妻とし、婿となる約束を取りつけたとする。『老人雑話』には一方で、宇喜多氏が備中高松城の戦いで軍功を上げたので、秀吉が秀家を婿に迎えたとも記している。いずれにしても、秀家の家臣・岡氏が婚約に関わっている点が興味深い。ただ、『老人雑話』は史料性に問題があるので、全面的に信が置けない。

天正十年の時点で秀家は、元服を控えた十一歳の子供に過ぎず、まだ「八郎」と名乗っていた。豪姫も七歳の子供である。したがって、この段階で秀家と豪姫の婚約が整ったとしても、結婚にまでは至らなかったと考えられる。この点をもう少し掘り下げて考えてみよう。

天正十二年（一五八四）九月の秀吉書状によると、秀家が豪姫に小袖を贈ったと記されている（「東京大学所蔵文書」）。この贈答は二人の深い関係を意味しているであろうから、豪姫と秀家との婚約は、すでに成立していたと考えてよいであろう。この考えが正しいとするならば、先に触れた通り、天正十年六月頃に二人の婚約が成立したと考えるのも不自然ではない。秀家と豪姫の婚約は、清須会議で織田信長の遺領配分が終わってからのことで、天正十年のうちに済まされたと推測される。

秀家と豪姫の間も非常に仲睦まじく、関ヶ原合戦において豪姫が秀家の勝利を祈願したこと、また秀家が八丈島に流されて以降、前田家に依頼して仕送りをしたのは有名な話である。

秀家の姉と吉川広家との結婚

秀吉が宇喜多氏と強い関係を結んだのは、秀家を婿にしたことだけに止まらない。天正十六年（一五八八）十月、秀吉は秀家の姉を養女に迎え、吉川広家《ひろいえ》に嫁がせている（『萩藩閥閲録』他）。吉川家は毛利氏の支える「両川体制」の家であり、小早川家とともに毛利家中で重きを置かれていた。それゆえ秀吉は、吉川家との繋がりを重視したのである。

広家は元春の三男であったが、父の元春、兄の元長《もとなが》が相次いで亡くなったため、天正十五年に吉川家の家督を継承している。したがって、秀吉が広家に養女を嫁がせたのは、政略結婚として重要な意味を持ったことであろう。天正十年以降、毛利氏は秀吉に従うようになっていたが、依然として脅威であったことに変わりはない。秀吉は秀家の姉を嫁がせることにより、毛利氏との同盟関係の強化を目論んだ。また、備前・美作に本拠を置く秀家にとっても、自身の姉が吉川家に嫁ぐメリットは大きかったに違いない。

吉川家に嫁いだ後の秀家の姉については、いくつかの興味深い史料が残っている。天正十九年（一五九一）三月、秀家は書状を吉川広家に送った（「吉川家文書」）。同年、広家の内儀（妻）つまり秀家の姉は、病に伏していた。そこで、秀家は黒田長政《くろだながまさ》に相談し、医師として名高い曲直瀬道三《まなせどうさん》を姉のもとに派遣しようとし、そのことを伝えたのである。

当時、医師の診療を受けることができたのは、ごく一部の高い身分の者に限られていた。秀家の優しい心遣いは功を奏し、翌月早々には広家の妻が快方に向かっているとの情報を得ている（「吉川家文書」）。秀家とその姉は政略結婚によって離れ離れになってしまったが、お互いの情愛は決して変わることはなかったのである。ただし、第五章で述べる通り、広家の裏切りによって、秀家は関ヶ原合戦で無残な敗北を遂げることになった。政略結婚とはいえ、すべてがうまくいくとは限らないのである。

2　毛利氏の婚姻戦略

毛利氏の発展過程と婚姻

婚姻によって、周辺の中小領主と関係を結んだのは、宇喜多氏だけではない。安芸国を拠点として、のちに中国に覇を唱えた毛利氏も同じであった。大永三年（一五二三）、毛利氏中興の祖である元就は、晴れて毛利家の当主となった。しかし、毛利氏が本拠を置いた安芸国吉田郡山城（広島県安芸高田市）周辺には、有力な領主が数多く存在していた。それだけではなく、国外にも強大な勢力が存在していた。出雲国尼子氏、因幡・伯耆の両国を支配下に置いた山名氏、周防・長門の両国を治めた大内氏はその代表である。元就が家督を継承した段階では、まだ毛利氏は安芸国の一国人に過ぎなかった。この状況下で、元就が積極的に取り組んだのは、婚姻関係による周辺諸勢力との同盟関係の構築であった。

安芸国には、毛利氏と同規模あるいはもう少し大きな勢力の国人も存在したため、毛利氏は彼らと同盟関係を結ぶことにより、勢力基盤を確立していた。

天文十九年（一五五〇）に元就は、命令に従わずまた横暴が目立つようになった井上一族を討伐している。その直後、元就は家臣に起請文を提出させ、毛利氏の命令に忠実に従うよう誓約させた。以後、毛利氏は家臣団や奉行人を編成し、強固な支配体制を築くようになったのである。家臣は毛利氏の軍事動員に応じ、裁判や行政的な側面にも従わざるを得なくなった。それゆえ、家臣筋に当たる領主との関係も非常に重要であった。毛利氏が宍戸氏などに娘を送り込み、姻戚関係を結んで同盟関係を結んだのはその一例である。

国外の勢力にあっては、さらにシビアな状況に置かれていた。当初、毛利氏は尼子氏と関係を結ぶが、後に袂を分かち、周防国大内氏の配下となって尼子氏に対抗するなど、周囲の情勢に配慮しなければならなかった。つまり、毛利氏単独の勢力では生きながらえるのが困難であるため、どうしても大勢力の傘下に入る必要があったのである。

同時に、さらに家の規模を拡大するため、吉川家、小早川家の有力国衆に息子（元春・隆景）を送り込んでいる。事実上の家の乗っ取りと言えるであろう。のちに吉川家と小早川家は「両川体制」を担うことになり、主家の毛利家を支え続けた。詳細は後述するが、毛利家の積極的な婚姻政策は功を奏し、ますますの発展を遂げることになる。もちろん、毛利氏の成功のすべてが婚姻関係に集約されるものでもないが、毛利家が権力を拡大するうえで、多分に影響を及ぼしたことは事実である。以下、毛利氏の婚姻政策について述べることにしよう。

毛利氏と宍戸氏との婚姻関係

最初に確認するのは、毛利氏と家臣との婚姻による関係の強化である。このことについては、毛利氏の有力家臣の一人、宍戸氏の事例を取り上げることにしよう。

戦国期において、宍戸元源《もとよし》が当主として活躍し、毛利氏とたびたび抗争を繰り広げていたことが確認できる（『萩藩閥閲録』）。元源は娘を同じ安芸の国人・吉川興経に嫁がせ、婚姻を通じて周辺国人との関係を保った。やがて、元就と元源は和睦を締結することになった。その背景には、元就が尼子氏との関係を絶ち、宍戸氏らと和睦することにより対抗しようとしていたことがあった（『新裁軍記《しんさいぐんき》』など）。和睦には、元就の父である弘元《ひろもと》の遺言も大きく影響している（「毛利家文書」）。その遺言とは、宍戸氏と友好関係を築くことを薦めるものであった。尼子氏のような大勢力に対抗するには、中小領主が協力して結集し、軍事的に対抗する必要があったのである。

和睦を結ぶにあたっては、元源の息子・隆家《たかいえ》と元就の娘（のちの五龍局《ごりゅうのつぼね》）との婚儀が取り結ばれた。婚姻が同盟の証となったのである。婚姻の時期については、確実な史料による確認が困難であるが、今のところ天文三年（一五三四）あるいは四年頃とされている。この和睦によって、両者の長年にわたる敵対関係は、ようやく解消されたのである。両者の和睦の締結は、功を奏したといえる。天文九年（一五四〇）、毛利氏は尼子氏から攻撃を受けたが（吉田郡山城の戦い）、毛利氏は宍戸元源らの助力を得て、撃退に成功している（「毛利家文書」）。このとき発給された元就の書状には、毛利氏と宍戸氏は「水魚之思」と称されている。両者の結び付きは、たいへん強固なものになっていた。

毛利氏と宍戸氏の婚姻による関係は、末永く続くことになった。毛利隆元の息子である輝元の妻には、宍戸隆家の娘（のちの南の方）が迎えられた。当時幸鶴丸と称していた輝元が隆家の娘と結婚したのは、永禄六年（一五六三）のことで（「毛利家文書」）、輝元が十一歳のときであった。同じ年に父の隆元が急死したため、輝元は当主の座に就き、実質的には元就が後見人として実際の政務にあたった。宍戸氏は、毛利氏の協力者として欠かすことができなかった。毛利氏サイドでは、宍戸氏の重要性と宍戸氏との関係の強化が、いっそう強く認識されていたと考えられる。

元就は、隆元・隆景・元春へ書き残した教訓状の中で、宍戸氏を粗略に扱わないように注意を促しており、良好な関係を保つように念を押した。やがて、関ヶ原合戦を経て江戸時代になり、長州藩が成立すると、宍戸家は毛利氏の一門六家の筆頭に位置づけられた。こうした事実からも、引き続き宍戸氏が毛利氏に重用されていた事実がうかがえる。

元就の正室と側室

毛利家中興の祖・元就の妻はいかなる人物だったのだろうか。明応六年（一四九七）、元就は毛利弘元の次男として誕生した。元就は幼くして両親を亡くし、また父の没後には兄・興元も夭折したため、家督を継承した興元の息子で甥の幸松丸の後見人として支援するに過ぎなかった。元就が毛利氏の家督を継ぐのは、大永三年（一五二三）に幸松丸が亡くなってからである。その元就が安芸国内で権力形成を成し遂げるために苦心惨憺したことは、すでに述べた通りである。では、その妻はいかにして迎えたのであろうか。

元就の妻は、同じ安芸国内の有力な国人の一人・吉川国経《くにつね》（一四四三～一五三一）の娘であった。国経の父は、「鬼吉川」として恐れられた経基《つねもと》である。経基は和歌などの文芸にも親しんでおり、教養豊かな人物であった。実のところ、国経の娘の実名ははっきりとしておらず、一般的に法名の「妙玖《みょうきゅう》」で呼ばれている。国経には、元経《もとつね》という嫡男が存在した。元経の妻は、毛利弘元の娘、つまり元就の妹であったことが分かっている。吉川氏と毛利氏は、婚姻によって二重三重に同盟関係を保持していたことが分かる。

元就と妙玖が結婚した時期は、今のところ判明していない。大永三年に元就の長男・隆元が誕生しているので、それ以前の遠くない時期であるのは明らかである（大永二年頃か）。おおむね、元就が二十代前半の頃と推定される。妙玖は明応八年（一四九九）に誕生し、天文十四年（一五四六）に亡くなっている。妙玖の事績に関しては、自身の書状なども残っておらず、関連史料から探るより手段がない。いずれにしても、隆元・元春・隆景という三人の子息を産み育てたことは、末長く毛利氏が続く大きな要因となった。元就が妙玖に深い愛情を寄せていたことは、妙玖の没後に書き残された元就の書状からもうかがえる。

それらの書状から、元就は亡き妻・妙玖をかなり頼りにしていたことが読みとれる。後述する教訓状や隆元に宛てた書状には、「妙玖がいれば、このようなことは自分（元就）が言うこともないのに」と記されている。また、元就は書状で、妙玖が恋しい余りに、その心情を何度も吐露している。二人の間には、深い愛情があったのは疑いない。書状を数多く残した元就だからこそ判明した事実である。

弘治三年（一五五七）、元就が隆元・元春・隆景の三人の子息に宛てた教訓状には、母・妙玖の供養を怠ることがないようにと書き残している（『毛利家文書』）。以降も元就は、息子に宛てた書状で、妙玖の供養についてたびたび触れている。三人の息子は元就の教えを守り、妙玖の供養を怠ることなく務めていたことが確認できる（『佛通禅寺住持記』他）。以上のように、元就と妙玖はそもそも政略結婚で結ばれた間柄であったが、その愛情は深いものであり、それは現代にも通じるものがある。

元就は吉川氏に限らず、周辺国人との婚姻関係も積極的に築いている。正室の妙玖については述べたとおりであるが、側室はどうなっていたのだろうか。現在のところ、元就には三人の側室が存在したことが分かっている。(1)乃美氏の娘（乃美大方）、(2)三吉《みよし》氏の娘（中の丸）、(3)小幡《おばた》氏の娘（実名・通称など不詳）の三人である。

乃美氏は沼田小早川氏の一族であり、安芸国乃美郷（広島県東広島市）を本拠とした有力な存在であった。水軍を率いたことで有名である。三吉氏は、戦国期に備後国三吉（広島県三次市）に勢力基盤を置いた国人である。小幡氏も、安芸国石道（広島市佐伯区）に本拠を置く有力な存在であった。毛利氏は宍戸氏だけに止まらず、有力な周辺の領主と重層的に婚姻関係を結ぶことにより、その勢力基盤を安定させたといえよう。

かつての毛利氏は、安芸国の中小領主に過ぎなかったが、大内氏・尼子氏らの大勢力に対抗するため、周辺の中小領主層と婚姻関係を結んだといってもよい。また、元就は自身が妻を迎えるだけに止まらず、積極的に息子を周辺国人の養子として送り込むことによって、さらに勢力拡大を目論んだ。次に、その点を確認することにしよう。

毛利氏と小早川氏

婚姻とはやや異なるが、毛利氏が安芸国の名族である吉川氏・小早川氏に実子を送り込み、「両川体制」を確立したことは周知の事実である。この辺りの経緯についても述べておくことにしよう。

吉川氏の概要については先述の通りなので、次に小早川氏について触れることにしよう。小早川氏は相模国の名族・土肥氏をその祖とし、「小早川」という名字は、土肥氏の所領である相模国早川荘（神奈川県小田原市）にちなんでいる。鎌倉末期から南北朝にかけて、小早川氏は安芸国沼田《ぬた》本荘（広島県三原市）を本拠とする沼田小早川氏と、同国都宇《つう》荘・竹原荘（広島県竹原市）を本拠とする竹原小早川氏の二つに分かれて発展した。沼田小早川氏が本家であり、海賊衆を組織するとともに、流通などを通して経済基盤を確立したことが知られている。

室町・戦国時代に至ると、両小早川家とも歴代当主が若くして没するなど、著しく弱体化が進んだ。沼田小早川氏は大内氏や尼子氏の傘下に入るが、十六世紀半ばになると、大内氏の圧力によって、事実上滅亡に近い大打撃を受けることになった。このように両小早川氏が危機に瀕したところで、毛利氏が登場する。以下、毛利氏が両小早川家とどう関わったのかを確認しよう。

大永六年（一五二六）、沼田小早川家の小早川正平《まさひら》は、父興平《おきひら》の死去により家督を継承した。まだわずか四歳であった。当初、沼田小早川家は大内氏に属していたが、天文八年（一五三九）に出雲国を中心に勢いを誇っていた尼子氏に接近しようとした。尼子氏の威勢は出雲国に止まらず、周辺諸国に及ぼうとしていた。ところが、不幸なことに正平の考えは義隆に知れ渡り、すぐさまその居城・高山《たかやま》城（広島県三原市）は大内軍に占拠されてしまう。それどころか、天文十一年（一五四二）に大内氏が尼子氏を攻撃した際（第一次月山富田城の戦い）、尼子氏に与した正平は、従軍し敗北を喫している。翌年の全軍撤退時に正平は討ち死にし、沼田小早川家は大きな危機を迎える。

正平の没後、家督を継承したのは子息の繁平《しげひら》であったが、繁平には盲目という大きなハンデがあった。戦国の世にあって、繁平のハンデは致命的なことであり、沼田小早川家の運命を左右することになる。軍記物語ではあるが『新裁軍記』には、「天文十二年（一五四三）に正平が亡くなり、その子又鶴丸（繁平）が家督を継承したのですが、眼病で盲目となったので、家督を全うすることができません。そこで、家督を（小早川）隆景に譲り、繁平の妹を妻として沼田小早川家を継ぐことにしました（現代語訳）」と記されている。その時期は、繁平がまだ九歳の天文十九年（一五五〇）と考えられている。

一方で繁平には、尼子氏と内通していた疑いがかけられたという。隆景が沼田小早川家の家督を継承することについては、同じ小早川家の一族・椋梨盛平《むくなしもりひら》が反対したが、結局は受け入れられなかった（『萩藩閥閲録』）。この策謀には大内義隆と毛利元就が関与しており、隆景に単に家督を継承させるだけでなく、繁平の妹を妻に迎えている点が非常に重要であった。隆景の妻は、のちに住んだ吉敷《よしき》郡問田《といだ》

（山口市）にちなんで「問田大方」と呼ばれた。二人の関係は、きわめて良好であったといわれている。二人の間に実子はなかったが、隆景は最後まで側室を置かなかった。

毛利氏と吉川氏

吉川元春の場合は直接には婚姻を伴っていないが、結果的には父・元就の妻妙玖（吉川国経娘）との関係が大きく作用していると言ってもよい。安芸国の名族である吉川氏もまた、中国地方における大内・尼子両氏の間で翻弄される存在であった。天文年間に当主の座に就いた吉川興経は、大内・尼子両氏の間で絶えず鞍替えを繰り返していた。中小領主の宿命といえるかもしれないが、こうした動きが吉川家の家中に動揺をもたらしたのかもしれない。

天文十六年（一五四七）、突如として興経は、当主の座を追われることとなった。興経の配下にあった叔父の吉川経世《つねよ》は、毛利氏の家臣に対して、元就の息子・元春の入城が本望であること、そして興経が隠居する件について書き送った（「吉川家文書」）。自ら起請文を認めた興経は、⑴興経が毛利氏の領内に住むこと、⑵興経が毛利氏に対して異心がないこと、を誓約しているのである。家中の支持を得られなくなった興経の運命は、もはや風前の灯であったが、辛うじていうならば、興経の実子・千法師《せんほうし》の安全を求めているのが唯一の救いであった。

毛利氏による一連の吉川家の乗っ取り劇は、間接的には元就の婚姻関係が絡んでいるといえるかもしれない。すでに述べたように、元就の妻・妙玖は吉川国経の娘であり、興経から見れば、妙玖は伯母に当たる。こうした血縁関係が興経に油断を与え、元春の吉川家入嗣の要因となったと考えられる。

その後の興経は、悲惨な運命を辿ることになった。天文十九年（一五五〇）九月、興経は毛利氏に起請文を提出し忠誠を誓ったのであるが、元就は家臣の熊谷信直《のぶなお》・天野隆重《たかしげ》に命じて、興経とその息子・

千法師ともども謀殺している（『新裁軍記』など）。当初の約束は反故にされたのである。実のところ、熊谷信直の娘は、吉川元春の妻であった。信直としては、婿である元春ののちの憂いを断つためにも、必ずしも躊躇しなかったと考えられる。このように、吉川家に入嗣した元春のケースは、間接的に政略結婚の影響を受けた事例であろう。

大内氏と毛利氏との婚姻関係

毛利氏が重要視した存在としては、周防国の戦国大名・大内氏がいる。大内氏は十六世紀以降、尼子氏とともに中国地方で強大な勢力となっていた。毛利氏は、大内氏のような西国有数の大名を無視できるわけがなかった。天文六年（一五三七）十二月、元就の長男・隆元は、毛利・大内両氏の同盟の証として、義隆のもとに人質として送りこまれた。大内家にあった隆元は、その本拠である山口で元服を行うと、義隆の「隆」の字を拝領し、隆元と名乗ったのである（「毛利家文書」）。隆元は大永三年（一五二三）の生まれなので、元服は十五歳であった。

天文十八年（一五四九）、二十七歳になった隆元は、妻を迎えることになった。当時としては、かなり遅い結婚で、相手は大内義隆の養女（長門国守護代・内藤興盛の娘）であった。義隆には娘がいなかったので、わざわざ興盛の娘を養女としたうえで、隆元と結婚させたのである。養女とはいえ、大内氏の重臣の娘であるから、義隆が少なからず毛利氏を評価していた様子が感じられる。内藤氏は、当時の毛利氏と比較するとはるかに格上の存在であり、重んぜられたことはいうまでもない。

隆元の妻は、「尾崎局《おざきのつぼね》」と称されていた。それは、毛利氏の居城・吉田郡山城の尾崎の郭《くるわ》に夫と住んでいたからである。尾崎局は毛利氏にとって、大内氏との関係を取り結ぶうえで、すっかり欠かすことができない存在となった。それらの事例については、「毛利家文書」などで確認することにしよう。

天文十九年（一五五〇）に元就は、命令に従わず、不遜な態度を取り続けた井上一族を討伐した。このときに重要であったのは、御屋形様（＝大内義隆）の「御扶助」があったことである。まだこの段階において、元就の権力は十分に成熟しておらず、国内の反乱分子を討伐するには、大内氏の支援を必要としたのである（「毛利家文書」）。

さらに注目すべきは、元就による井上衆の罪状書を見ると、史料の端裏書に尾崎局の名前が記されていることで、史料の結びの部分には、義隆の重臣・内藤興盛への口添えを依頼する文言がある。元就は隆元の妻・尾崎局を通して、興盛そして義隆への仲介を行ったのである。大内氏の支援がなければ、井上一族を討つことができなかったかもしれない。元就がどれほど尾崎局を頼りにしていたのかは、別の事例からもうかがえる。

元就は自身の書状で、隆元が義隆の娘を娶ったことを「大変なことである」と記し、隆元を「うつけ者」としたうえで、隆元に対しては「遠慮も思案」も入らないとまで明言している。何より義隆の出陣命令に際して、それにふさわしい軍勢を動員しなくてはならず、元就は義隆からどのように思われるかを心配していた（「毛利家文書」）。もちろん義隆からすれば、毛利氏を貴重な同盟者として見ているがゆえに、婚姻関係を通した同盟を結んだのであろう。この時点の元就は、少なからず大内氏に対して遠慮する気持ちがあったようである。

尾崎局は、大内氏という名門にふさわしく、たいへん気が利く女性だったようである。隆元の弟・吉川元春が九州に出陣した際には、その労をねぎらうなど、一族への配慮も怠らなかった（「吉川家文書」）。また、わが子・輝元への教育にも熱心であった様子がうかがえる（「毛利家文書」）。尾崎局は外交面で活躍したに止まらず、一族の紐帯を強める場面でも能力を発揮したのである。この間、尾崎局は夫の隆元との間に、輝元と津和野局（のちに吉見広頼《ひろより》室）をもうけた。隆元は側室を持たなかったといわれており、この二人しか子はいなかった。

永禄六年（一五六三）に隆元が急死すると、元就が後見人となって輝元が家督を継承した。しかし、輝元を支えた元就も、元亀二年（一五七一）に亡くなった。元就が亡くなった後、尾崎局は隆元の二人の弟である小早川隆景と吉川元春に対して、輝元への援助を依頼している（「毛利家文書」）。これが毛利氏の「両川体制」であり、尾崎局が毛利家発展に尽力した様子がうかがえよう。尾崎局が亡くなったのは、元就が亡くなった翌年の元亀三年のことであった。

このように見ると、かつて一国人領主に過ぎなかった毛利氏発展の陰には、尾崎局の存在があったといっても過言ではない。隆元は自他ともに認めるほど、才覚（＝能力）のない人間であったと伝わっている。その夫を支える妻として、尾崎局は適任だったのである。

3　尼子氏の婚姻戦略

出雲尼子氏と婚姻

中国地方において、毛利氏と並び称されたのが、出雲国尼子氏である。経久・晴久の代に至って、積極的に領国拡大路線を推進した尼子氏であったが、その手法は単に戦いだけに止まらなかった。婚姻を通じた同盟関係の構築も、積極的に推し進めるところとなった。次に、その状況を確認することにしよう。

尼子氏中興の祖・清定の妻は、出雲国の有力国人の一人でもある、馬来《まき》上野介朝親の娘であったという。馬来氏の本拠である出雲国馬来郷（島根県奥出雲町）は、同じく出雲国の有力国人である三沢氏の勢力圏に隣接していた。したがって、清定は、三沢氏を牽制するために馬来氏と婚姻関係を結んだと指摘されている。清定の子である経久の妻は、吉川経基の娘であった。すでに触れた通り、経基は猛将として知られ、応仁・文明の乱では東軍の細川勝元方で活躍した。経基の所領である安芸国山県郡大朝《おおあさ》（広島県北広島町）は石見国に接しており、尼子氏にとっても無視できない存在であった。それゆえに、婚姻関係を結び、同盟関係を築いたと考えられる。

経久の長男・政久の妻は、山名兵庫頭の娘であるといわれている。山名兵庫頭の実名は不明であるが、山名氏は但馬・因幡・伯耆の守護として、山陰方面で勢力を誇っていた。とりわけ伯耆国は、出雲国と境を接しており、友好な関係を築くことが肝要であった。同じ山陰地域にあって、両者は同盟関係を築く必要性があったのであろう。経久の次男・国久の妻は、多胡忠重の娘であるといわれている。多胡氏は、もともと京極氏の被官人であったが、尼子氏が出雲国で台頭すると、その配下に収まった。永正五年（一五〇八）に出雲大社（島根県出雲市）が造営されると、忠重は普請奉行を担当したほどである。多胡氏は、尼子氏にとって重要な被官人の一人であったといえよう。

たいへん興味深いことに、政久の子息・晴久は、経久の次男・国久の娘を妻として迎えている。いうなれば同族間で婚姻関係を結んだことになるが、国久は尼子氏の一族とはいえ、家臣筋に当たるのは事実である。婚姻の目的は、同族間の紐帯を強める目的もあったが、むしろこれまでの例のように、家臣との連帯を深める意味合いが強かったのかもしれない。

ここまで尼子氏の男系の婚姻関係を概観してきたが、一方で尼子氏の女性たちは、どのような形で婚姻関係を結んだのであろうか。政久の娘は、出雲国の有力国人・松田誠保の妻となった。松田氏は白鹿城主（島根県松江市）として知られ、かつて尼子氏に叛旗を翻したこともあった。しかし、その後は尼子氏に仕え、有力な家臣として活躍している。経久の娘は、出雲国の有力国人・宍道《しんじ》久慶《ひさよし》の妻に迎えられた。久慶は永正年間に鳶ケ巣《とびがす》城（島根県出雲市）を築き、本拠に定めた。ユニークなところでは、国久の娘が美作国の有力国人・大河原孫三郎の妻になったことである。そもそも大河原氏は、播磨に西遷した御家人・中村氏の支族であるといわれている。

天文年間、尼子氏は備前・美作・播磨に侵攻していた。尼子氏は侵攻した地域においても、有力者と婚姻関係を結ぶことにより、その基盤を確かなものにしようと考えたのであろう。大河原氏の本拠は葛《くず》下《か》城（岡山県津山市）といい、美作攻略の要衝の地にあった。大河原氏は、尼子氏に従っていたことを確認できる（『証如上人日記』）。

いずれも女性の実名などは不明であるが、尼子氏が有力者層に娘を嫁がせたことが注目される。以上の通り、尼子氏は国内外の諸勢力と積極的に婚姻関係を取り結び、同盟関係を構築していた。ただし、系図上のみで、実際の史料で確認できないケースも少なからずある。その中でも特筆すべきが、神社関係者との婚姻関係である。その点について、次に触れることにしよう。

尼子氏と神社関係者との婚姻

尼子氏が神社関係者と婚姻関係を結んだという事実は、意外と知られていないのかもしれない。出雲国において最も有名な神社は杵築《きづき》大社（以下、「出雲大社」で統一）であろう。祭神は「因幡の白兎」の伝承で知られる、素戔嗚尊《すさのおのみこと》の子の大国主大神《おおくにぬしのおおかみ》である。出雲大社は出雲国一宮でもあり、古代以来、広く崇敬の念を集めていた。現在においても縁結びの神様として崇められ、参拝者があとを絶たない。

出雲大社の祭祀は、国造家《こくそうけ》が代々執り行った。その任免は朝廷が行い、非常に格式の高いものであった。国造家は出雲国造家と称されていたが、おおむね南北朝頃には、千家《せんげ》国造家と北島《きたじま》国造家に分かれて神事に携わっていた。現在は、千家国造家が神事に従事している。鎌倉時代以後、出雲大社は神仏習合の影響もあって、天台宗寺院の鰐淵寺（島根県出雲市）との関係が深まることになった。出雲大社と鰐淵寺は、出雲国の宗教史を語るうえで欠かすことのできない存在である。

鎌倉幕府が成立して以降、武家は出雲大社に対し、崇敬の念を持ち続けた。鎌倉幕府の初代将軍・源頼朝は、出雲大社に剣を奉納しているが、それはほんの一例に過ぎない。室町時代以降は、京極氏、尼子氏そして毛利氏と支配者が変わっても、引き続き出雲大社の庇護された。

尼子氏の例で言えば、永正五年（一五〇八）に経久が願主を務め、出雲大社の造営を行っている。翌年、経久は配下の者を造営奉行に任命すると、約九年もの歳月をかけて遷宮を行った。このとき完成した拝殿は、寺僧修法のために造営されたといわれており、天台宗の護摩堂の形式を採用している。この事実は、経久が出雲大社の神仏習合化を推し進め、支配イデオロギーにしようとしたと評価されている。

尼子氏と千家国造家・北島国造家が婚姻関係を結ぶのは、経久の代からであった。経久は、娘をそれぞれ両家に嫁がせていた。このうち、千家国造家に関しては、系図のみで史料的な裏付けが取れないものの、ほぼ確かであると考えられている。北島国造家に関しては、関連する史料もあり、北島雅孝の妻が「いとう」という名であったことが判明している。ただ残念なことに、「いとう」がいつ誕生し、いつ没したのかは不明で、北島雅孝と「いとう」の二人が、いつ結婚したのかも分からない。雅孝は永正十七年（一五二〇）の時点で、四十九歳であった（「千家家文書」）。もし仮に、雅孝が二十歳で結婚したとすると、明応元年（一四九二）のこととなる。二人の結婚した時期は、おおむねその前後の時期に想定してよいと考えられる。

両者の婚姻関係の意味

二人の婚姻からは何が読み取れるのであろうか。ここでは、問題を二つに絞って述べることにしよう。まず第一点目に、永正十八年（一五二一）の北島雅孝の書状によると、北島氏一族の地位や権益は、妻「いとう」の力により左右されていたことが分かる（「秋上家文書」）。つまり、尼子氏の権力が、「いとう」を介して北島氏内部に深く浸透していたのである。前近代の女性は、弱々しい存在であったイメージが強い。しかし、この例を見る限りにおいては、「いとう」が父・経久の権力を背景にして、北島国造家内部で大きな発言権を有していたことが明らかである。それは、北島家の当主をしのぐものがあった。

第二点目に、大永四年（一五二四）三月五日、北島雅孝は国造職を含めた所領などについて、すべてを「いとう」に譲っている（「出雲国造家文書」）。雅孝が亡くなるのは、この二十五年後のことであるので、生前贈与的な要素が濃いものである。この譲状の作成には、いかなる背景があったのであろうか。この譲状を見る限りでは、二人の間に子がなかったため、「いとう」が「親子の契約」をして、その者（しかるべき男子）に譲ればよいと記されている。そして、譲状には、「この旨存知いたし候（了解しました）」という文言とともに、経久と詮久の花押が据えられている。尼子氏も譲状の内容を承認しており、何らかの形で介入したと推測される。

当時、女性に財産権が認められていたことは、よく知られている。しかし、わざわざ「親子の契約」をしたと書かれたところを見ると、神事を執り行う後継者は、女性ではいけなかったのであろう。雅孝は天文十八年（一五四九）に没するが、その後継者となったのは、伯父である良孝の孫秀孝であった（『出雲国造世系譜』）。ただ残念なことに、その辺りの経緯は、詳しいことが分かっていない。

北島国造家の家督継承権は、譲状に経久と詮久の花押が据えられていることから判断すると、尼子氏に掌握されていた可能性が非常に高い。それゆえ、雅孝が譲状を認めても、尼子氏の承認がなければ効力を発揮しなかったことになろう。つまり、北島国造家で勝手に家督継承者を決定できず、尼子氏に許可を求めたということである。では、なぜ北島家は、尼子氏の介入を許すという事態に陥ったのか。まず考えられるのは、永正五年（一五〇八）から出雲大社の遷宮が行われた際、最も貢献したのが尼子経久だったことである（「千家家文書」）。経久は、造営奉行として家臣の亀井《かめい》・多胡両氏を任命すると、およそ十三年余りの年月をかけて遷宮を執り行った。

戦国期の北島国造家は、当時の史料に「御無力」と記されているように、とりわけ経済的な面で十分な資力を保持していなかった。尼子氏が段銭（守護などが社寺造営などの費用にあてるために徴収した税金の一種）を賦課することにより、造営費用が賄われたのである。したがって、尼子氏の存在なくして、出雲大社の遷宮という大事業は成し遂げられなかったといえよう。北島国造家は物心の両面にわたって、尼子氏を頼らねばならなかった。

そのような事情を考えると、尼子氏と北島国造家は決して対等な関係といえなかったのかもしれない。そもそも北島雅孝と経久の娘「いとう」との婚姻は、経済的な困窮などを理由として、北島国造家が望んだと推測される。北島雅孝の地位や権限は、必然的に経久の娘「いとう」すなわち尼子氏の意向に左右され、その地位や財産の譲り先についても勝手に決められなかったのである。

尼子氏と寺社政策の関わり

尼子氏が北島国造家との婚姻を望んだのは、寺社の重要性を十分に認識していたからであった。それは尼子氏に限らず、当時の戦国大名たちは同じ思いを抱いていたはずである。そのことから、戦国大名たちは寺社支配に腐心した。では、尼子氏がそこまでこだわった宗教政策とは、いったいどのようなものだったのかを考えることにしよう。

室町期において、尼子氏の主家にあたる出雲国守護・京極氏は在京義務が課されたため京都にあった。それゆえ京極氏権力は、出雲国で十分に浸透しなかった。そのような事情から、北島・千家の両国造家は、徐々に自立性を高めていった。たとえば、両国造家は出雲国の有力な国人の塩冶氏や古志氏と連携を強めるなど、守護である京極氏と距離を置き、独自性を色濃く打ち出した。戦国大名は寺社に対する崇敬の念を抱き、支援を惜しまなかったが、あまり寺社が強い力を持ち出すと、それはまったく別の問題である。

戦国期に至って京極氏が衰退すると、その跡を継承して、守護代の地位にあった尼子氏が事実上の出雲国の支配者となった。尼子氏は出雲大社を支配下に置くため、積極的に策を講じている。その内容とは、(1)三月会という宗教行事の復活、(2)祭礼行事や造営・修理のための段銭の徴収、(3)両国造家・一族・親類そして、その被官人の掌握、(4)密教寺院を交えた一万部法華経読誦会の執行、の四点に集約されよう。

(1)(2)については、いうまでもなく通常の戦国大名も行っていることである。積極的に寺社の造営や宗教行事に関わることによって、人心収攬を図ろうとしたのである。(3)は、これまで取り上げてきた尼子氏の婚姻政策も含まれる。つまり、婚姻を通して出雲大社の内部組織に踏み込み、統制を目論んだのである。(4)は尼子氏独自の政策であり、出雲大社を含めた祭祀機関の再編成を企図したものと考えてよいであろう。

その理由は、単に宗教政策だけではなく、他の点にも求められるであろう。十六世紀半ば頃、出雲大社の門前町杵築は、海外から輸入される多くの物資によって活況を呈しつつあったことが指摘されている。尼子氏は、出雲大社を支配下に組み入れることによって、都市支配や流通支配にも積極的に関与しようとしたのである。このように考えるならば、寺社やそこに広がる都市、そして流通は、尼子氏にとって重要な意味を持ったことはいうまでもない。尼子氏の婚姻政策は、その手段の一つとして活用されたのである。

一般的に、戦国大名の婚姻といえば、戦国大名や家臣との間で行われ、同盟関係構築という目的があった。しかし、この事例に見られるように、宗教勢力（の人々）との婚姻についても、領国支配を進めるうえで大きな意義を有したことを確認できる。この点において、尼子氏の婚姻の事例は特筆すべきものがある。

出雲阿国の登場

中国地方で活躍した女性は、何も戦国大名の関係者に限らない。なかでも日本芸能史の中で注目すべき女性として、出雲《いずもの》阿国《おくに》なる人物が存在する。出雲阿国の出自は、神秘のベールに包まれている。一説によると、出雲大社で鍛冶職人を務めた中村三右衛門の娘であり、阿国自身は出雲大社の巫女であったという。また別の説では、京都の京北出雲路河原（京都市北区）の時宗《じしゅう》・鉦打聖《かねうちひじり》の娘といわれ、あるいは奈良近郊の散所の歩き巫女であるとも指摘されている。いずれの説も確証を得がたいが、阿国が漂流する芸能民であったことは間違いないであろう。

天正十年（一五八二）に奈良の春日社若宮殿で、「国」という人物が「ややこ踊り」を踊ったとの記録が残されている（『多聞院日記』）。「ややこ踊り」とは、幼い少女が二人で演じる踊りで、その幼さから「ややこ（＝赤ん坊）」と称された。前年の天正九年、御所で「ややこ踊り」が演じられたとの記録がある（『御湯殿上日記《おゆどののうえのにっき》』）。また、その六年後には、京都で出雲大社の巫女が勧進のために唄い踊ったという（『言経卿記』）。いずれも阿国であると主張する向きもあるが、異論もあり、たしかなことは分かっていない。

出雲阿国
「阿国歌舞伎図屛風」（京都国立博物館蔵）部分

慶長五年（一六〇〇）七月、京都で「クニ」と「菊」という人物が「ややこ踊り」を踊ったとの記録があり（『時慶卿記《ときよしきょうき》』）、この頃から阿国が京都で活動したと指摘されている。阿国の本拠は、北野天満宮境内（京都市北区）や五条河原（京都市下京区）であった。しかし、当時演じられていた「ややこ踊り」や「念仏踊り」は地味な踊りであり、まだ表舞台への道は遠かったようである。「念仏踊り」とは、太鼓や鉦などを打ち鳴らし、節をつけて念仏や和讃を唱えながら踊るものである。『時慶卿記』などには、この頃から阿国の存在を示す記録が出てくるので、実在したのはほぼ間違いないであろう。

三年後の慶長八年（一六〇三）、阿国は「歌舞伎踊り」で熱烈な人気を得ることになった（『当代記』）。「歌舞伎踊り」では、阿国が脇差しを帯び、華麗な男装姿で登場した。男の座員には、女装をさせたという。男装の麗人となった阿国は、茶屋の女のもとに通うさまの「茶屋あそびの踊り」を披露し、熱狂的なファンを獲得した。阿国の「歌舞伎踊り」などは、これまでの「ややこ踊り」や「念仏踊り」と一線を画するものであった。一説によると、この「歌舞伎踊り」は、夫である狂言師・名古屋山三郎《なごやさんさぶろう》が指導したといわれているが、現在では疑問視されている。

慶長十二年（一六〇七）、阿国は江戸城で興行を行い、大成功を収めたという。この間、佐渡島に渡って興行を行うなど、活発な芸能活動を行った。その五年後に御所で「歌舞伎踊り」を披露したといわれているが、その後は史料から姿を消してしまう。したがって、阿国の晩年についてはほとんど分かっていない。おそらく、慶長十八年頃には亡くなったのであろうと考えられる。故郷出雲国で、智月尼と称したとも伝わる。没年については諸説あり、慶長十八年を筆頭に、正保元年（一六四四）説や万治元年（一六五八）説がある。阿国の墓は出雲大社の近くにあるが、京都の大徳寺高桐院（京都市北区）にも残されている。

阿国の死後、「歌舞伎踊り」の成功に便乗する芸能団体も現れ、なかには自ら「阿国」と名乗る女性も出たほどであった。阿国の人気にあやかったことは、もはや言うまでもないであろう。この事例を示すまでもなく、阿国の「歌舞伎踊り」のすばらしさは広く世間に認知され、その輝きは失われなかったのである。

第四章　織田信長の中国計略

1　浦上氏と宇喜多氏の対決

永禄末年から天正初年における中国方面の情勢

宇喜多直家と浦上宗景は、離反と和解を繰り返しながら、備前・美作で勢力基盤を築いていた。尼子氏や毛利氏という強力な大名権力が存在したので、ときには友好的な関係を築き、ときには仲違いして生き残りを図っていた。永禄十二年（一五六九）、直家と宗景は和解した。ほぼ同じ時期に、直家の配下の者が毛利氏の在番する美作国高田城（岡山県真庭市）を攻撃しているので、浦上氏と宇喜多氏がこの頃に和睦を結んでいたのはたしかである。

宗景や直家にとってもう一つの問題は、信長との関係である。宗景は堺の商人・今井宗久《いまいそうきゅう》を通して、義昭・信長への帰順を求められていた（『今井宗久書札留』）。まず、直家がどのような態度を取ったのかを確認しておこう。永禄十三年（一五七〇）三月、各地の大名は信長への面会と礼を行うため、こぞって上洛した（『言継卿記』）。直前の信長の上洛に際して、近隣諸国の大名に上洛を促したことに応じたものであった（『二条宴乗記』）。その面々には「備州宇喜多」つまり直家の名前がある。彼らは、信長への服属と忠誠を誓うことになる。

　直家は上洛したものの、後に謀略家と知られるごとく、その態度は必ずしも一貫したものではなかった。その点は、宗景もまったく同じである。同年三月、信長は毛利元就の求めに応じて、播磨・備前へ軍勢を派遣するように約束している（「小早川家文書」）。毛利氏が浦上・宇喜多の両氏に手をこまねいている様子が分かる。事実、彼らの動きは活発であった。たとえば、元亀元年八月、備前の軍勢は、毛利氏の配下に収まっていた備中国幸山城《こうざん》（岡山県総社市）へ侵攻した。毛利氏は応戦すべく、備後・備中の軍勢を送り込んでいる（「小早川家文書」）。備前の軍勢は、幸山城だけでは対応が困難なくらい大きな勢力になっていた。

宗景と直家との協力

　さらに宗景は、同年十月に信長と対立する三好三人衆と協力関係を結び、別所氏の居城である三木城を攻撃した（「草苅家証文」）。宗景の戦線は居城の天神山城（岡山県和気町）を中心に、東西に広く広がっていたのである。宗景と別所氏は、翌年十月に姫路で交戦したことを確認できる（「上月文書」）。義昭に仕える上野恵信は、美作国の有力な領主である草苅景継《くさかりかげつぐ》に宗景を討つよう要請した。これに対して、宗景と同盟する直家は、重臣の花房氏を草苅氏のもとに送り込み、同地の戦いで勝利を得た。以降、宗景は直家とともに各地を転戦する。

　手を取り合った直家と宗景は、元亀二年（一五七一）五月に阿波・讃岐の軍勢の協力を得て備前国児《こ》島《じま》（岡山県倉敷市）を攻撃している（「小早川家文書」）。同年一月、庄氏・三村氏など備中の有力領主を含む毛利勢は、備前国児島、鼻高そして備中国幸山、深山（岡山県玉野市）へ侵攻しており、それに対抗する措置であった。当時、児島は毛利氏の支配下にあり、海上交通の拠点としても重要であった。宗景は福林島、今保（岡山市北区）、妹尾《せのお》（岡山市南区）へ進出し、さらに直家は佐井田《さいた》城（岡山県真庭市）で備中の軍勢を打ち破った。この動きに呼応するかのごとく、吉川元春、小早川隆景は備前と備中の国境付近で戦っている。

毛利氏と浦上氏、宇喜多氏の戦いは、ともに拮抗する情勢であったが、毛利氏は重大な案件を抱えていた。毛利氏は豊後の大友氏と対立しており、足利義昭を通して和睦を結ぼうと交渉を行っていたが、交渉は難航を極め、なかなか進まなかった。一方で、備前、備中方面での戦闘が継続されているので、その負担は多大なものがあった。そのような事情もあってか、元亀三年（一五七二）閏一月に義昭が毛利、浦上、宇喜多の間の和睦を勧めてきた（「柳沢文書」）。毛利方で調整にあたったのは、安国寺恵瓊《あんこくじえけい》である（「毛利家文書」）。

安国寺恵瓊（広島市・不動院蔵）

和平に積極的な動きを見せたのは、宇喜多直家であった（「柳沢文書」）。ところが、宗景は毛利氏に与した三星城（岡山県美作市）の後藤氏を攻撃し、毛利氏もこれに応戦するため出兵した。一口に和睦とはいっても、浦上氏と宇喜多氏の間には温度差があった。その後も両者の戦いは継続され、毛利氏が不本意ながらも上意に応じるべく和平を結んだのは九月下旬のことだったが、戦後処理は長引いた。理由は、今保にあった城郭の破却、浦上氏・宇喜多氏による城郭一二ヶ所の明け渡し、そして三星城付近に宗景の築いた付城《つけじろ》の破却に手間取ったからである（「乃美文書」など）。こうした幾多の段階を踏まえて、ようやく同年十二月頃に両者は和平を結んだ（「反町文書」など）。将軍権力を背景にして、両者は和平を結んだのであるが、その後も何事もなく事態が推移したわけではなかった。

宇喜多直家の台頭

宗景と直家はやがて決別するが、その理由についてはあまり知られていない。しかし、ある程度推測することは可能である。天正元年（一五七三）十二月、安国寺恵瓊は国元に書状を送っている（「吉川家文書」）。恵瓊は直家と面会し、翌年春に播磨国広瀬（兵庫県宍粟市）へ進出することを述べ、直家もそのことを望んでいる旨が記されている。この様子からすると、直家は毛利氏に従いつつあり、その先兵としての役割を果たしていたことがうかがえる。

この書状には、宗景が信長から「備播作之朱印」を与えられたとし、そのことが「事外之口納」（予想外の釈明）であると記されている。これは、毛利氏にとって、意外なことであったに違いない。「備播作之朱印」とは、宗景が信長から三ヶ国の支配を任されたと考えてよいであろう。宗景は長らく別所氏と対立関係にあったが、信長は関係改善のために二人を上洛させ、同じ座敷で両方に和睦を申し渡した。その際、宗景へ「三ヶ国之朱印之礼」として、過分な礼銭を要求しており、恵瓊は「おかしく候」という感想を漏らしている。

宗景が「備播作之朱印」を与えられることにより、確固たる三ヶ国の実効支配が確立したわけではなく、形式的なものと考えてよいであろう。その証左として、その後も三ヶ国では戦乱が続くのである。毛利氏はこの行動を不審に思ったに違いないが、盟友である直家も同じ気持ちであったと推測される。宗景は毛利氏と和を結んでいたとはいえ、頻繁に大友氏と連絡を取り合っていたことを確認できる（「石見牧家文書」）。毛利氏の不信感が高まるのは当然としても、同じ地域で競合関係にある直家にとっては勘繰りたくなるような宗景の行動であった。

そのような状況下で発せられたのが、宗景との決別を示す天正二年（一五七四）三月の宇喜多直家起請文である（「原田文書」）。この史料は、直家から味方になった美作国の領主である原田氏に宛てた起請文である。史料中の「存外」には、「非常識なふるまいをすること。無礼」といった意味がある。直家は毛利氏と和睦したにもかかわらず、宗景が抜け駆け的に「三ヶ国之朱印」を拝領したこと、そして相変わらず大友氏と連絡を取り合っていること、さらに直家を軽視する態度に怒りを感じたのであろう。このことは、従来から指摘があるように、宗景と直家が対等な立場にあったことを端的に示している。

天神山城の落城

この間の情勢を受けて、宗景は天神山衆という配下の勢力とともに、美作国三浦氏と備中国三村元親《みむらもとちか》を味方にして対抗した。元親の父は家親であるが、かつて直家に謀殺されている。また、宗景は讃岐国の安富氏にも支援を要請した（「六車家文書」）。「石見牧家文書」には関連史料が多数あるが、直家に対しては「逆意」「逆心」「逆心増長」などの言葉が用いられている。同じく先の「六車家文書」の宗景書状には、「宇喜多逆心露顕せしめ」とある。同盟関係を維持してきた宗景らにとっては、直家の行動が許しがたいものに映ったのである。

同年四月以降、鯛山、鳥取（岡山県赤磐市）などで宗景と直家の攻防が繰り広げられた（「河口文書」など）。一進一退の攻防の中で、宗景は領主層を味方にするため、大量の知行を付与している。戦いでは、宗景はあらゆる手段を用いて、戦局を有利に進めようと腐心した。少し遡るが、天正二年二月頃には織田信長へ援軍を送るよう要請し、また三浦氏には尼子氏配下の山中幸盛や三村元親との連携を促している（「下河内牧家文書」）。

天神山城跡（岡山県和気郡和気町田土）

戦局は、必ずしも宗景が思うように進まなかった。天正三年（一五七五）三月、宗景配下の牧氏は真木城（岡山県真庭市）を攻撃し、伊賀久隆《ひさたか》の軍勢を打ち破った。一方で、父の仇を取るため宗景に与した三村元親は、備中国松山城（岡山県高梁市）を失い三浦氏のもとに駆け込むという風聞が流れた（実際には六月に城下で自害したという）。天正三年五月頃のことであり、毛利氏の猛攻の前に屈したのである（「荘家文書」）。

この間、直家は播磨国置塩城（兵庫県姫路市）で養育されていた浦上政宗の孫である久松丸を迎え入れ、戦いを有利に進めようとしている（「新出沼元家文書」など）。こうしたことや、備中国が毛利氏の制圧下に置かれたこともあり、戦いは直家に有利のままに推移した。たとえば、天正三年七月には、直家の依頼によって、毛利氏が備前国で稲薙《いねなぎ》を行っている（「内藤家文書」）。稲薙とは生育途中の稲を刈ることで、農作物の収穫に大きな打撃を与えた。また、宗景が頼りとする美作国高田城主の三浦氏も城を明け渡し、重臣の明石行雄《ゆきかつ》も宇喜多方に離反している。

以上の経緯を踏まえて、いよいよ宗景が籠もる天神山城が落城するが、これまで落城の時期については各説あって定まらなかった。従来、落城の時期については、(1)天正四年（一五七六）説（奥野高広氏が年未詳九月十二日織田信長朱印状（「花房文書」）の年次を天正四年と比定したことによる（同『増訂 織田信長文書の研究』下巻、吉川弘文館）〉、⑵天正五年（一五七七）説〈『備前軍記』の天正五年二月（異説として同年七・八月）落城とする。『天神山記』では、天正五年八月〉、⑶天正七年（一五七九）説〈『備前軍記』の異説として天正七年八月落城〉との説があった。

⑴に挙げた織田信長朱印状には、天神山城を逃れた宗景が小寺政職のもとへ逃れたことが記され、同時に信長が援軍として荒木村重《あらきむらしげ》を派遣したとある。村重が本願寺に呼応して信長に叛旗を翻したのが天正六年（一五七八）十月のことなので、このうち⑶は成り立たない。こうした三つの説が提示されるなかで関連史料の検討が進められ、現在では天神山城落城の時期は天正三年説が定説となっている。以降、宗景は没落の一途を辿り、代わりに勝利を得た宇喜多直家が備前、美作そして播磨西部の一部の地域の覇権を握った。直家の子息である秀家は、羽柴（豊臣）秀吉に取り立てられ、若くして有力な豊臣大名として出世街道を駆け上がったのである。

毛利氏と足利義昭

天正元年、足利義昭は織田信長と絶縁し、各地の大名に協力を呼び掛けたが、積極的に支援の手を差し伸べる大名はいなかった。そこで、義昭は毛利氏を頼り、天正四年に半ば強引に備後国に押し掛けてきた。義昭は住居を鞆《とも》（広島県福山市）に定め、幕府になった組織を形成したので、後世に「鞆幕府」と称された。義昭が鞆に本拠を移した際、毛利氏に副将軍という役割を与え、幕府の充実を図ったことが指摘されている。毛利輝元を「副将軍」に据えた義昭は、輝元以外の「鞆幕府」の構成員として、京都にあった幕府の奉行人・奉公衆、毛利氏の家臣、その他大名衆を登用した。毛利氏の中では、輝元をはじめ吉川元春、小早川隆景、恵瓊などが枢要な構成員であったが、さらには三沢、山内、熊谷などの諸氏の面々も存在した。

「鞆幕府」には、将軍直属の軍事基盤である奉公衆も存在した。美作国東方北部の草苅景継は、新たに奉公衆の「三番衆」に加えられた。義昭のもとに集まった大名としては、武田信景《のぶかげ》、六角義堯《よしたか》、北畠《きたばたけ》具親《ともちか》などの面々がいる。ただし彼らは、過去に織田信長の攻撃を受けて滅びた大名家の子孫が大半だった。

「鞆幕府」の構成を見る限りにおいては、毛利輝元らを別として、残りは「信長憎し」で集まった落ちぶれた大名か、奉公衆の看板に魅了された領主層である。幕臣も、京都にいた頃と比較すると、ずいぶん少なくなったと指摘されている。仮に「鞆幕府」と後世に称しているが、内実は寄せ集めとしかいいようがないように思えてならない。彼の号令に従う有力な大名がほとんどいなかったのは、事実として認めてよい。形式的には「鞆幕府」と称しうるかもしれないが、その存在を過大評価すべきではないと考えてよいだろう。とはいえ、義昭が毛利氏を頼り鞆に本拠を定めたことは、毛利氏と織田氏の軋轢を生み出す要因の一つとなった。

2　織田信長の中国計略

織田信長の登場と中国計略

永禄十一年（一五六八）九月、織田信長は足利義昭を奉じて入京し、天下統一に向けて着々と準備を進めた。この場合の天下とは、日本全国を意味するのではなく、天皇や幕府の威勢が及ぶ畿内を示している。天正元年（一五七三）、朝倉氏・浅井氏の連合軍を打ち破った信長は、さらに強大な宗教勢力である大坂本願寺を屈服させ、天正三年（一五七五）には甲斐の武田勝頼を長篠の戦いで打ち破った。

しかし、残る敵対勢力も強大であり、中国地方の毛利氏、四国地方の長宗我部《ちょうそかべ》氏、北陸地方の上杉氏、関東地方の北条《ほうじょう》氏など、信長の台頭を阻む戦国大名が数多く存在したのも事実である。なかでも信長が手を焼いたのは、毛利輝元をはじめとする小早川隆景や吉川元春らであった。彼らは中国各地を掌中に収めると、境目の地域である播磨・備前・備中などの諸勢力を糾合し、信長への対決姿勢を崩さなかった。信長は必然的に毛利氏と対決姿勢を深め、中国計略を決意する。

とはいえ、信長と毛利氏は最初から関係が悪かったわけではない。毛利氏は備前・浦上宗景の対応に苦慮していたが、信長と協力することで事態が好転していた。ところが、天正三年に浦上氏が宇喜多直家に放逐され、翌年に足利義昭が毛利氏を頼って備後・鞆を訪れると、信長と毛利氏とのこれまでの関係は破綻する。とりわけ義昭は、打倒信長に執念を燃やしていた。

信長が中国計略を命じたのは、諸将の中で頭角を現していた羽柴秀吉であった。天正五年（一五七七）のことである。同年十月二十三日、秀吉は播磨国に出陣すると「夜を日に継いで懸けまわり」という獅子奮迅の活躍を見せた。同年十一月十日には、早くも播磨国内の領主層から人質を供出させ、配下に収めたと記録にある。秀吉はそれだけに飽き足らず、さらに但馬国に侵攻し、朝来郡の岩洲《いわす》城（兵庫県朝来市）、そして太田垣氏が籠もる竹田城（同上）を攻略した。まさしく破竹の勢いの進軍であった。

同年十二月には、竹中半兵衛《たけなかはんべえ》や黒田官兵衛《かんべえ》の活躍もあって、毛利氏・宇喜多氏・尼子氏の影響下にある上月《こうづき》城（兵庫県佐用町）を落城させた。上月城は、尼子勝久《かつひさ》・山中鹿介を中心とする尼子氏残党に守備が任された。中国計略は順調に進んだのである。なお、上月城の攻防については後述する。

三木城跡（兵庫県三木市上の丸町）（三木市提供）

三木城の戦いと経緯

秀吉が中国計略を進めるうえで、最も頼りにした武将が別所長治《ながはる》である。別所氏は播磨国守護赤松氏の流れを汲む名族で、三木城に本拠を置いていた。十五世紀後半、則治が東播磨八郡守護代を務め、以来播磨では一目置かれる存在となっていた。地理上で注目されるのは、三木城の位置である。三木城は有馬街道に面しており、陸上交通の要衝地であった。また、近くには美嚢川が流れており、加古川に合流している。河川交通の要衝地でもあったのである。

加古川、明石といった海上交通の拠点ともさほど距離が離れておらず、摂津方面へも進出しやすかった。三木城が東播磨の重要拠点であったことは、秀吉も十分に認識していたと考えられる。三木城は、今でこそ当時の面影はあまり残っていないが、本丸を中心にして幾重にも曲輪が折り重なるように配置された堅城であった。三木合戦以前にも同城をめぐる戦いが行われたが、そのつど敵を撃退し、補強されたと考えられる。

秀吉は別所氏の助力を得ながら、播磨の国衆たちをも従わせた。秀吉は最も別所氏を信頼していたが、事態は思わぬ方向に展開する。天正六年（一五七八）二月、別所長治はにわかに秀吉に叛旗を翻し、毛利方に寝返ったのである。『信長公記』によると、長治には存分があったという。秀吉としては、驚天動地の心境であったと推測される。ここから、戦国史上に例を見ないほど凄惨な兵糧攻めとして知られる、「三木の干殺《ひごろ》し」が展開された。

別所氏は永禄末年頃から信長に従っており、何度も上洛して挨拶に出向いている。別所氏は信長に恭順の意を表していた。その別所氏が信長を裏切った理由は、古くから多くの説が提示されてきた。その大半は『別所長治記』などの軍記物語に拠るものが多い。たとえば、「加古川評定」で別所氏の家臣が提案した作戦が秀吉に受け入れられず、険悪な関係になったという説がある。あるいは、別所氏は赤松氏出身という名門意識が強く、出自の卑しい秀吉の麾下《きか》に入ることを快く思わなかったという説もある。その際、長治の伯父の賀相《よしすけ》が秀吉への反逆を進言したという説も興味深い。しかし、こうした説は基本的に俗説として退けるべきであり、改めて一次史料から洗い出すべきであろう。

天正五年（一五七七）十二月、秀吉は別所重棟《しげむね》（長治の伯父）の娘と黒田官兵衛の息子・長政との縁談を勧めた（「黒田家文書」）。のちに重棟は長治のもとを去り、秀吉に味方しているので、この段階で秀吉は、別所氏内部での家中の混乱を見抜き、重棟を味方に引き入れた可能性がある。別所氏の家中では、毛利方につくか織田方に与するか、議論を戦わせていたのではないか。当時、秀吉が有利に戦いを進めていたとはいえ、毛利、足利、本願寺の諸勢力は粘り強く抗戦し、予断を許さない状況にあった。別所氏は信長に従属しつつも、絶えず毛利氏らの動向に注意を払いつつ、情勢判断を行っていたのである。

翌天正六年（一五七八）三月になると、本願寺は別所氏をはじめ、高砂の梶原氏、明石の明石氏以下、播磨国内の有力な国衆が信長のもとから離反したことを把握している（「鷺森別院文書」）。別所氏は、単独の判断ではなく周辺の有力な領主とも十分に情報交換を行い、意思決定を行っていた。

その背景には、足利義昭による積極的な調略があった。同年三月、義昭は自らの離反工作が成功し、別所氏らが味方になったことを喜んでいる（「吉川家文書」）。史料中には「三木以下」と見られ、別所氏が播磨国内の勢力の代表格と捉えられていたことが分かる。

このように、別所氏の信長離反劇については、⑴別所氏が当時の情勢を冷静に判断した結果であること、⑵義昭による熱心な離反工作があったこと、が大きな要因であった。別所氏の家中は、毛利方が有利だと意思決定を下したのである。

三木合戦の展開

別所氏が叛旗を翻すと、秀吉はたちまち苦境に陥った。尼子氏残党が籠もった上月城には、天正六年（一五七八）に毛利氏の勢力が攻め込んできた。上月城内には、出雲、伯耆、因幡などの牢人しかおらず、やがて兵糧に事欠く状況になった。秀吉の軍勢は播磨国に在陣していたが、上月城に兵力を割く余裕はなかった。同年六月、信長は秀吉に上月城から撤退するように命じ、神吉、志方《しかた》（以上、兵庫県加古川市）方面から三木城を攻撃するよう指示した。見殺しにされた上月城は翌七月に落城し、尼子氏は滅亡したのである。

同時に、毛利氏は荒木村重に調略を開始し、味方に引き入れようとした。村重は天正六年十月に毛利方に寝返ったので、信長を驚かせた。動揺した信長は、正親町《おおぎまち》天皇を通じて毛利氏と和睦しようと考えたほどであった。こうして信長包囲網が形成された。三木城をめぐる攻防が注目されるが、開戦当初は付近の諸城でも戦いが行われた。天正六年四月、毛利氏は加古郡別府（兵庫県加古川市）から侵入を試みようとし、阿閉《あえ》城（兵庫県播磨町）で別所重棟と戦った。秀吉は黒田官兵衛の軍勢を遣わし、これを撃退している。ほぼ同じ頃、野口城（兵庫県加古川市）主長井氏は秀吉軍と交戦し、あえなく降伏している。長井氏は秀吉に許されて、その麾下に入ったという。同年七月には神吉城主の神吉氏が、同じく志方城主の櫛橋氏が、それぞれ秀吉に降参した。加古川付近の城を次々と落とされ、別所氏は苦しい立場に追い込まれたのである。

海上から三木への経路を立たれた毛利氏は、戦況をただ見守るしかなかった。天正六年七月、秀吉は三木城を見下ろす平井山に城を築くと、一斉に付城を構築した。その数は、とても尋常なものではなかった。当初、付城は二、三ヶ所という記録があり、三木城の向かいに築城されたが、それだけでなく、加古口にも築かれており、海上からの毛利氏の動きを意識していたことが分かる。つまり、兵粮搬入ルートの遮断である。その後、さらに西方面の道場《どうじょう》河原《がわら》、三本松《さんぼんまつ》（以上、神戸市北区）にも付城が築かれた。天正八年（一五八〇）になると、付城の数は五、六十にもなったという（『信長公記』）。こうした秀吉の付城による包囲網は、じわじわと別所陣営を追い詰めたのである。

三木城の攻囲

徐々に包囲網を築かれた別所氏にとって、課題はいかにして兵糧を搬入するかに絞られた。村重が裏切った直後、有岡城から花隈城《はなくま》（神戸市中央区）、丹生山《たんじょうさん》（神戸市北区など）、淡河《おうご》（神戸市西区）というルートで兵糧が搬入されていたが、秀吉は淡河に砦を築き、これを阻止している。

長治は毛利氏に対して、早急な兵糧搬入を要請している。天正七年（一五七九）六月、毛利氏は鵜飼《うかい》元辰《もととき》と児玉景英の派遣を決定した。鵜飼氏らは明石の魚住（兵庫県明石市）に着岸し、三木城へ兵糧を運ぼうと考えた。これを見越した秀吉は、三木から魚住のルートを遮断するために付城を築いている。築かれた城には、番屋、堀、柵、乱杭《らんぐい》、逆茂木《さかもぎ》を設け、表には荊を引き、深い堀が設置された。『播州御征伐之事』には、獣や鳥も逃れ難いと記されている。

こうした状況下で、別所氏をめぐる環境も大きく変化した。天正七年六月に毛利方に与した丹波の八上城《やがみ》（兵庫県篠山市）が落城し、城主の波多野秀治《はたのひではる》ら三兄弟は安土城（滋賀県近江八幡市）下で磔《はりつけ》にされた。同年九月には村重が有岡城（兵庫県伊丹市）から尼崎城（兵庫県尼崎市）に移り、同年十一月に有岡城は落城した。こうして信長包囲網は徐々に解体され、三木城は孤立化の様相を呈したのである。三木城に兵糧を搬入する小規模な合戦は何度か行われたと考えられるが、大きな戦いとしては、次に示す大村合戦を挙げることができよう。

同年九月十日、芸州（毛利氏）、雑賀（和歌山市）、播磨の衆が、三木城に兵糧を搬入すべく行動を起こしている。播磨の衆は、御着（小寺氏）、曽禰、衣笠の諸氏であった。この援軍には、別所方の勢力も加わった。毛利方の軍勢は美嚢川を北に迂回し、大村の付城の谷衛好《たにもりよし》を襲撃した。この戦いによって衛好は討ち死にしたが、毛利方と織田方とでは評価が異なっている。織田方の記録である『信長公記』では、別所甚太夫らの主だった武将七名に加え、名も無き雑兵を数十人も討ち取ったという。秀吉自身も、四〇八の首を討ち取ったと記している（「福岡市立博物館所蔵文書」）。同じく『播州御征伐之事』では、別所側の死者が五、六〇〇名、毛利方などの軍勢が七・八〇〇名としており、織田方では大勝利と認識されていたようである。

毛利方の史料では、九月九日に兵糧を無事に三木城に搬入したと記録している（『萩藩閥閲録』）。それどころか敵の付城を打ち破り、敵を数百人討ち取ったという。尼崎に逃れた荒木村重も、三木城で毛利方が勝利を得たとの情報を得ていた（「乃美文書」）。いずれが正しいか判断がつきかねるが、激戦の中で、毛利氏がわずかばかりの兵糧を何とか搬入したというのが事実ではないだろうか。

大村合戦で、別所氏は一族の有力者である別所甚太夫を失うなど、大きな打撃を受けた。そして、この合戦を最後に、毛利氏が三木城に兵糧を搬入することはなかった。三木城は見殺しにされたのである。

同年十一月、秀吉の家臣・仙石秀久《せんごくひでひさ》は、道場河原（神戸市北区）の住人に対して還住を許可している。後日、改めて秀吉も地下人、百姓の還住を促した。その一ヶ月後、秀吉は浄土寺（兵庫県小野市）に対して、逃散した百姓を召し返し、耕作に専念させるように命じている。このように、拡大した戦線は三木城周辺に縮小し、周囲では徐々に平和が回復していたのである。

三木城の落城

天正七年十月、信長は別所氏と荒木氏の帰参を明確に否定した。信長の方針が決定すると、秀吉は、南の八幡山、西の平田、北の長屋、東の大塚に付城を築き、三木城を本格的に包囲した。秀吉はこの頃から、三木城を兵糧攻めしようと決意している（「黒田家文書」）。築かれた付城は、実に堅固なものであったという。二重にした塀には石を投げ入れて、重ねて柵を設けた。また、川面には簗杭《やなぐい》を打ち込んで籠を伏せて置き、橋の上には見張りを置いている。それだけではない。城戸《きど》を設けた辻々には、秀吉の近習が交代で見張りをした。また、付城の守将が発行する通行手形がなければ、一切通過を認めないという徹底ぶりであった。夜は篝火《かがりび》を煌々と焚き、まるで昼間のようであったと伝えている。もし油断する者があれば、上下を問わず処罰し、重い場合は磔という決まりであった。

蟻の入り込む隙間もないほどの厳重な完全封鎖であり、当然、三木城には一粒の米も入らなかった。兵糧がなければ、士気が上がらないのも止むを得ないところである。時とともに、三木城には惨劇が見られた。『播州御征伐之事』にも記されている通り、城内の兵糧が底を尽くと、餓死者は数千人に及んだという。はじめは糠《ぬか》や飼葉《かいば》（馬の餌）を食していたが、それが尽きると牛、馬、鶏、犬を食べるようになった。当時、あまり口にされなかった肉食類にも手が及んだのである。

それだけで飢えを凌げなくなると、ついには人を刺し殺し、その肉を食らったと伝えている。さすがに死肉は食しにくいので、衰弱した兵を殺したと推測される。その空腹感には、想像を絶するものがあった。「本朝（日本）では前代未聞のこと」と記録されており、城内の厳しい兵糧事情を端的に物語っている。

年が明けて天正八年（一五八〇）一月六日になると、戦局は一気に動いた。三木城から六〇メートルほど離れた宮山の構が秀吉軍に乗っ取られ、同城を守備した別所彦進は三木城本丸へと逃れた。さらに十一日には、南の構が切り崩されている。秀吉軍の勢いは止まらず、別所友之《ともゆき》の鷹尾城と別所賀相の新城を攻略し、鷹尾城には秀吉が、新城には羽柴秀長《ひでなが》が入城した（「反町文書」など）。この段階で、別所氏の敗北は確定したといってよい。秀吉方に回っていた重棟は、三木城内の長治、賀相、友之に切腹を促し、引き換えに城兵を助命すると伝え、秀吉もこの条件を了承した。しかし、賀相は切腹を了承したにもかかわらず、切腹をせずに城に火をかけ、遺骸を隠そうと主張した。賀相は切腹の約束を覆そうとしたので、賀相が蔵に逃げ込んだのを兵卒が討ち取ったという。

別所一族の切腹の現場は、凄惨なものであった。長治は三歳の息子を膝の上で刺し殺し、女房も自らの手で殺害した。彦進も同じである。そして、長治は改めて城兵の助命嘆願を願うと、腹を掻き切ったという。介錯は家臣の三宅治職が務めた。腹は十文字に引き裂かれ、内臓が露出していたと伝える。彦進以下、その女房、賀相の女房らも自ら命を断った。

現在、こうした通説に対して疑義が提示されている。たとえば、賀相は兵卒に討たれたことになっているが、それは長治をそそのかし「佞人《ねいじん》」にふさわしい最期として創作されたという。『書写山十地坊過去帳』では、賀相が自害したことになっている。城兵が助けられたという説にも、疑問が出されている。同年一月の宇喜多直家の書状には、残った城兵はことごとく殺害されたと記されている（「沼元文書」）。同じく同年六月の秀吉書状にも、悉く首を刎ねたと記されている（『紀伊続風土記』）。そうした理由から、秀吉が城兵を助けたというのは、戦後処理を円滑に進めるための美談に過ぎなかったとの可能性が指摘されている。一方で、そうした史料は伝聞に過ぎないこと、あるいは秀吉が誇張したものであり、皆殺しは行われなかったとの反論もある。

三木合戦が終わると、秀吉は制札《せいさつ》を掲げ、三木の復興に尽力した。内容は、三木城落城前の借銭、借米、未進年貢の免除や先例通りの地子銭《じしせん》を免除するという政策である。同時に百姓の還住を勧め、荒地の年貢の一部を免除するというものであった（「三木町文書」）。こうして三木は、復興への道を歩んだのである。

第一次上月城の戦い

秀吉は、三木城の攻略と並行して、上月城など諸城の攻略をしなくてはならなかった。上月城主の赤松氏は、備前や美作を支配する宇喜多氏と領国を接する播磨の西端に位置し、毛利方に属していたのである。

一連の中国計略で秀吉をサポートしたのが、黒田孝高《よしたか》と竹中重治《しげはる》である。西国方面の攻略に際して、秀吉が最も注力したのは、播磨国の有力な領主から人質を取ることであった。孝高と重治の二人は秀吉の期待によく応え、播磨・美作の有力領主から人質を取り、味方へと引き入れた。こうして秀吉は、有利に戦いを進めていった。

同年十一月二十七日には、黒田官兵衛の活躍により、福原城《ふくはら》（兵庫県佐用町）を陥落させた。福原城も播磨と美作の国境付近に位置する城で、国境付近の重要な拠点であった。福原城は北播磨において、上月城、利神城《りかん》（佐用町）、高倉城（佐用町）とともに支城ネットワーク群を形成していた。利神城は別所氏によって築かれたといわれ、標高約三七三メートルに位置する連郭式山城であった。福原城は南北朝期に赤松氏の支族である佐用氏が築城したといわれ、その後、同じ赤松氏の支族・福原氏が守ったという平山城である。こうして、福原城から約一里（四キロ）離れた上月城に、秀吉の軍勢は迫ったのである。地理的に北播磨に位置する上月城を攻略することは、美作や備前へ侵攻するための第一歩となった。それゆえ、必然的に秀吉には力が入ったといえよう。

この戦いで先遣隊として大活躍したのが、先述した孝高と重治であった。二人は福原城下で、数多くの敵を討ち取った。福原城の戦いは、孝高と重治が共同して戦った初めての合戦といえよう。二人は「二兵衛」と称され、秀吉の二人の軍師として有名であるが、それは後世の創作にすぎない。そもそも、当時は軍師なる言葉はなかった。毛利方についた宇喜多直家は、秀吉の軍勢と交戦して散々に打ち負かされ、敗走中に自軍の兵の首が六一九も取られた。直家は、無念のうちに撤退せざるを得なかった。天正三年（一五七五）にライバルの浦上宗景を天神山城（岡山県和気町）から放逐した直家であったが、さすがに秀吉には敵わなかったのである。

宇喜多勢を打ち破った秀吉は、その余勢を駆って上月城に迫り、さらに激しい攻撃を行った。もはや勝利は目前であった。その状況は、「下村文書」に詳しく記されている。同文書によると、秀吉の率いる軍勢が水の手を断ったところ、上月城から降参の申し出があったが、それを拒否したという。山城を攻略する際、最初に水の手を断つのはセオリーどおりの戦い方である。

さらに秀吉は、返《かえ》り猪垣《ししがき》を三重にして城外への逃亡を防ぎ、諸口から攻撃を仕掛け、同年十二月三日に城を落とした。敵兵の首を悉く刎ね、そのうえ敵方への見せしめとして、女・子供二百人余を播磨・美作・備前の境目で、子供を串刺しにし、女は磔にして並べ置いたのである。秀吉の態度は強硬であり、城兵たちの命乞いを一切受け入れなかった。逆に、逃げられないように柵を巡らすと、次々と敵兵の首を刎ねたのである。非戦闘員が残酷なかたちで処刑される例は、そう多くはない。国境に晒したのは、備前・美作に本拠を置く宇喜多直家を意識してのことであろう。

ちなみに上月城の水の手を奪ったのは、生駒親正であった（『生駒家宝簡集』）。親正はその功によって、近江国北郡山田郷に二六〇石を与えられたのである。籠城戦において、命の源である水が絶たれたことは致命的であった。親正の活躍は、勝利への決定打となったのである。

第二次上月城の戦いの始まり

戦後、上月城には、尼子勝久や山中鹿介ら尼子氏の残党が入った。尼子氏の再興を目指している彼らにとって、これは朗報だったといえる。秀吉は上月城合戦の勝利によって、信長から播磨と但馬の両国を申し付けられた。同時に、中国方面における秀吉優勢のきっかけを作った。勝利は、秀吉、孝高、重治の貢献によるところが大きかったといえよう。ところが、これは尼子氏にとって、悲劇の序章でもあった。天正六年二月、以前から信長に従っていた三木城主・別所長治は、突如として離反し毛利方に与したのである。相前後して、丹波・波多野秀治（天正四年一月）、摂津・荒木村重（天正六年十月）が同じ行動に出たので、共同して「反信長包囲網」に協力したことになろう。長治の離反は、上月城の攻防に大きく影響した。

同年四月、吉川元春の軍勢が上月城を取り囲んだが、上月城に籠もっていたのは、出雲、伯耆、因幡、美作の牢人衆であった。毛利勢は、上月城の周囲を返り鹿垣で三重、四重に包囲していた。まさしく蟻一匹も這い出る隙間がないほどであった。翌月になると、本願寺・顕如《けんにょ》が毛利氏の要請に応じて、配下の紀州門徒に対し、雑賀鉄砲衆の播磨出陣を要請した。同じ頃、秀吉と荒木村重は、後巻《うしろまき》として高倉山（兵庫県佐用町）に陣を敷いた。後巻とは、上月城を取り囲む毛利勢をさらに後から取り囲むことである。その後、明智光秀も応援に駆け付け、書写山（兵庫県姫路市）に陣を敷いた。さらに、滝川一益《たきがわかずます》らも支援に馳せ参じたのである。ところが、戦いは秀吉側が劣勢で、天正六年六月二十一日の高倉山麓の戦いでは毛利方が勝利を得た。

『信長公記』によると、秀吉は同年六月十六日に上洛して信長と面会し、高倉山の陣営を引き払い、神吉、志方（以上、兵庫県加古川市）へ攻め込み、三木城の別所氏を攻撃するように命じられた。信長は東西播磨で同時期に合戦が起こったため、三木城の攻撃を優先し、尼子氏の籠もる上月城を見捨てたということになろう。先に触れた六月二十一日の戦いは、信長の指示後のことで、ちょうど良い機会になった。

こうして同年七月五日、上月城は落城したのである。兵糧の問題などがあるなかで、秀吉に見捨てられたことは、城兵の士気を一気に削いだことであろう。当初、立て籠もった者については助けるとの条件であったが、最終的に尼子勝久は切腹を命じられ、山中鹿介らは備中松山（岡山県高梁市）の輝元の陣所へと送られた。その後、鹿介は殺害された。尼子氏は、別系統の義久が生き残ったものの、大名家としては事実上滅亡した。上月城を落とした毛利軍は、黒沢山（兵庫県赤穂市）に陣を敷いた。ここは備前と播磨の境目の地域であり、宇喜多氏の領国にも接していた。以降、毛利氏は、三木城の支援のために戦力を尽くすが、この点はあとで触れることにする。とはいいながらも、この時点で優勢だったのは毛利氏であり、西播磨の上月城を落城に追い込んだ意義は大きかったといえよう。

3　播磨から因幡へ

長水城の攻略

上月城と三木城を落城に追い込んだ秀吉は、播磨西部の長水城《ちょうすい》（兵庫県宍粟市）の攻略に着手した。籠もっていたのは、宇野政頼《まさより》・祐清《すけきよ》父子であった。三木合戦後、毛利方は守勢に回っていた。播磨国内の東半分は秀吉によって制圧され、播磨西部の国衆たちも浮足立っていた。秀吉は黒田孝高から姫路城を借り受け本拠としていたが、一方の毛利氏は、その近くの英賀《あが》（兵庫県姫路市）を普請し、対抗しようとしていた。その理由は、いかなるところにあったのか。

英賀は播磨灘に面しており、海上交通の要衝地であった。ここから多くの物資が搬入されたため、商業も盛んであり、豪商たちの活動も活発であった。こうした利点があったため、南北朝・室町期には守護代所が置かれたほどである。毛利氏は水軍を配下に収めていたので、拠点としやすかったのかもしれない。いずれにしても、英賀は、長水城への侵攻ルートとしての西播磨を攻略する重要な拠点であった。

理由はそれだけではなかった。英賀は古くから一向宗の門徒が数多く居住しており、関係寺院も点在していた。足利義昭を推戴した毛利輝元は、大坂本願寺と結託して、「信長包囲網」を構築していた。

つまり、毛利氏らは、英賀を押さえることによって一向宗の門徒の力を借りようとしたのである。

ところが、大坂本願寺は、信長からの攻勢により弱体化していた。そのうえ、頼りにしていた反信長の諸大名（波多野秀治、荒木村重、別所長治）らは、次々と信長の軍門に降り、厳しい状況に追い込まれていた。そして、天正八年（一五八〇）閏三月頃には、正親町天皇の仲介によって、大坂本願寺と信長は和睦した。これにより、毛利氏の立場は、ますます苦境に追い込まれることになった。

上月城の戦い、三木城の戦いの前後における宇野氏の政治的な動向は、ほとんど分かっていない。ただ、天正六年（一五七八）四月段階では、秀吉方に与して戦っていた可能性が高いとされている（「山崎家文書」）。宇野氏は、どこかのタイミングで毛利方に転じたのであろうが、その理由は不明である。

宇野氏は毛利方へ転じたものの、あまり期待されていなかったようである。天正八年と推定される閏三月晦日付の小早川隆景書状（『萩藩閥閲録』）によると、英賀の普請について疑問を呈したうえで、「播州衆は役に立たないので、秀吉に追い立てられ逃げ込んで来るであろう」と述べている。毛利方からすれば、これまで播磨勢は秀吉に連戦連敗だったので、ほとんど宇野氏に期待していなかったようである。

長水城の宇野氏家中も動揺していたようである。秀吉は播磨の国衆である田路《とうじ》氏、安積氏に書状を送り、忠節に対して礼を申し述べるとともに、もし長水城から逃亡する者があれば、捕縛するよう要請している（「安積文書」）。秀吉は、竹田城（兵庫県朝来市）の羽柴秀長（秀吉の弟）とも連携していたようである。竹田城は但馬と播磨の国境付近に位置しており、姫路城の秀吉とは但馬街道で通じていた。

同じ書状の追伸部分を確認すると、長水城の様子はすでに混乱状態にあったことが確認できる。おそらく宇野氏の配下の者は、勝ち目がないと悲観的になっていたのだろう。そのような状況なので、秀吉は田路氏に対して、調略により長水城の者を味方に引き入れるよう要請している。さらに混乱を助長させようとしたのである。同年四月、秀吉は英賀を攻略し、ことごとく討ち果たした。これにより、海上ルートを通した宇野氏への毛利方の援軍は、まったく期待できなくなったのである。こうして秀吉は、陸上、交通ルートの遮断に成功した。

長水城の落城と戦後処理

長水城が落城したのは、あっという間であった。その様子は、『信長公記』と天正八年六月十九日付の秀吉の書状に記されている（『紀伊国続風土記』所収文書）。『信長公記』によると、秀吉は天正八年四月二十四日に宇野政頼と伯父が立て籠もる構に攻め込み、二五〇もの城兵を討ち取ったという。その後、宇野下野守なる人物の城にも攻撃を仕掛け、見事に打ち破り、多くの城兵を切り捨てたという。怒濤の勢いとは、このことをいうのであろう。続いて宇野祐清の居城・長水城を攻めたのであるが、まず山の麓を焼き払い、三つの砦を築いたとある。後者は付城と称するもので、攻城戦では攻撃対象となる城の周囲に築かれた。その後、祐清がどのような運命を辿ったのかについては、『信長公記』にはとくに記されていない。

一方の秀吉の書状には、その経緯が最後まで記されている。手順としては、まず秀吉は英賀を占拠し、四月二十六日に宇野政頼と伯父が立て籠もる構を攻め落とした。政頼は後背の山へ逃げ込んだと書かれている。宇野祐清は、山城すなわち長水城へ籠もった。秀吉の軍勢は、長水山の八分目まで攻め上り、残らず小屋を焼き尽くした。そして、周囲には砦を築き、最後の戦いに臨むことになった。ここまで秀吉は攻城戦に火を用いているが、山城は水源から遠いため消火が困難で効果的であったといえる。

同年五月九日、秀吉は長水城に攻撃を仕掛け、翌十日には落城に追い込んだ。祐清以下、親兄弟から被官に至るまで、悉く首を刎ねたと記されている。なお、『信長公記』には、同年六月五日に祐清が逃亡したため、荒木重堅《しげかた》、蜂須賀正勝《はちすかまさかつ》の二人が追い掛けて討ち取ったと記されている。ただし、それでは籠城期間があまりに長くなるので、五月十日のほうが正しいようである。こうして長水城の戦いは終わったのである。

戦いの終結後、田恵村（宍粟市山崎町田井もしくは同町宇野宇構の両説あり）に秀吉の禁制が掲げられた。これは、秀吉の軍勢が乱暴狼藉を働くことを禁止したものであり、田畠を荒らさないこと、百姓に対する不法行為の禁止を定めている。戦争が終わって、復興が宣言されたといえよう。しかし、秀吉の戦いは、これで終わらなかった。秀吉は、田路氏と安積氏に対して、人夫を動員して兵糧を千種（宍粟市千種町）に運ぶよう命じている。その後、秀吉は因幡の鳥取城攻略を開始するが、長水城の攻撃はその布石でもあった。

鳥取城の包囲網

天正八年（一五八〇）、羽柴（豊臣）秀吉は、第一次鳥取城攻略に着手する。城主の山名豊国《とよくに》は降伏に追い込まれたが、何とか城主の地位には止まった。しかし、今度は毛利方が鳥取城に攻め込み、豊国は再び降伏した。その背景には、豊国が城内の親毛利派の者たちによって追放されるという事情があった。翌天正九年三月、石見福光《ふくみつ》城（島根県大田市）主の吉川経家《つねいえ》（元春とは別系統の石見吉川氏）が鳥取城に送り込まれ、新しい城主となった。こうして、後世に「鳥取の飢え殺し」と称される兵糧攻めが展開された。経家は混乱する鳥取城内の統制を図りつつ、同城の防備の強化に努めた。出城の雁金山城、丸山城（以上、鳥取市）を構築・整備し、鳥取城の防衛地点を築いた。同時に、兵糧攻めに備えて兵糧の搬入ルートの確保に乗り出す。城の近くには千代《せんだい》川と支流の袋《ふくろ》川が流れており、河川交通を活用しようとした。

ところが、大きな誤算があった。経家は兵糧の搬入ルートの確保に努めたが、因幡や伯耆ではこれまでの戦争により圧倒的に兵糧が不足しており、搬入ルートがあっても、肝心の兵糧が乏しかったのである。一説によると、秀吉は米を高値で買い占めさせたという（『陰徳太平記』）。米の買い占めによって、城内の兵糧備蓄は困難になった。秀吉は、鳥取城の周辺に住む農民ら約二千人を城内に追いやったという。当時、鳥取城内には約千四百人の兵卒が籠城していたが、農民が入城したことで、兵糧不足は深刻な問題となった。鳥取城内の兵糧の備蓄は、わずか二十日分程度だったといわれている。

鳥取城跡（鳥取市東町）（鳥取市教育委員会提供）

同年七月以降、秀吉の率いる軍勢が再び鳥取城下にやってきた。秀吉は、鳥取城の背後の本陣山（太閤ヶ平）に本陣を敷いた。他の秀吉方の軍勢も、鳥取城周辺の山地、千代川沿いに陣を敷いて鳥取城を攻囲した。さらに秀吉勢は日本海方面を水軍が押さえ、毛利方の船舶を容易に近づけなかった。城の周囲を取り囲み、河川や海の要衝地を押さえることは、兵糧攻めのセオリーである。千代川に陣を敷くことにより、鳥取城は水の手を断たれたことになろう。水は兵糧と同じく、人間にとって欠かせないものである。秀吉の「飢え殺し」として有名な鳥取城の戦いは、補給路遮断という手順を踏まえて実行されたのである。

秀吉の包囲網により、千代川との間の物資運搬ルートであった雁金山城、丸山城はうまく機能しなくなり、日本海側からの毛利氏による兵糧の搬入も、まったく期待できなかった。経家は兵糧を送るよう毛利氏に要請するが、きわめて困難な状況になっていた。これにより、翌月から鳥取城内の者たちは兵糧不足に苦しめられることとなる。

鳥取城の「干し殺し」と開城

兵糧攻めは、徐々に効果を発揮した。その窮乏ぶりについては、多くの史料が惨劇を物語っている。『信長公記』には「餓鬼のごとく痩せ衰えたる男女、柵際へより、もだえこがれ、引き出し助け給へと叫び、叫喚の悲しみ、哀れなるありさま、目もあてられず」と記されている。もはや、鳥取城内の兵卒は、戦えるような状況になかった。

竹中重門《しげかど》の手になる『豊鑑《とよかがみ》』には、「糧尽きて馬牛などを殺し食いしかども、それも程なく尽きぬれば餓死し、人の宍（肉のこと）を食合へり。子は親を食し、弟は兄を食し杯しける」と書かれている。あまりの空腹に耐えかねて、死肉を食らったのだが、それが親子や兄弟姉妹という悲劇的なケースもあったのである。『真書太閤記』には、「味方は死骸を引取切分て是と喰ひ、或は手負て未だ死果ぬをも、是は深傷なり助かるべきに非ず、苦痛をなさんより早く死かしとて、無体に切殺し節々を放して其脳を喰ひ、中にも佳味は首に有へりとて頭を砕きて争ひ喰ふ有様」と記されている。

城内では死人の肉を分け合っていたが、死んでいない負傷者もすぐに死ぬはずだと決めつけて斬り殺し、肉を食らったという。なかでも美味とされる脳みそは、奪い合いの状況にあった。『真書太閤記』は栗原柳庵編によるもので、十八世紀後半に成立した。内容は太閤・豊臣秀吉の通俗的な伝記とされているが、おおむね史実を反映しているのではないか。鳥取城の厳しい状況は、二次史料だけでなく一次史料にも記されている。吉川経家は子供に宛てて遺言状を送っているが、そこには厳しい兵糧攻めに耐え兼ねた様子が書かれている。もはや抵抗する力はなく、座して死を待つ状況だった。

鳥取城は毛利勢から孤立し、極度の兵糧不足に陥ったため開城することになった。経家は自身の切腹と引き換えに城兵を助けることを条件とし、秀吉と和睦の交渉を行った。天正八年十月二十五日、経家は森下道誉《もりしたどうよ》、中村春続《はるつぐ》とともに切腹し、城兵は助命された。こうして鳥取城の戦いは終息したのである。

鳥取城の開城後には後日譚があった。城内の兵卒は外に出たが、その姿はかなり痩せ衰え、まるで餓鬼のように腹が膨れていた。おまけに長い籠城戦で、服も汚れていたという。秀吉はすぐに兵糧を準備して彼らに与えたが、城兵は長期にわたる絶食生活により、胃が食べ物を受け付けず、多くが胃痙攣を起こして亡くなったという。この経験から、秀吉は兵糧攻めをした際、投降した兵卒には少しずつ兵糧を与えたといわれている。

吉川経家の最期について、もう少し触れておこう。経家は死の前日の十月二十四日に、主家の吉川経言《つねとき》（のちの広家）らに書状を送り、鳥取城を枕に討死する覚悟があること、討死することは名誉なことであると伝えている。この書状を見る限り、経家は華々しく戦場で散ろうとしており、美談であるような印象を受けるが、実際は違っていた。

経家は実子の亀寿丸に覚書を送っており、毛利氏や吉川本家に対して石見吉川氏の旧領回復を要求すること、自身が亡くなった後の所領安堵を求めるべきことなどを書き残している。経家は死に際して、石見吉川氏が生き残るべく、今後の対策を指示していた。その後、成長した亀寿丸は経実《つねざね》と名乗り、経言に仕えた。当時に石見吉川氏の相続を許可され、経家が指示した旧領も安堵されたのである。

秀吉の勝因は、これまでの経験（三木城の戦い）によって、兵糧攻めのセオリーが蓄積されていたことに尽きる。交通の要所に陣を敷き、米を買い占めるなどは、まさしく「勝利の方程式」だった。吉川氏の敗因は、領内や周辺の慢性的な兵糧不足、期待した毛利氏の援軍がやってこなかったことであろう。吉川氏が強固な補給路を確保していれば、違った展開になったのかもしれない。

4 備中高松城の水攻めと明智光秀の最期

備中高松城の攻防

秀吉は、天正八年（一五八〇）に三木城主・別所長治を兵糧攻めで降参させ、翌年には鳥取城主・吉川経家を自刃に追い込んだ。残ったのは毛利輝元と足利義昭の二人である。そこに至るまでは、まだまだ障害が横たわっていた。攻防の舞台となったのは、備中高松城（岡山市北区）であった。この城の城主は、毛利方に与した清水宗治《しみずむねはる》である。宗治は備中国の一領主であったが、毛利氏につくか織田氏につくかという究極の選択を迫られ、毛利氏に味方することを選んだ。備中高松城は備前・備中両国の境目の地にあり、ここを突破されると、毛利氏が非常に厳しい状況にさらされるのは自明のことであった。

秀吉の戦争準備は、実に周到であった。秀吉は西国計略の本拠を姫路城に定め、着々と攻略の計画を進めた（「黒田家文書」）。その中心になったのが黒田孝高である。天正九年（一五八一）十二月、孝高は秀吉から「武者道具」の準備を命じられ、その手配に奔走していた。年が明けると、秀吉は姫路で茶会を催す余裕を見せており、早くも勝利を確信していた（『宗及他会記』）。天正十年（一五八二）一月、一方の毛利方は味方となる領主を備後国三原（広島県三原市）に招集し、小早川隆景を中心に対策を協議していた（『清水宗治事蹟』）。毛利方の頼みは、備前・備中で味方となる領主の存在であった。そのために、彼らに知行地を付与していたのである。

秀吉が姫路を出発して備中高松城を目指したのは、同年三月中旬のことである（『秀吉事記』など）。秀吉勢の中には、備前国岡山に本拠を持つ宇喜多勢の姿があった。秀家の父・直家は、織田氏と毛利氏との間で油断ならない人物と評価されていたが、ついに織田方についた。このとき宇喜多直家は亡くなっていたが、幼少の秀家が家督を継ぎ、重臣たちがサポートしていた。宇喜多勢は備前・備中の地理に明るく、秀吉は大きな期待を寄せていたのである。進軍と同時に秀吉が行ったのは、禁制の大量発布であった（「金山寺文書」など）。禁制とは、戦争が想定される地域において、軍勢が乱暴を働く行為を禁止するものである。禁制は雛形があらかじめ大量に準備され、遠くは美作国にも発布された（「牧家文書」）。ちなみに禁制の発布には、制札銭《せいさつせん》という金銭を要した。吉備津《きびつ》神社（岡山市北区）にも、金銭の要求がされている（「吉備津神社文書」）。

備中高松城跡（岡山市北区高松）

秀吉が備中高松城付近に着陣したのは、四月四日のことである（『黒田家譜』など）。秀吉は早々に宗治に降参を迫ったが、これは拒否された。備中高松城の周囲には、毛利方に味方する領主の城郭が存在した。宮路山《みやじやま》城、冠山《かんむりやま》城（以上、岡山市北区）などがその代表であり、備中高松城を中心に連携を取りながら、織田勢と対峙していたのである。

水攻めの開始と本能寺の変

すでに秀吉は三木城の攻防において、真っ先に付城を配置し、主要な交通路を遮断することが効果的なことを経験済みであった。そのセオリー通り、冠山城は四月二十五日、宮路山城は五月二日にそれぞれ落城させた（「亀井家文書」）。一連の戦いによって、城郭間の連携を断つとともに、毛利方の援軍や食糧搬入のルートをも遮断したのである。秀吉の作戦は、陸上のみに止まらなかった。四月二十四日の段階において、秀吉は毛利方から高畠水軍、塩飽水軍を離反させることに成功し（「黒田家文書」など）、瀬戸内海における制海権の優位を確立したのである。一方の毛利方は、河野水軍などが来島村上氏との戦いで伊予国において交戦状態にあるなど、瀬戸内海の制海権を完全に喪失していた。

同時に問題となったのは、毛利方から離反者が出たことであった。毛利氏方の部将である上原元将《もとすけ》は、毛利元就の娘を娶っており姻戚関係にあったが、四月下旬の段階で裏切ったことが確認できる（「米蟲剛石氏所蔵文書」）。それどころか上原氏は、湯浅将宗に織田方に寝返るように調略を仕掛けるような有様であった。このような状況に陥った毛利氏は、もはや秀吉との全面対決というよりも、ゲリラ戦を仕掛けるのが精一杯であった。しかも、兵糧や武器が圧倒的に不足したことが露呈し、長期戦に耐えうるだけの物資に窮していたことが分かっている（「岡家文書」）。五月初旬の段階において、事実上「毛利氏勝利」の芽はなかったのである。

陸上・海上で備中高松城の包囲網を形成した秀吉にとって、備中高松城の水攻めは、もはや「セレモニー」でしかなかった。兵を消耗させてまで、一気に攻め立てることはない。持久戦に持ち込み、相手の降参を待てばよいのである。後世の編纂物によると、水攻めの進言をしたのは黒田孝高であったと伝えるが、確たる根拠はない。秀吉は、進言を受け入れて堤防工事に取り掛かり、備中高松城を囲むように堤を築いた。工事には地元の農民が徴用されたが、突貫工事ということもあり、高額な報酬が払われたという。水は足守《あしもり》川から流入され、備中高松城の周囲を満たした水を見た城兵は、一気に戦意を喪失した。城内の兵糧にも限りがあり、毛利方の援軍は全くといってよいほど期待できなかった。

こうした状況下で、六月二日の未明に勃発したのが本能寺の変である。ここから備中高松城をめぐる攻防は、急展開を迎える。後世の編纂物には、⑴清水宗治の切腹、⑵毛利方と羽柴方で起請文を交わすこと、⑶毛利方の五ヶ国を羽柴方に割譲すること、⑷毛利方から羽柴方に人質を差し出すこと、によって毛利方と羽柴方の和平が成立したとする。とくに、宗治の切腹に関しては、安国寺恵瓊が関与していたとする。これは事実なのか。恵瓊の関与を積極的に打ち出すのは、毛利方の編纂物である（「江系譜」など）。しかし、これらの史料は恵瓊を貶めるために粉飾された可能性が高く、信を置くことができない。実際には宗治が、城兵を助けるために自ら切腹を申し出たのであった。その後、羽柴方が毛利方に和平条件⑶⑷を提示したが、両者の間で折り合いが付かず、取り急ぎ起請文を交わすことで、一時的な停戦が成立したのである。

つまり、毛利方の後世の編纂物では、忠臣・清水宗治を顕彰する意図が明白であり、逆に関ヶ原合戦で失策を重ねた安国寺恵瓊を悪人扱いにした。備中高松城での和平交渉は、そうした毛利方の意図によって捻じ曲げられたのである。実際に毛利方と羽柴方との和平交渉は約二年の期間を要し、毛利氏が美作国一国、伯耆国の一部、備中国の一部などを手放すなどによって、天正十二年（一五八二）にようやく締結したのである。

宗治の切腹後、杉原家次《いえつぐ》が検使として備中高松城を接収し(『秀吉事記』)、防備のために宇喜多氏の軍勢が残った。残りの勢力は織田信長を討った明智光秀を討伐するため、上洛の途についた。世に言う「中国大返し」である。その後、備中高松城が史料に登場する機会は、ほとんどなくなる。

和平の締結と中国大返し

備中高松城の水攻めと秀吉といえば、中国大返しが有名である。少し時計の針を巻き戻して、その概要を確認しておこう。天正十年六月三日夜、落城を間近にした備中高松城を前に、一人の使者が秀吉のもとに書状を届けた。書状には、信長が、前日の二日に本能寺で光秀の奇襲に遭い、自害したと記されていた。ここからの秀吉の行動は迅速であった。光秀討伐を決意した秀吉は、早々に毛利氏との和睦交渉を開始した。秀吉は有利な状況にあった。事実上、毛利氏は宗治への救援が困難であったため、秀吉との和平締結に傾いていた。

秀吉との交渉のテーブルについたのは、毛利氏の使僧・安国寺恵瓊であった。三日深夜から四日にかけての時間帯であったと考えられる。恵瓊は、毛利氏の参謀役を担う僧侶であった。実はこのとき、毛利氏サイドは信長の横死を知らずにいた。秀吉が提示した和睦の条件は、当初毛利氏に割譲を要求していた備中・備後・美作・伯耆・出雲に代えて、備中・美作・伯耆を要求するものだった。領国の割譲については、秀吉もずいぶんと譲歩をしている。その背景には、未だ毛利氏に「信長死す」の一報が届いていないことにあった。

とにかく秀吉は、思い切った決断を下したのである。一方、備中高松城主・清水宗治の切腹という、もう一つの要求があった。和睦案の提示を受けた恵瓊は、宗治に切腹するように説き伏せ、何とか受け入れさせたのである。和睦交渉は秀吉の思惑通りに進んだのであるが、実際には領土割譲問題は棚上げとなった。ちなみに、毛利氏が信長の死を知ったのは、四日の夕方五時頃であったが、その情報は決して正確とはいえなかった。和睦決定後、秀吉はさっそく城中の宗治に対して、最後の酒と肴を贈っている。秀吉は湖上と化した備中高松城に小舟を送り、宗治とその家臣を本陣に招き入れた。ともに杯を酌み交わし、舞を舞った後、宗治は辞世の句を詠んで自害したのである。

四日の午前十時頃、秀吉は宗治の切腹を確認すると、光秀討伐に向けて上洛の準備を整えた。秀吉は備中高松城に腹心の杉原家次を置くと、すぐさま京都に向けて出陣したのである（六日出発という説もあるが、あとで検討する）。秀吉の取った経路は、野殿《のどの》（岡山市北区）を経て、宇喜多氏の居城である沼《ぬ》城（岡山市東区）へ向かうコースであった。備中高松城から沼城までは、直線距離にして約二二キロ。兵は重装備での行軍に加え、籠城戦後ということもあり、心身の疲労は大きかったであろう。秀吉も同じである。毛利氏は、先述の通り四日の夕方に信長の死を知った。すぐに秀吉軍の追撃をせよとの声もあるが、小早川隆景は和議を破ってはならないと説得を行ったという逸話が残っている。

ここからの経過に関しては、一次史料と編纂物との間に大きな齟齬が見られるところである。その謎を次に解き明かすことにしよう。ここまでの経過をさらりと記したが、備中高松城から沼城を経て姫路城に至る秀吉の行軍の実態には、多くの謎が潜んでいる。その謎とは、あまりにも早すぎるスピードにあるといえる。この背景には、後世に成立した史料などの影響も多々見られるところであり、再検討が必要である。

秀吉の行軍伝説となる史料としては、滋賀県立安土城考古博物館所蔵の天正十年（一五八二）十月十八日羽柴秀吉書状写がある。書状には、「六月七日に二十七里（八一キロ）のところを一昼夜かけて、（備中高松城から）播磨の姫路まで行軍した」と書かれている。この史料は写しであるが一次史料でもあり、価値の大きなものである。書かれたのも、本能寺の変から四ヶ月程度しか経っていない。それゆえ、一昼夜で八一キロを行軍したというのは、事実であると捉えられているが、この史料の全体が自らの功をアピールすることに主眼が置かれていることもあり、細かな時間経過にはあまり信が置けない。秀吉の書状には、軍功を強調するあまり、表現が大袈裟になっているものが多いので、注意が必要である。

備中高松城から姫路城への路程

「梅林寺文書」（秀吉から中川清秀《なかがわきよひで》宛の書状）によると、六月五日の時点で備中高松城から野殿（岡山市北区）まで退却し、沼城（岡山市東区）に向かっていたことが確認できる。備中高松城から野殿までは、直線距離で約八キロである。これなら時間的にも距離的にも問題ないといえる。

六月五日、秀吉は野殿において、中川氏から書状を受け取った旨を返答をしているのである。四日午前に清水宗治が切腹したのち、多少兵を休めて、四日の昼過ぎには備中高松城を出発したと考えられる。そして、野殿から沼城へ向かったのである。この書状には、もう一つ重要なメッセージが込められている。それは、動揺する清秀に対し、信長・信忠父子は近江国へ逃れ無事であると、偽の情報を流しているのである。信長が亡くなったとの情報は、一気に広がったに違いない。秀吉が光秀を討つには多くの味方が必要であり、信長の生存は必要な条件であったと考えられる。そこで、あえて嘘をついたのであろう。

秀吉は、偽の情報を与えることにより、清秀の動揺を鎮めようとした。同様に、偽の情報は有力大名に対しても発せられたと考えられる。秀吉は、巧みな情報操作により、事を有利に運ぼうと画策したのである。

野殿から沼城までは、直線距離で約一四キロの道のりである。ただ残念なことに、いつ沼城に到着したかは分かっていない。しかし、遅くとも五日の夕方には沼城に着いたと考えられる。後述する通り、翌六日に秀吉は姫路に到着しているからである。改めて確認すると、秀吉軍が備中高松城を退去したのは、少なくとも四日の午後五時前後だったと考えられる。毛利軍はすぐに信長の死を知ったものの、秀吉軍の追撃を諦めた。備中高松城から沼城までは約二二キロの道のりであるが、兵は装備を身に着けており、多くは馬でなく徒歩での行軍であった。おまけに出発直前までは毛利氏と対峙しており、その肉体的・精神的な疲労はピークに達していたであろう。おそらくは秀吉の叱咤激励のもと、四日の夜には野殿を過ぎた所で野営を行い、五日中に沼城に到着したと考えるのが妥当であろう。これならば、さほど無理な行程ではない。

秀吉は、いつ沼城を出発したのであろうか。仮に五日の昼過ぎに沼城に到着したとなると、同じ日の夕方には出発が可能である。沼城から姫路城までは、直線距離にして約五五キロである。『松井家譜』所収文書によると、秀吉軍が六日に姫路に到着したのは確かなことである。かなりの強行軍であるが、五日の深夜にいったん休息を摂り、六日の早朝には行軍を再開したと考えられる。

軍勢は秀吉を先頭として先を急ぎ、残りの軍勢は、毛利軍を牽制しながら縦長に行軍した可能性が高い。秀吉を中心とする軍勢だけでも先に姫路に着いたとするならば、無理のない行軍である。全軍が一度に姫路に到着したと考える必要はない。行軍の途中では逐一情報収集を行い、光秀の行動を確認したことであろう。秀吉は、打倒光秀を意識しながら、慎重な態度で行軍したのである。

おそらく秀吉は、五日の夕方から夜にかけて沼城を出発し、六日の夕方から夜には姫路に到着したと考えられる。先に示した「一昼夜で備中高松城から姫路に着いた」というのは、秀吉の記憶違いと考えられる。残りの兵卒は、六日深夜から七日にかけて、続々と姫路入りしたのではないか。多くの兵を率いていたので、海路での行軍は考えにくい。急に船が準備できるわけもない。この間、秀吉は移動しながらも、今後の行軍についてどうすべきか考えていたと想像される。一方、光秀は朝廷に献金をし、また細川幽斎《ゆうさい》・忠興《ただおき》を味方に誘うなど、新体制づくりに余念がなかった。

結局、秀吉は九日まで姫路城に滞在することになった。同日には、毛利氏に味方していた淡路国洲本城の菅平右衛門の討伐に向かっている。秀吉は、案外冷静沈着に状況を見極めていたのである。

姫路城から尼崎への着陣

秀吉軍が姫路城を発ったのは、九日のことである（「荻野由之氏所蔵文書」など）。姫路城の滞在が長くなったのは、毛利氏への警戒と今後の対策を睨んでの情報収集にあった。秀吉軍は、その日の夜のうちに明石に到着している。姫路から明石までの直線距離は、約三四キロで、九日の朝に出発したと考えるのが妥当である。この間、秀吉は洲本の菅氏による海上からの攻撃を警戒し、攻め滅ぼしている。とにかく、のちの憂いとなる障害は、徹底して除いたのであった。六月十日付の秀吉の書状によると、光秀が京都の久我《こが》（京都市伏見区）付近に着陣したことが記されている（「中川家文書」）。この情報を受け、秀吉は摂津国と播磨国の境目に位置する、現在の神戸市付近の岩屋に砦を普請している。さらに秀吉は、光秀が摂津国もしくは河内国に移動するとの情報を得ていた。そのため、境目をしっかりと固める必要があった。

秀吉・光秀ともに配下の者を派遣し、激しい情報戦を繰り広げていたと推測される。光秀が軍勢を率いて摂津国に来る可能性がある以上、秀吉はかなり慎重になったに違いない。先述した六月十日付の秀吉の書状には、十一日に兵庫（神戸市兵庫区）または西宮辺りまで行軍すると記されている。明石から兵庫までなら、直線距離で約二三キロである。明石から西宮までも、同じく約三二キロほどである。となると、秀吉は、播磨国と摂津国辺りで、光秀との交戦を考えていたのかもしれない。

当時、光秀が大坂に滞在中の織田信孝《のぶたか》を取り囲み、切腹をさせたとの噂が流れていたが、六月十日の段階で実際に光秀がいたのは、京都の下鳥羽（京都市伏見区）であった。一方で、山崎（京都府大山崎町）周辺にも兵を着陣させていたことが判明している。お互いの腹を探りながら、一進一退の攻防が繰り広げられた。秀吉軍は慎重に行軍しながらも、実際には十日の朝に出発し、同日の夕方には兵庫にまで進んでいた。

それまで慎重であった秀吉軍は、急ピッチで行軍する。六月十日の夜、兵庫に着陣した秀吉は、翌十一日の朝には尼崎に到着していた（「滋賀県立安土城考古博物館所蔵文書」など）。兵庫から尼崎までは、直線距離で約一九キロある。秀吉の書状には、信孝の身を考えて、昼夜を問わず行軍したとあるが、はたしていかがなものか。この秀吉の書状はのちに書かれたもので、先述の通り秀吉独特の誇張した表現も見られる。むしろ、十日の夜は兵庫で十分に休息し、翌十一日の朝に出発したと考えるのが自然である。当日の夕方には、尼崎に到着したとみてよい。さすがの秀吉も、光秀との決戦に備えて、兵の疲労を極力抑え、士気を高める努力を払ったに違いない。この間、状況は秀吉有利に傾きつつあった。

光秀は、大和国に使者を送り筒井順慶《じゅんけい》に応援を求めたが、順慶は拒否した。逆に、秀吉の味方になった。思惑通りの動きに、秀吉はたいへん喜んだことであろう。したがって、秀吉が兵の疲労を厭わず、昼夜も関係なく行軍する理由はない。的確に状況判断をしながら、行軍することの方が重要だったのである。本能寺の変の翌日、大山崎では早くも光秀から禁制を獲得しており、軍勢の狼藉や陣取・放火そして兵糧米を課すことを禁止した（「離宮八幡宮文書」）。大山崎では、光秀を信長に代わる後継者とみなしたのである。しかし、秀吉の上洛が伝わるとともに、大山崎付近は慌しさを見せる。

大山崎では、信長の息子・信孝を意識せざるを得なかった。そこで、大山崎では信孝からも禁制を獲得し、両勢力による濫妨・狼藉を逃れようと考えたのである（「離宮八幡宮文書」）。光秀にとっては、意外であったかもしれない。当時、光秀軍・秀吉軍ともに睨み合いの状況が続いており、大山崎はどちらが有利なのか判断の下しようがなかった。大山崎にとって苦渋の決断であったと考えられるが、当時はよく見られた現象である。一方、奈良においては、いったん三河国に戻ったはずの徳川家康が、安土城（滋賀県近江八幡市）に着陣したとの情報が伝わった。このように、畿内各所の都市では、さまざまな噂や情報が流れ、混乱していたと考えられる。両勢力からの禁制獲得は、その対処法の一つであった。同時に、光秀が苦境に立たされつつあったのは、確実なところである。

摂津富田への進軍と動揺する光秀

情報が激しく錯綜するなか、秀吉軍は六月十二日に尼崎を出発し摂津富田（大阪府高槻市）に着陣した（「金井文書」など）。この頃の秀吉は、ことが有利に運んだだけに、意気揚々としていたことであろう。尼崎から摂津富田までの距離は、約一三キロである。今までの強行軍と比較すると、問題にならないほど短い距離である。

摂津富田で、秀吉は信孝との合流を待った。ここまでの功績は秀吉にあるが、あくまで総大将は信孝である。では、なぜ摂津富田に集結したのか。富田付近は小高い丘で、近くには淀川が流れており、水運も発達している。軍事的な拠点として、格好の地であった。また、秀吉に味方した高山右近《たかやまうこん》と中川清秀の居城である高槻《たかつき》城（大阪府高槻市）や茨木《いばらき》城（大阪府茨木市）とも近く、連携がとりやすいこともある。しかも、摂津富田から大山崎までは約一〇キロと適度な距離があり、秀吉に有利な条件が揃っていた。絶好の場所だと秀吉は睨んだのである。秀吉は、前日の軍議で高山右近を先陣に決定しており、さっそく大山崎へ陣を取るように命じた。もちろん、大山崎には禁制が発布されており、あからさまな軍事行動は困難であったと考えられる。右近の着陣は、混乱を避けるため、大山崎の西国街道筋の公道に沿って行われたと指摘されている。

一方の光秀は、どのような状況にあったのか。細川幽斎・忠興父子、高山右近、筒井順慶からの助力が得られず、対応に苦慮していた。光秀は対朝廷政策に腐心していたため、秀吉軍への対応が遅れたのである。ここに、光秀の状況判断の甘さが見られ、その焦りはピークに達したと考えられる。キリシタン大名である高山右近に関しては、宣教師オルガンティーノを通して味方になるよう説得していた。忠興の妻ガラシャは、光秀の娘でもある。彼らが味方に加わらなかったことは、光秀にとって大きな誤算だったが、臨戦態勢を整え秀吉軍と対決する。

秀吉が摂津富田に着陣した頃から、すでに光秀軍との前哨戦が始まっていた。光秀が駐留していた勝竜寺《しょうりゅうじ》城（京都府長岡京市）付近で、鉄砲を打ち合っていたことが確認できる。秀吉は、はやる心を抑えられなかったのであろうか。この軍事行動を見る限り、秀吉の遊軍的なものが存在し、背後から光秀を攻撃しようとしていたことがうかがえる。

勝竜寺城は細川幽斎の居城であったが、幽斎の丹後国移封後、村井貞勝《むらいさだかつ》の与力が守備をしていた。本能寺の変後、光秀はその与力から勝竜寺城を奪ったのである。勝竜寺城は交通の要衝地にあり、現在の京都市内の入口に位置する重要な拠点であった。何としても死守しなくてはならなかった。

秀吉に対する光秀も必死である。山崎の戦いの前日において、両者に鋭い緊張が走ったことは容易に想像されよう。十二日夜、摂津富田で一夜を過ごした秀吉軍は、十三日の朝に同地を発った。いよいよ決戦の地・山崎へと向かったのである。

山崎合戦と光秀の最期

摂津富田から山崎までは、直線距離にして約一〇キロほどであるから、秀吉軍が山崎に着陣したのは十三日の昼頃であった。信孝がここで秀吉軍と合流すると、二人は涙を流して喜び合ったと伝わっている。これにより、万事臨戦態勢が整った。信孝の号令により、筒井順慶が出撃した。夜になると、光秀軍が秀吉軍を攻撃してきたため、これに対して反撃を行っている。摂津衆である高山右近、中川清秀、池田恒興《いけだつねおき》は地元の地理にも詳しく、戦いは有利に進んだのであろう。たちまち秀吉軍は、光秀軍を敗北へと追い込み、勝利を確信したのである。

当時の記録によると、光秀軍が「即時に敗北」とあることから、秀吉軍の圧倒的な勝利であったと考えられる。敗北した光秀軍は、蜘蛛の子を散らすように勝竜寺城へ逃げ帰った。無残な敗北であった。しかし、そこも安住の地とは言えず、即座に脱出したといわれている。光秀軍の一部は京都に流れ込み、大きな混乱を招くことになった。京都に流れ込んだ敗軍のなかには、光秀の姿もあった。本能寺の変で信長を討ち、ほんの一瞬とはいえ、天下に号令をかけた男である。しかし、一敗地にまみれた光秀は、自らの居城がある近江国坂本城（滋賀県大津市）を目指し、とにかく逃亡するしか術がなかった。坂本城で態勢を整え、再度秀吉との対決を期そうと考えたに違いない。

十四日、光秀ら落武者の一行は、現在の伏見区小栗栖《おぐりす》へと差し掛かった。山崎から、直線距離にして約一二キロほどである。ここで意外な結末が待っていた。同じ頃、農民たちは、落武者の所持品や首級を狙い、落武者狩りを行っていた。首級を持参することにより、恩賞を得ることができたからである。案の定、光秀らは竹藪で落武者狩りに遭い、無残にも非業の死を遂げたのである。光秀の無念さは、想像するに余りあるものがある。光秀らの首は、京都粟田口《あわたぐち》（京都市左京区・東山区）に晒され、衆人の面前で辱めを受けた。なお、光秀が討たれた場所には諸説ある。

第五章　戦国武将と教養・文化

1　刀剣・茶道・能楽と学問

戦国大名と教養・文化

戦国時代はたび重なる戦乱に明け暮れたが、同時に中央の文化が地方に波及した時代でもあった。権力を掌握した大名は、単に戦いの能力を高めるだけでなく、和歌や連歌などを積極的に学び、教養を深める努力を惜しまなかったのである。本章では、こうした文化面を中心にさまざまな事例を取り上げることにしよう。

戦国大名は、権力を形成する過程において、力による支配を成し遂げた。反面、権力だけでは物足りない部分もあり、さまざまな権威を身に付ける必要があった。たとえば、室町幕府を通して、朝廷から官途を与えられるというのもその一つである。本章の内容に即していえば、京都から和歌や連歌に通じた公家を招き、指導を請うことも大切なことであった。また、入手しがたい書籍（『古今和歌集』や『源氏物語』など）の写本を所持することも、権威を高めることになった。単に力だけでなく、豊かな教養を身に付けることが権威となり、為政者として尊敬されたのである。

座の文学である連歌は、家中の結束を高めるうえで、非常に重要な意味を持ったと指摘されている。当時、合戦に出陣する際、神社の前で戦勝を祈願して戦陣連歌が詠まれたことは、よく知られた事実である。したがって、和歌や連歌といった教養は、戦国大名自身に止まらず、その家臣らも身に付ける必要があったといえよう。毛利元就・輝元・秀就《ひでなり》の毛利家三代の当主に仕えた人物として、玉木《たまき》土佐守吉保《よしやす》がいる。吉保は天文二十一年（一五五二）に誕生し、その生涯を戦乱の中で送った。毛利氏に従って各地を転戦するとともに、医師として活躍したことも知られている。その吉保が自伝として書き残したのが、『身自鏡《みのかがみ》』という史料である。

『身自鏡』が成立したのは、元和《げんな》三年（一六一七）である。このとき吉保は、六十六歳という高齢であった。吉保が老齢に至ってからの回想記であるだけに、年代や事実関係に誤りがあると指摘されている。この史料の特色は、教育、文学をはじめとした戦国武将の教養について、多くの紙数を割いている点にある。それらの点については、さほど大きな間違いは認められないと考えられる。

当時の回顧録（覚書など）の多くは、自らの武功を残すため、合戦を中心に記されている。その点で『身自鏡』は、たいへん異色な存在である。教養に関する記述が豊富であるがゆえに、戦国大名と文化を語るうえで格好の史料だといえるであろう。以下、同史料から、戦国武将の教養の一端を探ることにしよう。

玉木吉保の教養

吉保は十三歳のときに毛利元就の御前で元服し、又三郎吉保と名乗った。吉保は勝楽寺（広島県南区）に入寺し、学問を学ぶことになった。

勝楽寺で学問の師匠となったのは、権大僧正阿闍梨・俊弘法師であった。吉保は、まず「いろは」の書き方を学ぶと、それを五日のうちに終え、清書を父に見せた。その後、平仮名、漢字を習い、心経、観音経といったお経を読んだという。吉保は、朝起きると身支度を整え、終日手習いに没頭し、夕方に清書をして師匠に見せた。あまり学問に身が入らないときは杖で打たれることもあったが、やがて『庭《てい》訓往来《きんおうらい》』や『貞永式目《じょうえいしきもく》』のような往来物を読破するようになった。こうして吉保は、十三歳の一年を過ごしたのである。

十四歳になった吉保は、さらに勉強を進め、『和漢朗詠集《わかんろうえいしゅう》』『六韜《りくとう》』『三略《さんりゃく》』や四書（『大学』『中庸』『論語』『孟子』）を読みこなしたという。それらは『和漢朗詠集』を除くとみな中国の古典であり、とりわけ兵法書である『六韜』『三略』を学んでいたことは注目される。昼夜にわたって学んだものの、「生得愚鈍」で学ぶところが浅かったと回顧している。吉保の奥ゆかしさが感じられる。この間、学問だけではなく、師匠に仕えて身の回りの世話も行っていた。寺で学ぶこと自体が修行だったのであろう。

十五歳になると、吉保は草書、行書をほぼマスターし、楷書の勉強に勤しんだ。そして、『万葉集』『古今和歌集』『伊勢物語』『源氏物語』などの和歌・文学作品の講義を受け、歌人の柿本人麻呂や山部赤人の跡を尋ね、藤原家隆《いえたか》や藤原定家《さだいえ》の流れをも知るほどであった。こうした教養を身に付けることは、当時の人々にとって非常に重要だったのである。また、吉保は連歌の会などにも出席し、ときには囃子に合わせて舞を舞うこともあった。和歌・連歌・文学だけでなく、蹴鞠に興じていたことも、特筆すべきことである。

吉保は十六歳になると、修学を終えて勝楽寺をあとにした。その後、十八歳になった吉保は、それまで多くの合戦に出陣してきたが、「御役目もなかりければ」ということもあり、再び学問に精進している。『身自鏡』でとりわけ目を引くのが連歌に対する深い知識であり、連歌式目として著名な『応安式目』についても触れている。『応安式目』は、応安五年（一三七二）に二条良基《にじょうよしもと》が制定したもので、連歌・俳諧を作る際の決まりを定めたものである。また、和歌で必須とされる定家仮名遣いについても触れているところをみると、吉保の勉強ぶりには驚嘆すべきものがある。『身自鏡』は、この他に茶道、料理、医学、薬学などの記事も豊富であり、吉保の豊かな教養をうかがわせる。なお吉保は、寛永十年（一六三三）に八十二歳で亡くなった。

多胡辰敬の学問観

ここまで玉木吉保の教養について述べてきたが、戦国期の武将たちは、いかなる学問観を持っていたのであろうか。そのことを如実に示しているのが、尼子氏の重臣・多胡辰敬《ときたか》の残した『多胡辰敬家訓』である。

辰敬が生まれたのは、明応六年（一四九七）のことである。父は多胡忠重または久秀といわれており、尼子氏に仕え余勢《よせい》城（島根県邑南町）に本拠を置いていた。辰敬も尼子氏に仕え、各地を転戦して大いに軍功を挙げている。『多胡辰敬家訓』の成立については不明な点が多いものの、辰敬が刺賀岩山《さっかいわやま》城（島根県大田市）に本拠を構えた天文十三年（一五四四）頃と推定されている。教訓を残した相手についても不明な点が多く、かつての出雲国守護・京極政経の子孫にあたる人物ではないかと考えられている。『多胡辰敬家訓』は非常に分量が多く、その内容も多岐にわたっている。それは公家の教養である、弓、乗馬、医学、連歌、料理、舞、細工、花、兵法、相撲、盤上遊戯、鷹などの多岐の項目に及んでいる。また、酒宴におけるマナー、家計、趣味、勝負事など、日常生活に関わる内容も含まれている。豊かな日常生活を送り、人間関係を円滑に進めることは、国を治めるために欠かせない要件だとみなされていたのであろう。

『多胡辰敬家訓』の一条目には、手習いと学問の勧めを説いている。人間として生まれた以上、文字や文章が書けないことは、誠に見苦しいとまで主張している。

当時、それなりの身分になれば、祐筆が書状を代筆するのが慣わしであった。しかし、辰敬は密書などを書く際や、逆に密書が届けられたとき、他人に読み書きを依頼するのはいかがなものかと述べている。つまり、読み書きは武将として必要な嗜みであり、字の上手下手は問題ではないとする。それゆえ身分の貴賤を問わず手習いと学問をすべしとし、学問のない人間は理非の判断すら満足にできないとまで述べている。これは現代の教育観とある程度までは通じるところがあるのかもしれない。今も昔も学問は重要なのである。

最低限の読み書きをベースにして重視されたのが歌道である。その理由は、「歌道は諸道（さまざまな学芸道）を知り、諸道は一道（一つの学芸道）を知る」というものであった。さらに説明すると、天地開闢より後生善所（来世浄土）のことから神祇仏説に至るまで、すべては歌道にあるという。それゆえ、和歌がうまく詠めなくても、日頃から精進を心掛けるべきであると説く。また、老後の一人暮らしにおいて、和歌には老いの心を慰め、行くことができない（和歌に詠まれる）名所を知り、目に見えない鬼神を和らげる効果があるという。

このほかにも、諸芸に取り組むことによる効用を説いており、武士にとって、教養を身に付けることがいかに大切であるかを強調している。

辰敬がここまで教養にこだわるのは、自らの若い頃の体験に根差したものであった。辰敬は五歳から将棋を指しており、なかなか強いとの評判を得ていた。六歳になると、出雲国守護・京極政経の御前で将棋を指したこともあったという。ところが、十二歳で京極氏に仕えたものの、読み書きなどの学修には疎かったと述懐している。この点は、先に取り上げた玉木吉保とは大きく異なっている。戦乱が激しくなると、辰敬は京都から出雲国へ戻ったが、なかなか出世が叶わなかったといわれ、それは学修が十分でなかったからだったという。

その後、辰敬は尼子氏に仕えると、忠勤ぶりが評価され、刺賀岩山城を任されるようになった。それでも、若い頃に学修しなかったことを悔やみ、この本を書き残したのである。辰敬ならずとも、当時の武将にとって、必要最低限の教養は必要だったのである。

赤松政則と刀剣のことなど

備前・美作・播磨の守護を兼ねていた赤松政則は、とくに刀剣に深い造詣があったことで知られている。では、政則の人となりは、どのように描かれているのだろうか。

寛正六年（一四六五）十二月、政則の元服出仕が執り行われ、蔭凉軒主《いんりょうけんしゅ》・季瓊真蕊《きけいしんずい》も列席した。その様子を見た季瓊真蕊は、少年ながら政則の「威儀粛然」とした態度に感嘆し、殿中の人すべてが慶賀したと述べている（『蔭凉軒日録』）。季瓊真蕊は赤松氏の支族・上月氏の流れを汲んでいるので、やや贔屓目であるのはいたしかたないのかもしれない。しかし、他の公家日記を見ても、政則のことを悪しざまに書いているものは目に触れないので、優秀な人物であったのはたしかなのだろう。

幼い政則の特筆すべき点は、芸能に秀でていたという事実である。政則は、猿楽の名手として知られる。室町期には猿楽が武人の嗜みとされ、広く愛好された。政則の祖父・赤松満祐が猿楽を愛好していたのは、よく知られている。『蔭凉軒日録』によると、政則が猿楽を演じると、それを見た人々が政則の舞に感嘆したと記している。政則は、自分自身だけでなく、被官人らも巻き込み、猿楽に勤しんでいたことが知られる。このように猿楽に秀でていたことは、時の将軍・足利義政の目に留まることになり、のちに「政」の字を与えられて「政則」と名乗った。

『晴富宿禰記《はるとみすくねき》』という史料には、政則が『矢開記《やびらきき》』一巻を所望したことを記録している。「矢開《やびらき》」とは、武家の子供（男子）が鳥獣を初めて射たとき、餅を搗《つ》き、射た鳥獣を料理して祝うことをいう。『矢開記』とは、矢開の祝の餅について記した書物である。政則は室町幕府の要職・侍所所司を務めることもあったため、武家故実に通じる必要があったと考えられる。

政則がとくに著名であるのは刀剣であろう。現在、政則の為打銘のある刀剣は、全部で十三口（為打でないもの一口含む）が知られている。そのうち現存するものは八口である。備前国の関係でいえば、政則は文明十四年（一四八二）六月十四日付で難波十郎兵衛尉行豊に対して、太刀を一口贈っている。行豊は、応仁・文明の乱において、赤松氏再興を積極的に支援した功労者である。政則の銘のある刀剣の初見は文明十三年（一四八一）であり、山名氏の播磨侵攻を翌々年に控えた年でもある。文明十三、十四に政則が作刀した刀剣は、ほとんどが自らの被官人への為打である。こうした政治事情を考慮して、刀剣を贈ることは恩賞を意図した領国統制の一環であるという説も提唱されている。

以上の点から、政則は、高い素養と芸術的センスを兼ね備えた人物だといえるであろう。これ以外に、『蔭凉軒日録』などの記録にも、政則が和歌・連歌に親しんだ形跡が見られる。

宇喜多氏の先祖は一介の土豪に過ぎなかったが、秀家の代に至ると大名となり、それにふさわしい教養を身に付ける必要が生じた。とりわけ秀家が仕えた豊臣秀吉は、茶や能を愛好していたので、なおさらのことであった。ここでは、秀家と教養について取り上げることにしよう。

宇喜多秀家と教養

茶や能以外では、秀吉は鷹狩りを好んで行っていた。秀吉は鷹の献上を各地の大名に申し付け、北は東北から南は九州に至るまで、凄まじい執念で名鷹を手に入れようとした。天正十七年（一五八九）十月、秀家は秀吉に随行し、奈良での放鷹に参加したことが記録されている（『多聞院日記』など）。秀家は秀吉の趣向に合わせて、必然的に鷹の献上や鷹狩に巻き込まれるようになった。それゆえ、少なからず秀家と鷹に関する史料が残っている。

秀家は某八郎右衛門（難波氏か）に対し、備前国児島（岡山県倉敷市）へ鷹を輸送するよう命じている（「難波文書」）。残念ながら年未詳である。鷹は船頭百人という大規模な人数を動員して輸送された。史料本文には「油断がないように」と記しており、さらに追伸の箇所で「油断することは曲事《くせごと》である」と重ねて指示している。秀家が鷹匠に宛てた史料が残っているが（「岡山県立博物館所蔵文書」）、前半部分が欠損している。本文の「鷹匠の曲事」という文言から、秀家が何らかの形で領国内の鷹匠の統制を図っていたと推測される。

鷹狩りは鷹を養育するための餌など、意外に経費のかかる遊興であった。秀家は、鷹の餌となる犬の供出を備中国内に命令しており、その担当奉行が千原氏であったことが指摘されている（『千原家家記』）。鷹は生餌しか食べなかったので、犬を飼わざるを得なかった。その犬の餌の経費も、大きな負担であったと考えられる。鷹養育に関する史料は備中国内しか残っていないが、美作国や備前国にも同様に犬の供出が命じられた可能性がある。

宇喜多家の家臣は、連歌会に参加したことが知られている。天正十四年（一五八六）十月、九条稙通《くじょうたねみち》は宇喜多安津《あんしん》（忠家《ただいえ》）らと和漢連句の会を催している。天正十六年一月、宇喜多安津は大村由己《ゆうこ》邸の歌会始にも参加した。同年二月には寺町光直邸において、宇喜多安津、長船貞親《おさふねさだちか》、岡家利、花房秀成が参加している（『言経卿記』）。『言経卿記』によると、山科言経《やましなときつね》はこの連歌会で、安津の作品を五句取り上げた。また、安津が言経に『源氏物語』の書写を依頼するなど、二人の親密な関係がうかがえる。このように、宇喜多氏やその家臣の多くが文芸に親しんでいたのである。

和歌に関しては、秀家のほうにも記録が残っている。文禄三年（一五九四）七月、秀家は冷泉為満《れいぜいためみつ》から『遍昭集』を贈られた。遍昭は、平安前期を代表する著名な歌人であり、同書は宮内庁書陵部本の三十六人集のうちの一本である。さらに『遠近草』（文禄三年五月以後に成立）には、秀家の即興歌が載っている。秀家に和歌の素養があったのは事実である。

秀家は、秀吉に刀を贈っていたことが知られている。周知の通り、備前国は長船刀で有名な地域でもある。年未詳であるが、秀家の家臣・長船貞親は、岡氏に刀の調達を命じ、「明石秘蔵之刀」を秀吉に献上した（『黄薇古簡集』）。その刀剣は残っていないが、併せて銀子二十匁も進呈していたことが分かっている。刀剣は、贈答品として非常に貴重なものであり、秀家の財力のほどがうかがえる。

このような事例からすると、秀家は、鷹や刀剣などを秀吉に献上しており、強固な関係を維持しようと腐心していた様子がうかがえる。

秀家と茶道

戦国期において、大名の間で一大ブームとなったのが茶道であった。天下人となった豊臣秀吉は茶道に傾倒しており、いわゆる「黄金の茶室」を大坂城内に設け、侘び茶の大成者である千利休の指導を請うたことは有名であろう。天正十五年（一五八七）十一月に京都の北野天満宮で催された「北野大茶会」は、茶を通じて秀吉の威勢を知らしめるものであった。むろん、能楽などと同じように、秀家も秀吉の影響を受けて茶に勤しんでいた。

秀家は千利休から指導を受けており、その際のエピソードが残っている。当時、小座敷で茶を嗜んだあと、書院などで菓子などを食べることがあった。これは、いうならば邪道であり、利休の提唱する侘びの精神に反するものである。あるとき、秀家らは、茶の席が小座敷で終わったあと、書院などでもてなしをしなくては失礼であると考え、今井宗久に相談して鎖《くさり》の間を設けることになった。しかし、それを耳にした利休は、「これは侘び茶のすたるもとである」と考え、秀家らに意見したという逸話が残っている（『南方録』）。

利休と秀家に交流があった事実は、二人が茶会をともにした記録により明らかである（『利休百会記』など）。天正十二年（一五八四）十月十日のことであった。この年は、宇喜多氏と毛利氏とが和睦を結んだ年であったが、秀家はまだ十三歳の少年に過ぎなかった。同じ年には、津田宗及が、宇喜多氏の家臣である角南如慶《すなみじょけい》や戸川秀安《とがわひでやす》を茶会に招いている（『天王寺屋会記』）。秀家が秀吉から登用されると、その家臣らも茶会に招かれるようになったのであろう。さらに、天正十八年（一五九〇）十一月十一日、翌年正月二日にも、秀家が茶会に臨んでいたことが確認できる。先に触れた秀家と利休の逸話は、案外事実であったのかもしれない。

宇喜多氏の家臣で茶会に招かれたのは、彼らだけではない。天正十二年十月十四日、秀吉は大坂城中で茶会を催しているが、その列席者のなかに安津つまり忠家の名が見えるのである（『今井宗久茶湯書抜』）。直家の異母弟・忠家（のちに剃髪して「安津〈安心〉」と号す）は、幼い秀家の後見人として、宇喜多家中を支えていた。秀吉は秀家だけでなく、実質的に宇喜多氏の家中を差配する忠家ら重臣に対しても、茶道を介して交流を深めていたのである。

年未詳ながら、秀家は利休の要望に応じて、竹を百本贈っている（「開善寺文書」）。利休が「遠路なのにかたじけない」と認めていることから、わざわざ秀家が備前あたりから取り寄せたと推測される。この竹は茶室の建築に用いられたのではないかと指摘されている。秀家が茶を通して付き合いがあったのは、利休だけではない。天正二十年（一五九二）二月十一日、秀家は博多の豪商・神谷宗湛《かみやそうたん》に招かれて、茶会に参加している（『神谷宗湛筆記』）。当時の大名と同じく、秀家も茶道を愛好し、茶人と積極的な交流を持ったと考えてよいであろう。それは大名の嗜みとして必須の条件であり、社交場としても重要な意味を持っていたのである。

宇喜多秀家と能楽

豊臣秀吉が能楽を愛好していたことは、これまでの研究でも指摘されてきた。秀吉は、周囲の大名にも半ば能楽を強要し、自身のみならず大名らにも演じさせていたことが知られている。それゆえに秀吉は、能楽を愛好するというよりも、「能狂い」と表現されたほどである。秀吉に能楽を強要された一人に、宇喜多秀家がいる。まず、天正・文禄年間について検討することにしよう。野上記念法政大学能楽研究所に所蔵されている史料に、『能之留帳』がある。この史料は、本願寺坊官の下間《しもつま》少進が演能した場所・曲目・演者名などを克明に記録したもので、天正十六年（一五八八）から慶長七年（一六〇二）の間の演能記録を収めている。

下間少進は実名を仲孝《なかたか》といい、越前一向一揆の指導者として知られる頼照《らいしょう》の子として誕生した。下間少進が能に精通していたのは、母や妻の家系に猿楽の名手がおり、若い頃から指南を受けていたからであった。以後、下間少進は、本願寺門主顕如の側近の奏者として活躍した。また金春流《こんぱるりゅう》の秘事を伝授され、禁裏で能を演じるなど、「当時上手」と高い評価を受け、豊臣秀吉、徳川家康にも招かれて、たびたび能を演じた。芸能、文芸を通じての武将らとの交流は、本願寺の渉外担当者として重要な意味を持ったと指摘されている。

『能之留帳』に秀家が登場するのは、天正十六年二月二十五日のことである。秀家は十七歳であった。この日、大坂天満にある下間少進法印邸の能舞台で演能が執り行われた。招かれたのは、秀家以外に単に「武家衆」としか記されておらず、名前まで詳しく分かっていない。演目は、「相生」「八島」「楊貴妃」「葵上」「松風」「長良」「百万」「猩々」の八番であった。

同年十一月十日、秀家を饗応するため、下間刑部卿法印（頼廉《らいれん》）邸で演能が催された（『能之留帳』）。下間頼廉も本願寺の坊官であった。このときは「芳野」「小督」「船弁慶」など七番が演じられている。秀家はあくまで観劇するに止まっていた。

天正年間に秀家が能を演じたのは、わずかこの数例に限られている。この年の前年、秀家は従三位・参議に任じられていた（『公卿補任』）。『能之留帳』に「備前中納言殿」と記されているところから、その翌年に中納言と称されるようになり、同時に、元服も済ませていたと考えられる。つまり、天正十六年の段階で、秀家と能楽との関わりは、人生の節目における記念的な意味合いが強かったと推測される。

まだこの段階では、秀吉からの影響は乏しかったといえよう。

次に、秀家と能楽の記事が見えるのは、文禄二年（一五九三）十月五日のことである（『文禄二年十月五日禁中三日猿楽御覧記』『三藐院記《さんみゃくいんき》』）。この年の前年、文禄・慶長の役において、秀家は朝鮮に出兵し主力として戦っていた。「文禄二年十月五日禁中三日猿楽御覧記」によると、秀吉は御所で「禁中能」を開催し、配下の武将に命じて能を披露させた。能楽者以外が演じてみせるというのは、これまで例がない。まさしく前代未聞の出来事であった。

このとき、秀家は二十二歳の青年である。演じてみせたのは、「楊貴妃」であった。楊貴妃は唐の玄宗皇帝の后であり、傾国の美女と呼ばれたことは、あまりに有名である。「楊貴妃」という演目は、「定家」「大原行幸」とならび、「三夫人」と呼ばれる名曲であるが、上演時間は相当長いものである。秀家の能を鑑賞した『三藐院記』の記主・近衛信尹《このえのぶただ》は、「所存之外、見事也」と感想を漏らしている。つまり、出来映えは上々であったということになろう。天正十六年以降における、秀家と能楽との関わりは不明であるが、禁中能のために相当な鍛錬を積んだのは間違いない。それは、秀吉に対する体面上の問題もあったと考えられる。

翌文禄三年に至ると、秀家と能楽関係の記事が散見するようになる。順次、確認することにしよう。文禄三年一月二十九日、大坂城において、秀吉の召しによって関白・秀次《ひでつぐ》が能を演じてみせた（『駒井日記』）。実はこのとき、秀家も大坂城に参内して、秀吉の面前で「通小町」を演じているのである。「通小町」は、観阿弥の原作とされる演目である。『能之留帳』には、同年二月一日に大坂城西丸において、秀家によって「通小町」が演じられたとある。日が少しずれているが、同じものであろう。

その後、秀家が能を演じた概要を示すと、次のようになる（『駒井日記』）。

⑴文禄三年三月七日――――「楊貴妃」

⑵文禄三年四月二十一日――「杜若」

いずれも、秀吉との関わりの中で演じられたものである。文禄の役を終えて、能楽を楽しむ余裕が生じていたと考えられる。『駒井日記』などの記録類を見ると、この時期の秀家がしきりに秀吉のもとを訪れていたことを確認できる。それは、他の有力な諸大名も同じである。秀家が豊臣政権下に組まれていたことはもちろんであるが、能楽が関係している点が興味深い。これまで見た通り、秀家が主体的にというよりも、むしろ秀吉や諸大名との「付き合い」という次元において、能楽と関わっていたと見てよいであろう。

文禄三年以降、秀家と能楽に関わる記録は見られなくなり、次は慶長三年（一五九八）まで待たなくてはならない。慶長年間に至ると、秀家の能楽への関わり方が主体性を帯びることになる。

慶長二年になると、再び朝鮮出兵が行われ、結局、秀吉が翌年八月に病没するまで、延々と続けられることになる。秀家も朝鮮出兵を命じられ、主力軍として戦ったが、翌年三月には秀吉から帰国を命じられ、日本に戻ってくる。その直後、秀家は、自邸において能を催していたことを確認できる（以下『能之留帳』による）。

慶長三年五月三日から七日までの四日間（六日は開催せず）、秀家は大坂の自邸で能を開催した。下間少進仲孝が関わっていたことが確認できる。秀家の屋敷は、大坂城下の備前島（大阪市都島区）にあったという。この段階で秀吉は病を得ており、とても能楽を楽しむ余裕はなかったと考えられる。したがって、自邸での開催は、秀家独自のものと考えてよい。以下、四日間の概要を見ておこう。

基本的に、シテ（主役）を演じているのは下間少進仲孝が多いものの、秀家が務めているケースも見られる。次に、その点を確認しておこう（日付の下が演目）。

(1)五月三日――「井筒」「富士太鼓」
(2)五月四日――「江口」「藤門」「三井寺」
(3)五月五日――「熊野」「三輪」「善知鳥」
(4)五月七日――「清経」「二人静」「紅葉狩」「関寺小町」

これまでは、半ば強制的に、秀吉から命じられて演じていた感があった。しかし、秀家の自主的な興行ということもあり、進んで演じている様子がうかがえ、演目も多岐にわたっている。注目すべきは、四日に侍従なる人物が「羽衣」を、同じく五日には「東岸居士」を演じていることである。この侍従とは、秀家の子息・秀隆《ひでたか》と考えてよい。秀隆は、慶長二年九月に正五位下・侍従に叙されていた。秀隆の誕生は天正十九年（一五九一）なので、このときはまだ八歳の子供である。秀隆が演じている記録はこれ以外に見られないので、前年の官職の授与と何らかの関係があるのかもしれない。

以降、とくに慶長四年に至っては、頻繁に自邸において能を催している事実を確認することができる。それらを次頁の表にまとめた。この表を一覧すると分かるように、慶長四年四月以降、頻繁に大坂の宇喜多邸で能が催されており、秀家の演じる演目も実に多岐にわたっていることが確認できよう。そのために修練の時間も費やされたであろうが、開催費用も相当な額にのぼったと推測される。下間少進仲孝ら能楽師への謝礼も必要であったに違いない。また、史料に掲出された以外にも、能が催された可能性

慶長四年に宇喜多秀家の演じた能の演目（場所はすべて大坂・宇喜多邸）

月日	演目	備考
四月七日	「熊野」「富士太鼓」「源氏供養」「祝言呉服」	大閤政所が客。
四月十日	「通盛」「松風」「海士」「三井寺」	
四月十一日	「邯鄲」「千寿」「善界」「井筒」「女郎花」「百萬」「鵜羽」	
五月十五日	「野宮」「藤門」「通小町」	
五月十六日	「鵜羽」「忠度」「定家」「卒都婆小町」	
五月二十二日	「百萬」	
五月二十三日	「清経」「江口」「富士太鼓」「葵上」	
七月二日	「江口」「女郎花」	
七月四日	「通盛」「野宮」「富士太鼓」「二人静」「船弁慶」	

も考慮すべきであろう。

このような事実を見る限り、考えなくてはならないのが、近世に至って成立した、岡山藩士・土肥経平の手になる『備前軍記』の「国中静謐になりしにしたかひて、秀家卿奢り相まして、鷹狩・猿楽を好み、鷹并鷹匠・猿楽の役者多く養ひかかへられ、其遊興に金銀の費をひたたし」という記述である。こうした秀家の贅沢によって、領国（備前・美作・播磨・備中）で新たに検地を行い、家臣の領地や寺社領から二十余万石を打ち出したという。やがて、秀家の苛政は家臣らの反感を買い、慶長四年末の宇喜多騒動に繋がったとされている。これまで再三指摘されているように、『備前軍記』の記事は玉石混淆であり、誤りが多々あることから、利用するには注意が必要である。しかし、これまで述べてきた通り、少なくとも秀家が能楽を愛好しており、積極的であったことは史実として認めてよい。

秀家が鷹に関わった事例に基づき、能楽にかかる経費について、『備前軍記』の記述通り、単なる遊興費でなく、交際費（＝必要経費）であるとの見解が示されている。筆者も、この意見には基本的に賛成であるが、こうした例を見る限り、交際費が宇喜多氏の財政を逼迫させたと推測されることには、改めて注意を払う必要があろう。

大坂の宇喜多邸における能の興行には、著名な能役者も招かれていた。むろん、それには経費が必要だったはずである。それは一時的なものではなく、パトロンとして恒常的であった可能性もある。宇喜多氏に限らず、文禄・慶長の役に動員された諸大名は、多大な軍役を負担しなくてはならなかった。そのうえに多大な交際費を負担することは、宇喜多氏の家臣らの理解を得られなかったかもしれない。

御伽衆となった山名豊国（禅高）

天正九年（一五八一）四月、因幡を退去した山名豊国は、剃髪して名を「禅高《ぜんこう》」と改めた（『稲場民談』所収文書）。以後、豊国は大名としての地位を失い、豊臣秀吉そして徳川家康の御伽衆《おときしゅう》として活躍する（以下、表記は「豊国」で統一）。では、御伽衆とは、いったいいかなる職掌なのだろうか。

そもそも御伽衆の「伽」とは、「咄」のことを意味する。「咄」とは戦陣における武辺咄のことで、将卒の思想統一と行為基準を形成するために広く行われた。「咄」はやがて職業となり、主君のために家臣から選ばれて、「御伽衆」と敬称されたのである。御伽衆の資格としては、(1)咄巧者であること、(2)咄に適応する体験・技術の所有者であること、が必要であった。つまり、武芸に秀でることはもちろん

山名豊国（京都市・東林院蔵）

のこと、高い教養をも必要とされたのである。むろん、豊国は十分な経験をしており、高い教養を持っていた。

鉄山宗純の手になる「山名豊国寿像賛《じゅぞうさん》」は、豊国の教養や人格に触れている数少ない史料の一つである。豊国は鉄山から禅を学んでおり、入魂の間柄であった。鉄山によると、豊国は生まれながらに勇気のある人物で、兵乱に際しては自ら武器を手に取って戦ったと評価されている。豊国には向かうところ敵なく、「百戦百勝」であったという。また、豊国は禅への造詣が深く、蘇東坡《そとうば》の詩を愛好していたと記録している。蘇東坡（一〇三六〜一一〇一）は蘇軾ともいい、中国の北宋の文人、政治家として知られ、唐宋八大家の一人である。詩は宋代第一と称され、『赤壁賦』などの名作を残した。

「寿像賛」は当該人物の賞賛を目的に執筆されているので、少なからず誇張されている点があると考えられる。なぜならば、本当に「百戦百勝」であるならば、大名としての地位を失わなかったに違いないからである。しかし、豊国が禅や蘇東坡の詩を好み、深い知識を有していたことは事実として認めてよいであろう。では、豊かな教養を持つ豊国は、いかに和歌や連歌と接し、また御伽衆として活動していたのであろうか。

慶長元年（一五九六）十一月、豊国は京都・細川幽斎邸で『伊勢物語』の講義を受けている（『玄与日記』）。これが、豊国と文学との関わりを示す最初の事例である。当時において『伊勢物語』の講義を受けることは、なかなか得がたい機会であった。細川幽斎は、武将ながらも当代随一の教養人として知られていた。古今伝授《こきんでんじゅ》を授けることができる、数少ない人物の一人だった。慶長五年（一六〇〇）の関ヶ原合戦のとき、幽斎は丹後・田辺城（京都府舞鶴市）で籠城していたが、敗色が濃くなると、後陽成《ごようぜい》天皇は幽斎の才能を惜しんで、勅命講和を斡旋したほどである。

翌年十月には、家康から伏見城に招待され、ともに『太平御覧《たいへいぎょらん》』を閲覧している。『太平御覧』は、太宗の勅命を受け、李昉《りぼう》らが編纂した一大類書で、宋初の九七七年から六年九ヶ月の歳月をかけ、九八四年に完成した。全千巻。引用書は千六百六十にのぼるが、現在ではその大半が失われており、きわめて重要かつ貴重な書物とされている。こうした古典を理解するには、相当の知識が必要であった。とりわけ『伊勢物語』は、和歌や連歌を理解するうえで必須であったといえる。豊国と和歌や連歌との関係については、さらに遡ることができる。以下、取り上げることにしよう。

天正十年（一五八二）七月一日、豊国は里村紹巴《さとむらじょうは》が主催する連歌会に出席した（『連歌合集　五〇』）。紹巴は豊臣秀吉や明智光秀とも親交があり、著名な連歌師として知られている。豊国は、秀吉を介して紹巴の知遇を得たのであろうか。そのあたりは不明である。紹巴の発句「秋風の　きのうにもにぬ　袂かな」を受けて、禅高は「行末遠し　野路の朝霧」と詠んでいる。「行末遠し」とは、自らの境遇を嘆いているのであろうか。

五年後の天正十五年三月、秀吉は薩摩の島津氏を討伐すべく兵を起こし、その途中に赤間関の阿弥陀寺（山口県下関市）を訪問した。この地は壇ノ浦で平家一門が滅亡したことが知られている。その際、秀吉は海に身を投じた安徳天皇や平家一門を偲び、豊国らとともに歌を詠んでいる。豊国の歌は、「名

計の　沈みも果てぬ　うたかたの　あはれながと（長門）の　春の浦波」というものである。これもまた、滅亡した平家一門に自身の姿を重ね合わせたものであろうか。

豊国は秀吉の配下にあったが、その関係を強めるため、娘を秀吉の側室に送り込んでいた。こうしたことが幸いしたのか、豊国は秀吉の「二十二人の御咄の衆」の一人になったと考えられている。「御咄の衆」とは、「御伽衆」のことである。研究者の中には、「伽」が「夜伽」を連想させるので、あえて「御咄衆」という言葉を用いることがある。慶長三年（一五九八）に秀吉が病でこの世を去る前に、豊国は生前の形見分けとして、金三枚を与えられた。秀吉が亡くなると、豊国は徳川家康に急接近した。慶長五年九月、関ヶ原合戦が勃発すると、豊国は家康の東軍に与している。翌年三月、家康は豊国に対して、但馬国七美郡に六千七百石を与えるとの朱印状と知行目録を交付した（「池田文書」）。石高としては往時を偲ぶべくもないが、ようやく武将としての体面を保ったというところであろう。

その後、豊国は家康と入魂の間柄になり、慶長十七年（一六一二）に駿府城（静岡市葵区）で将棋を指したとの記録が残っている。また同年七月には、家康に招かれて茶会に列席した。慶長十九年八月、家康は、豊国に命じて連歌を興行させている（以上『駿府記』）。豊国は、御伽衆として家康に仕官したといえよう。このように豊国は、自らの豊かな教養や学芸の才能をもって、秀吉・家康という二人の天下人に仕えたのである。

2　毛利文化と大内文化

毛利元就の文芸観

安芸の一国人から中国地方に覇を唱えた毛利元就は、「謀将」などと称されるように、必ずしも良い印象を持たれていない。それは、年月日未詳の毛利元就自筆書状に「能も、芸も、慰みも、道だても、本路だても、何もかも入らず候、ひとへに〳〵武略・計略・調略かたの事までにて候〳〵」と記されているので、戦い以外に関心がなかった裏付けとなろう（「毛利家文書」）。能も芸も慰みも何も入らない、ただ武略・計略・調略がすべてなのだ、と戦いにおける駆け引きの重要性を説いている。この一文を読むと、元就が教養に関心のない人物であると考えてしまうかもしれない。元禄十五年（一七〇二）に長州藩士・杉岡就房によって執筆された『吉田物語』にも、「芸も入らず、能も入らず、遊も入らず、花も入らず、何もかも入らず、昨日夜共に、武略・智略・計略の調略工夫肝要に候〳〵」と記されている。

この一文は、先の元就の自筆書状を参考にしたのは明らかであろう。文面も似通っている。元就は、本当に日夜、謀略のことばかり考えていたのであろうか。元就の自筆書状は、他にも武将としての日常の心構えを盛んに説いている。元就が芸能諸事を否定しているのは、戦いのことを忘れないよう強調しているだけで、必ずしも本心とは言えないかもしれない。実際の元就は教養もあり、文化の庇護者として知られている。もう少し元就の文芸観を見ることにしよう。

小早川隆景が元就の言葉を書き残した『永禄聞書』という史料がある。この史料は、元就の考え方を知るうえで興味深いものがある。同書には、「儒道を学び、文学を好むは、理の明かなることを知らんが為なり。或いは詩歌にたはむれて、我が道を忘るるは非ざるなり。（中略）武者は武道を先とし、諸の芸法を学ぶときは、儒仏・詩歌・管弦ともに助けと成るべし。本を忘るる時は、皆以て空となる者也」とある。

この一節を読めば分かる通り、武将の嗜みとしては武道を最優先とすべきであるが、詩歌や弦楽などの諸芸能も役に立つとある。根本である武道が中心であり、それを忘れるならば、諸芸能を学ぶことは空虚であるとも述べている。すでに述べたように、文学などを学ぶのは、事の理非を判別するために必要であった。こうした考え方は、当時の戦国武将にほぼ共通した考え方であった。芸能諸事に励むことは、優れた武将になるために欠かすことができなかったのである。

それゆえ元就は、ときに諸芸能の庇護者として理解を示した。『吉田物語』には、「歌道の達者、乱舞の芸者、盤上（囲碁・将棋）・立花（いけばな）の上手、其外道々の名人共、吉田（吉田郡山城。広島県安芸高田市）へ御見舞いとして罷り下り候、何れへも夫々相当に馳走を仰せ付けられ、忝く存じ奉り候様に遊ばされ、道々の芸など御見物遊ばされ候」という一節が記されている。吉田郡山へは、歌道や舞踊などの名人が数多く訪れたが、元就はそれを歓待し見物したというのである。したがって、元就が「謀略について日々考えよ」というのは、武将としての心構えであって、日常生活では嗜みとして諸芸能を楽しんでいたことが分かる。

元就と連歌・和歌

戦国武将にとって、連歌・和歌は欠かすことのできない教養であった。以下、元就の例を確認することにしよう。現在、防府毛利報公会には『毛利元就詠草連歌』が所蔵されており、山口県の指定文化財になっている。元就は、生前から自身の連歌や和歌を書き残していた。元亀二年（一五七一）六月に元就が没して以後、聖護院門跡道澄《どうちょう》（近衛稙家《たねいえ》の子息）が吉田に赴いたとき、その作品群に感嘆し京都に持ち帰った。道澄は、それを連歌師・里村紹巴と、歌人として名高い三条西実澄《さねずみ》（のちの実枝《さねき》）に見せた。二人はその作品の価値を認め、連歌を紹巴が、和歌を実澄がそれぞれ筆写したのである。

『毛利元就詠草連歌』は、元就の詠草を自身の筆で書いた貴重なものである。絹表紙は牡丹唐草の文様になっており、見返しには金箔が押されている。内容は、詠草和歌三十四首、上句の欠脱した歌一首、詠草付句一四九句、詠草発句十七句で構成されている。なお外題は、四代目の萩《はぎ》藩主・毛利吉広《よしひろ》の手になるものである。『毛利元就句集』は里村紹巴の筆写したもので、元亀三年（一五七二）二月上旬に成立した。句集（連歌の部分）は、前半が附句（四十九区）、後半が発句（三十句）に分かれており、紹巴がすべての句に批評を行っている。この句集には、次に示す紹巴の跋《ばつ》（著書などのおわりに書き記す文章。あとがき）がある。

あやしき鳥の跡を残すへきの尊命にしかたひ、又一ハのほせをかるゝ正体を都にとゝめ、時節をまち文をすてゝ、武をもつハらとする人をいさめんたよりになさんと、元亀三年二月ハしめこれをしるしをはりぬ。

この跋を読むと、文武両道で天下に大志を抱いた元就を賞賛していることがうかがえる。元就の連歌がいかに優れていたかが分かるであろう。

『毛利元就詠草連歌』は、元亀三年六月に成立した。紹巴が句集（連歌）に評語と跋を記した一巻と、実澄が歌集（詠草）に評語と跋を記した一巻とを合わせたもので、道澄が書写したものである。三人による合作といえよう。実澄の跋では、元就を「勇士なる誉」があり、「風雅の庭にあそふこころさし」のある人物として高く評価している。詠草の中には、元就が元亀三年三月十六日に詠んだものがあることから、死の直前まで和歌に興じていた様子がうかがえる。

『毛利元就詠草連歌』は、元就の歌集『春霞集《しゅんかしゅう》』の祖本（もとになる本）とされている。江戸時代初期の写しである。句集部分には紹巴が、歌集部分には三条西実澄が、それぞれ評語と跋文を寄せており、奥書には「大僧正（道澄）」とある。やはり、この三人が成立に関わっていたようである。この詠草は、道澄から小早川隆景に贈られたらしい。次に、元就の詠草を挙げておこう。

○『毛利元就連歌懐紙（永禄五年卯月三日　賦何人連歌）』より。

発句「卯花や雪もたかねの時鳥　重雄」

脇句「若葉むらむら明ほの丶山　元就」

第三句「残る夜の月に霞のいま見えて　隆元」

○『毛利元就短冊和歌』より。

「よろこひのつきせぬ色を春そまつみせてやむめの花もほ丶ゑむ　元就」

「晴れゆくや月の光も移ぬる代々にかハらぬ詠めなりけり　元就」

「田家水　かりあくる秋の田面にゆく水のかけもさひしき草のいほかな　元就」

元就は現実的で冷徹な大名と捉えられがちであるが、実際には和歌や連歌に通じ、風雅の士としての一面があったのである。

吉川元春と『太平記』

毛利家では、元就が和歌や連歌に造詣があったことが明らかであるが、文学作品はどのような状況だったのであろうか。元就の次男である吉川元春は、最も文芸に通じていた。そもそも吉川家では、中興の祖・経基が学問好きであり、『古今和歌集』や『元亨釈書《げんこうしゃくしょ》』を書写するほどであった。元春は、それら吉川家伝来の貴重な書物を保管していたのである。むろん、それだけでなく、大内氏の一族である右田弘詮《みぎたひろあき》が書写した『吾妻鏡《あづまかがみ》』や貞応本『古今和歌集』などの収集を行ったことが知られている。とりわけ『吾妻鏡』は、吉川本と称されており、重要な写本の一つとされている。元春の文芸に対する熱心さは、元就に負けず劣らずのものがあった。

永禄五年（一五六二）から同九年にかけて、元春ら毛利勢は出雲・尼子氏の居城である月山富田城（島根県安来市）を攻撃していた。元春は、戦いの最中の永禄六年から同八年の間に『太平記』を書写したことで知られている。この『太平記』は『吉川本　太平記』と称され、本文がカタカナ交じりで表記されるなど、その古い形式を伝えており、今も貴重な伝本の一つに数えられる。これまで、『神田本　太平記』が最も古い形態を持つとされてきたが、第十四巻が欠けていた。それゆえ全巻揃う『吉川本　太平記』は、『神田本　太平記』を補ううえで重要である。

『吉川本　太平記』の奥書によると、第一冊は永禄六年（一五六三）十二月に書写され、その後も順次各巻が書写された。そして、第三十九冊を永禄八年七月に書写し終え、ようやく完成しており、別に自筆の太平記目録一冊も残されている。なお、『吉川本　太平記』は、昭和三十四年（一九五九）十二月十八日、国の重要文化財に指定された。

元春の長男の元長も学問好きであり、西禅寺（広島県北広島町）の住職である周伯恵雍《しゅうはくえよう》に書物の校正を依頼したことが知られている。また、父の元春と同じように、陣中にたくさんの書物を携行し、書写に励んだようである。国指定の重要文化財としては、『紙本墨書細字法華経八巻』という、唐代の細字経の写本がある。弘法大師の筆になるといわれるが、それは確かではなく、平安初期の名筆家によるものと考えられている。この経典は、もともと京都の仁和寺（京都市右京区）が保有していたものであったが、天正十二年六月二十一日に元長に譲られた。以上の元春や吉川氏に関わる古典の多くは、山口県岩国市の吉川史料館に保管されている。

花開いた大内文化

作者不詳の『大内夢物語』という後世の書物では、大内義隆を「ひととなり容貌優美にして、女色にふけり、和歌・弦楽を好み、武道にうとく、茶道・蹴鞠の遊びに日を暮し、仏道に心を入れ、専ら華美を好み奢り、当時の諸侯になかりし」と評価している。おおむね一般に知られる義隆の評価は、ここに言い尽くされているのではなかろうか。義隆が文芸に力を入れたのは事実であるが、陶晴賢に滅ぼされるという不幸に見舞われた理由は、武道に力を入れず、文芸に傾倒していたことが原因とされている。滅亡した大名は不幸であり、常に誤解があるようだ。義隆が、幅広い教養を身につけた知識人であったことはいうまでもないが、こうした後世の人の評価を鵜呑みにするのは、いささか危険であろう。

大内氏と文化との関わりは、十四世紀の終わり頃から認められる。大内義弘や盛見は、多くの五山僧と交流があり、禅宗文化の受容に貢献した。惟肖得巌《いしょうとくがん》と親しかった盛見は、「紙本墨画天神図」（古熊神社蔵）に賛を求めており、これは文化財として貴重なものとなっている。さらに大内氏は、経典の刊行にも力を入れている。仏教の解説書の一つ『蔵乗法数』の刊行には、盛見が関係している。文明十四年

（一四八二）には、大内政弘によって『大内版妙法蓮華経版木』が開版された。また、李氏朝鮮から高麗版大蔵経が贈られるなど、山口の仏教文化の興隆に寄与したといえる。

和歌や連歌といった文芸についても、大内氏は深い関心を持った。大内政弘は、宗祇や三条西実隆が編纂に関わった准勅撰の連歌集『新撰菟玖波集』への支援を惜しまなかった。自身も歌集『拾塵和歌集《しゅうじんわかしゅう》』を刊行するなど、和歌に優れていたことがうかがえる。家臣らも、多くが文芸に親しんだ。同時に、山口には数多くの公家や連歌師が来訪し、さながら都のような様相を呈した。彼らが都からもたらした文化は、連歌興行などを通じて、家臣団統制の役割を果したとまでいわれている。

このように大内文化というのは、義隆の時代に突然花開いたものではなく、室町期以来脈々と受け継がれてきたのである。

大内義隆と和歌・連歌

大内家が文芸に力を入れていたことは述べてきた通りであるが、実際に義隆は和歌・連歌にどれくらい取り組んだのであろうか。義隆の父・義興の時代、山口をたびたび訪れたのが、連歌師・宗碩《そうせき》である。宗碩は宗祇の門下として教えを受け、各地を旅していた。宗祇の死を看取ったことで知られている。享禄四年（一五三一）七月、宗碩は、門人の周桂《しゅうけい》らを引き連れ、西国への旅に出た。彼らが目指したのは、山口であった。宗碩は、義隆やその家臣らと連歌会を催し、千句の興行を行っている。義隆は、「うつろふを　冬咲菊の　盛哉」という発句を詠んでいる。宗碩は山口の地に留まり、翌享禄五年（天文元年）は大内文化の育成に貢献したが、翌年の天文二年四月二十四日、長門府中（山口県長門市）で客死した。享年六十。

義隆は、和歌についても精進を重ねた。父・義興は歌人として著名な飛鳥井雅俊と親交が深く、『古今和歌集』の注釈書『古今秘決』を贈呈された。連歌師・宗碩からは、古今伝授を授けられたといわれている。古今伝授とは、歌道伝授の一形式である。『古今和歌集』を講釈し、その注説の重要な部分を切紙として示し、これに古注・証状・相承系図を付して伝授した。古今伝授は、誰もが受けられるものではなかった。義興は盛んに和歌会を開催し、和歌に熱心に取り組んでいた。

義隆がこうした父の影響を受けたことは、想像に難くない。実際、義隆は、山口を訪れる公家や僧侶を歓待した。彼らから和歌を学ぶためである。とりわけ飛鳥井雅俊、三条西実隆、堯淵《ぎょうえん》僧正から、和歌の指導を受けたことが分かっている。『実隆公記』享禄三年二月六日条によると、義隆は三条西実隆に懐紙《かいし》の書法について教えを乞うている。懐紙とは、詩歌、連歌、俳諧を正式に記録、詠進する時に用いる料紙のことである。同時に、三十六歌仙の色紙を所望しており、実隆はそれを贈呈している。当時、実隆は当代随一の文化人として名を馳せていたが、一方で、地方大名に書写した古典を贈るなどして、何とか生計を立てていたのである（実質的には対価を得ていた）。

義隆が、和歌を学ぶうえで最も強い影響を受けたのが堯淵僧正である。堯淵は、歌人として名高い下冷泉政為《まさため》の息子である。冷泉歌流を知り尽くした堯淵は、もともと仁和寺の塔頭・皆明寺にいたが、天文二年（一五三三）に周防山口を訪れていた。当時、堯淵はかなりの高齢であったが、数年にわたって、青年であった義隆に和歌の指導を行っている。蹴鞠の名手としても名を馳せた飛鳥井雅俊は、永正十四年（一五一七）に山口を訪れ、亡くなる大永三年（一五二三）四月十一日まで滞在した。この間、和歌などの指導にあたっていたのだろう。

義隆の歌としては、「さかならぬ　君のうき名を　留をき　世にうらめしき　春のうら波」が伝わっている。この歌は、『懐古詩歌帖』の一首である。『懐古詩歌帖』は赤間神宮に所蔵されていたが、戦災に遭い焼失した。総じて義隆の歌風については、貴族的、耽美的と評価され、また清新さに欠け、マンネリ化しているといわれている。義隆からすれば、和歌に専心する余裕はなく、むしろ領国支配という本業が別にあるがゆえ、いたしかたなかったというのかもしれない。なお、義隆は、漢詩にも通じていたことを補足しておきたい。

大内義隆と諸学

義隆が強い関心を示していたのは、和歌や連歌だけに止まらず、茶の湯、儒学、有職故実など多岐にわたった。最初に取り上げるのは、茶の湯である。しかしながら、茶の湯に関する史料は、後世の軍記物語であることが多く、あまり良質な史料に載っていない。あらかじめ、そのことをお断りしておく。

義隆は、朝廷に茶碗十個を贈呈していた。この茶碗は、茶の湯に使われていたのであろう。現在、根津美術館（東京都港区）には、「青磁筒花生　銘　大内筒」が所蔵されており、箱書に「東山殿（足利義政）御所持」と記されている。この花生《はないけ》（花を生ける器）は、大内家に伝来したので「大内筒」と命名され、国の重要文化財に指定されている。大内氏は貿易を盛んに行っていたが、そうしたルートを通じて輸入していたと考えられる。

『大内物語』によると、義隆の家臣・相良武任は、名物といわれる茶器を京都や堺で買い求めたと記している。その茶器とは、松本茶碗《まつもとぢゃわん》、天目七つの台、灰被天目《はいかつぎてんもく》、茄子茶入《なすちゃいれ》、合子水翻《ごうすみずこぼし》、瀟湘夜雨《しょうしょうやう》などで、十万疋（現在の貨幣価値に換算して約一億円）という高額であったという。松本茶碗は本能寺の変で焼失したようであり、値段は五千貫（約五億円）にまでなっていたらしい（『山上宗二記《やまのうえのそうじき》』）。義隆の被官・沼《ぬ》考えられる。

間敦定《まあつさだ》は、三条西実隆に天目茶碗や小壷を贈っているので、家臣らも茶の湯に強い関心を抱いていたと考えられる。

千利休の高弟の一人・山上宗二《やまのうえそうじ》の手になる『山上宗二記』には、大内氏と茶の湯にまつわる記事が出て来る。その記事には、相良武任と思しき人物が、名物の花入を所持していたと記される。この記述から、先に触れた『大内物語』の内容を裏付けられるであろう。野村美術館（京都市左京区）には、「茶入　上杉瓢箪」が所蔵されており、天下六瓢箪のなかでも優れた一品と評価されている。これはかつて義隆が所持していたといわれ、「大内瓢箪」とも称されている。

次に取り上げるのは、義隆と儒学である。天文三年（一五三四）、義隆は朝鮮に使僧を派遣し、『五経正義』を入手しようとした。五経とは、儒学で重要とされる『易経』『書経』『詩経』『礼記』『春秋』のことで、『五経正義』はその注釈書である。使僧は同書を入手したのであるが、帰路で遭難して失われてしまったようである。天文十年七月には、『五経』と漏刻器（時計）の製法書を求め、こちらは無事に届いたようである。当時の朝鮮国王・中宗《ちゅうそう》は、義隆の強い向学心を賞賛している。

山口には、儒学者として名高い小槻伊治《おつきこれはる》、清原業賢《きよはらなりかた》が滞在していた。『義隆記』によると、彼は儒学の講義を行っていたという。さらに義隆は、清原宣賢《のぶかた》に依頼して、『四書五経諺解《げんかい》』を書写させた。四書とは『大学』『中庸』『論語』『孟子』のことであり、同書は四書五経を平易に解説した書物である。書写する費用は、四万疋（約四千万円）であったといわれている。こうして山口では、儒学の講義が盛んに行われたのである。

義隆の有職故実については、『多々良問答』を挙げれば十分であろう。有職故実とは、公家や武家の儀礼・官職・制度・服飾・法令・軍陣などの先例・典故のことである。『多々良問答』は、別名『不審条々』『有職問答』ともいい、天文六年に完成した。その奥書によると、大内義隆が三条西実隆に三百数十個条にわたる質問を行い、その答えを柳原資定が代筆したものである。内容についてはかなり高度で、義隆の博学ぶりがうかがえるものである。

このように義隆は、先祖から受け継いだ文化遺産をさらに発展させた。しかしながら、こうした文化活動が大内氏滅亡に関連づけられたのは、実に残念と言わざるを得ない。

第六章　豊臣秀吉の天下統一

1　豊臣秀吉の台頭過程

豊臣秀吉の登場

天正十年（一五八二）六月に織田信長が明智光秀に急襲され横死すると、代わりに台頭したのが羽柴（豊臣）秀吉である。秀吉は、山崎の戦いで光秀を討ち取ると、翌年には信長の重臣だった柴田勝家を越前北庄（福井市）で滅亡に追い込んだ。また、織田信雄《のぶかつ》（信長の次男）とともに織田信孝（信長の三男）を自殺に追い込み、さらに滝川一益を屈服させて、伊勢・尾張を配下に収めた。こうして秀吉は、かつての信長配下の重臣のなかでも、抜きん出た存在になった。

天正十二年、秀吉は信雄と対立を深め、また関東方面の支配に意欲を示したため徳川家康との関係も悪化した。これにより秀吉と信雄・家康の溝は深まり、両者は戦いへと至る。こうして勃発したのが、小牧・長久手の戦いである。この戦いで秀吉は家康に実質的な敗北を喫するが、政治的な駆け引きをして有利な条件で和睦を結び優位に立った。家康を屈服させたことは、秀吉が天下人の道を歩む大きな契機となったのである。

信長の死後、秀吉の官位昇進は著しかった。秀吉は天正十年十一月、従三位・権大納言に任じられると、翌年には正二位・内大臣に昇進した。その翌年には、摂関家の関白職をめぐる争いに乗じて、秀吉は近衛龍山《りゅうざん》（前久）の猶子となり、従一位・関白に就任し、公家社会でも頂点に立った。天正十四年十二月には豊臣姓を下賜され、太政大臣に任じられたのである。

秀吉による天下統一の動きも増していった。天正十三年には、抵抗する紀州の根来《ねごろ》（和歌山県岩出市）・雑賀《さいが》（和歌山市）を攻略すると、土佐の長宗我部氏を討伐すべく四国に軍勢を派遣し、これを降参に追い込んだ。翌天正十四年には薩摩・島津氏と豊後・大友氏の抗争に乗じて、島津氏の征伐を敢行すると、翌天正十五年に島津氏を屈服させることに成功した。天正十八年になると、小田原北条氏が惣無《そうぶ》事《じ》の政策基調に抵触したため、諸大名に命じて小田原征伐を行った。北条氏を滅亡に追い込んだ秀吉は、続けて奥州仕置を実施し、東北の諸大名を配下に収めることに成功する。国内の平定を終えた秀吉は、いよいよ文禄元年（一五九二）から朝鮮出兵に着手した（文禄・慶長の役）。

このような流れのなかで、中国の大名は備前・美作などを領する宇喜多秀家、そして、それ以西を支配する毛利氏（および小早川氏・吉川氏）の二大勢力に収斂されていく。宇喜多氏および毛利氏は、豊臣政権下で、どのような動きをしたのだろうか。

備中高松城の戦いの戦後処理

最初に、宇喜多氏の状況を確認しておこう。天正十年（一五八二）六月、本能寺の変が勃発したため、秀吉は一時的に毛利氏と和睦を結び、備中高松城（岡山市北区）の戦いは終結する。その後、問題となったのは毛利氏との領土割譲の問題だった。それは同時に、宇喜多氏と毛利氏との今後の関係を考慮すれば、非常に重要な問題だった。

毛利氏は秀吉と和睦を結んだが、美作などの割譲は拒み続けたため、宇喜多氏と毛利氏との戦いは、引き続き行われた。天正十年十二月、秀吉は秀家に対して書状を送り、「西国之表裏」の成敗を期待していたことがうかがえる（「小早川家文書」）。本能寺の変以後、秀吉は名実ともに信長の後継者となったが、中国の毛利氏や四国の長宗我部氏などは恭順の意を示しておらず、秀家に期待していたと考えられる。

その事実を示すかのように、中国方面では美作国草苅氏、中村氏そして備前国伊賀氏などは毛利氏に従っていた。草苅氏は美作国祝山《いおうやま》城（岡山県津山市）を本拠として、宇喜多氏に頑強な抵抗を試みた（『萩藩閥閲録』）。中村氏が立て籠る美作国岩屋城（岡山県津山市）でも、両者の激しい攻防が繰り広げられた（『萩藩閥閲録』）。秀家は領国内部の諸勢力との戦いに加え、背後の毛利氏も意識せざるを得なかったが、その間も毛利氏と秀吉との間で国分の交渉が行われていた。天正十一年（一五八三）十一月、蜂須賀正勝、黒田孝高、岡家利が安国寺恵瓊に宛てた書状によると、国境を定めることにより、半収《はんしゅう》の問題を解決しようとしたことが分かる（「御書判物控一」）。境目の地域に住む人々は、毛利氏と宇喜多氏のどちらに味方するわけでもなく、それぞれに年貢を半々ずつ納めていた。それは、在地の人々の対処法の一つであった。問題は、美作・備中両国の国境だった。

この書状では、宇喜多氏の重臣・岡家利が書状の奥（一番左側）に署判を加えている。通常、複数の者が署判を加える場合、日付の下に判を加える者が最も身分が低く、奥に署判を加える者が高いとされている。これは秀吉と毛利氏との和睦交渉であるが、実質的には宇喜多氏にも主体性があった。ゆえに、幼少の秀家に代わって、岡氏がその重責を担っていた。つまり宇喜多氏は、決して盲目的に秀吉に従ったのではなかった。

国境の確定に関しては、毛利氏の内部でも議論が行われた。天正十一年十二月の安国寺恵瓊・林就連《なりつら》の書状によると、冒頭部分で境目の確定が遅れていることに対し、秀吉が曲事（けしからんこと）と認識していることを記している（「毛利家文書」）。この書状は、明らかに先の蜂須賀氏らの書状を踏まえたものである。

本能寺の変後に毛利氏が秀吉と和睦をした際は、備後、備中、出雲、伯耆、美作の五ヶ国が毛利氏に割譲されることになっていたが、和睦の起請文には記載されなかったという。その後、このうち備後、出雲、伯耆国三郡は毛利氏に割譲されることになり、備前・美作国は宇喜多氏が領有することになった。残る問題は、備中国と備前児島（岡山県倉敷市）の扱いである。

この書状には、「備中川切」という文言がある。備中国には高梁川《たかはしがわ》が流れており、上流に位置する備中松山城（岡山県高梁市）は、毛利氏が三村氏との戦いから勝ち取った重要拠点だった。「備中川切」というのは、この高梁川を境目として、西部分を「備中国外郡」、東部分を「備中国内郡」と称したものであろう。つまり、毛利氏は備中国一国は諦めるとしても、西半分の確保に動いたのである。備前国児島は備前国に含まれていたが、その港湾としての高い有用性から、別格の扱いを受けたようである。そして、翌天正十二年（一五八四）には、毛利氏と豊臣氏（宇喜多氏）との和睦が成立し、宇喜多氏は、備前、美作に加え、備中国東部（高梁川以東）も手にすることになった。これには当然、備前国児島も含まれている。

播磨国内の扱い

宇喜多氏領国には、播磨国佐用郡・赤穂郡を含むとの見解もある。佐用郡についてては今ひとつ明証を得ないが、赤穂郡はその可能性が高い。岡山大学池田家文庫には、浦上宗景が家臣らに知行地を与えた記録の分限帳（『天神山城主浦上宗景武鑑』。以下、『武鑑』と略）が残っている。『武鑑』によると、浦上氏は大田原氏らの家臣に赤穂郡の東有年などを与えている。宗景の敗走後、そのまま宇喜多氏が赤穂郡を継承したと考えるならば、赤穂郡を領有した可能性は高い。

『武鑑』の記述を裏付けるかのように、「海老名文書」に関連する史料が残っている。元亀二年（一五七一）六月、浦上宗景の家臣・明石行雅らが、赤穂郡内の室（兵庫県たつの市）と那波（兵庫県相生市）との境目相論に関わっていることが確認できる。そして、天正十七年（一五八九）正月には、宇喜多安津（忠家）が坂越と那波との境目相論に関わり、その境を確定している。これら一連の史料を見る限り、宇喜多氏が赤穂郡を領有していたことは、ほぼ間違いないと指摘できよう。

佐用郡については、天正六年（一五七八）に秀吉が新免宗実に対して、吉野郡、八頭郡、佐用郡を与えるとの副状を発給した（「新免文書」）。実際は信長の意向を受けたものであるが、新免氏が右の諸郡の支配を行ったという記録は残っていない。つまり、秀吉の副状は、新免氏を味方に引き入れるための方策に過ぎなかったのではないか。慶長四年（一五九九）二月、秀家が家臣の戸川達安《みちやす》に佐用郡内に知行地を与えた（「秋元興朝所蔵文書」）。この史料は後のものになるが、天正十二年段階に遡って、宇喜多氏が佐用郡を支配していた可能性はないだろうか。今後の課題である。

2　四国・九州征伐から小田原合戦へ

秀家の大出世と各地への出陣

こうして秀家は、西の押さえとして秀吉の期待を一身に受け、叙位・任官において異例といえるほどの出世を遂げた。その後も順調に出世し、天正十三年（一五八五）には侍従、天正十五年（一五八七）には従四位下・参議、文禄三年（一五九四）には従三位・権中納言に叙位・任官された。天正十九年（一五九一）段階で、武家では徳川家康を除くと、比肩する者は豊臣氏一族の秀長や秀次に限られるほどであった。秀家は秀次らとともに、豊臣家の家中に組み込まれたといえよう。

こうして、秀家はまだ少年にもかかわらず、秀吉に従って各地を転戦した。とくに、毛利氏と秀吉との和睦が成立した天正十二年（一五八四）以降、秀家の出陣は頻繁に見られるようになる。秀吉は、中国方面の攻略に従事していた黒田孝高と蜂須賀正勝に対し、「中国方面では、軍勢が一人もいらない。秀家に申し付けて、鉄砲放《はなち》などを呼べばよいのだ」と述べている（「黒田家文書」）。秀家は、秀吉にとって軍事的な意味で欠かせない存在になっていた。

天正十三年三月、秀吉の命を受けた秀家は、二万の兵を率い、紀州雑賀・根来寺攻めに出陣している（『イエズス会日本年報』）。このときの秀家の姿は、「先陣には、第一に十八歳の青年なる備前の王宇喜多秀家二萬を率ゐて進めり」と書かれており、秀家は討伐軍の先陣を務めたことが分かる（十八歳は十四歳の誤り）。『真鍋真入齋書付《まなべしんにゅうさいかきつけ》』によると、秀家が堀秀政《ほりひでまさ》や高山右近らとともに、果敢に戦った様子を確認することができる。この戦いで、秀吉は紀州最大の宗教勢力である根来寺（和歌山県岩出市）を殲滅した。秀家の周囲は、おそらく家臣らで固められたに違いないが、秀吉が秀家に対して大きな期待を掛けていたのは疑いないところである。

四国・九州征伐への出陣

同年七月の四国征伐では、土佐の長宗我部元親《もとちか》を討つために、秀家は軍勢一万五千人を率いて阿波国へ渡海した。長宗我部氏はもともと土佐国の一豪族に過ぎなかったが、元親の代に至って急速に発展を遂げた。元親は天正三年（一五七五）に土佐国一国の統一に成功すると、順次、阿波、讃岐、伊予へと兵を進め、十年後には四国を制覇した。天正十二年に小牧・長久手の戦いが勃発すると、元親は、徳川家康・織田信孝に通じて秀吉を脅かす存在となっている。そのような事情もあり、ついに秀吉は元親の征伐を決意するに至った。

秀吉の計画を知った元親は、慌てて使者を送り、進物によって機嫌を取ろうとした。しかし、怒りの収まらない秀吉は、元親に対して讃岐・伊予両国の返還を要求している。そこで元親は、とりあえず伊予一国を返還し、和平を結ぼうと考えたが、秀吉は許さなかった。天正十三年（一五八五）六月、秀吉は病のため和泉国岸和田城（大阪府岸和田市）にあったが、弟秀長を大将として元親討伐を命じたのである。このとき、秀家は阿波国に出陣し、同国の木津城（徳島県鳴門市）に陣を敷いた（「伊藤文書」）。伊藤掃部助《かもんのすけ》は木津城の後巻を申し付けられ、秀家に従った。この間の秀家の活躍は二次史料の『秀吉事紀』に詳しいが、長宗我部氏を追い詰めるのに活躍したに違いない。

次に秀吉が目指したのは、九州の統一だった。戦国時代の九州では、大友、龍造寺、島津の群雄が割拠し覇を競った。ところが、天正六年（一五七八）の耳川《みみかわ》の戦い以降、豊後に本拠を置く大友氏と薩摩に本拠を置く島津氏の「二強」が、他の大名を圧倒するようになる。両者の明暗を分けたのが、天正六年十一月の耳川の戦いである。この戦いで、大友宗麟（義鎮）は島津義久《よしひさ》に大敗を喫した。以降、大友氏は徐々に劣勢となり、島津氏の威勢が増すことになった。

天正十三年八月、勢いに乗る島津氏は肥後国を配下に収め、同年九月には筑後国へ侵攻した。さらに、島津氏の軍勢は大友氏の領国である豊後国へと迫り、即座に九州統一を実現するかの勢いだった。窮地に陥った大友宗麟は、豊臣秀吉に助力を求め、この苦境を乗り切ろうと考えた。同年十月、秀吉は宗麟の要請に応え、二人に停戦を命令したのである。秀吉は朝廷の権威を利用し、勅命を奉じたのだ。宗麟はすぐに命令に従ったが、一方の島津義久は家中でよく話し合ったうえで停戦命令に従った。

翌天正十四年一月、義久は家臣の鎌田政広《かまたまさひろ》を使者として秀吉のもとに遣わし、弁明させた。島津氏の主張は、大友氏が島津氏の領土を侵すので、やむなく応戦せざるを得なかったというものである。つまり、島津氏による侵略行為ではなく、あくまで自衛に過ぎなかったと主張した。義久は弁明したものの、秀吉を関白として認めていなかった。秀吉は卑しい身分の出身なので、鎌倉以来の名門の島津氏は従えないということである。同年三月、秀吉は使者の鎌田氏に対して、筑後一国と肥後国・豊前国のそれぞれ半国を大友氏に、肥前一国を毛利氏に、そして残りを島津氏に与えるという九州の国分案を示した。なお、筑前国は秀吉の直轄領となるという条件だった。同年七月を島津氏からの回答期限としたが、最終的に島津氏はこの国分案を拒否し、大友氏を攻略すべく、筑前国に攻め込んだのである。

天正十五年（一五八七）になると、秀家は九州征討に向かった（『九州御動座記』）。この戦いには備前や美作の軍勢が従軍しており、その負担は多大なものがあったと推測される（『大友家文書録』）。豊臣方の兵力は、毛利輝元、四国衆、豊臣秀長そして秀家の勢力を加えると、総勢十四〜十五万の大規模な軍勢であったという（「立花文書」）。秀家率いる美作の侍たちは現地で奮闘しており、その内容は覚書として残されている（『美作国諸家感状記』）。

小田原征伐と宇喜多氏

天正十七年（一五八九）十一月、北条氏邦の家臣・猪俣邦憲が名胡桃《なぐるみ》城（群馬県みなかみ町）を攻撃した（名胡桃城事件）。こうした北条氏の一連の動きは、秀吉の政策基調「惣無事」に背くという重大なルール違反を犯していた。秀吉は、北条氏に対して烈火のごとく怒り狂った。天正十七年十二月、秀吉は北条氏政《うじまさ》・氏直《うじなお》父子に宣戦布告を行った。秀吉は氏直を「悪逆人」と称し、五ヶ条からなる宣戦布告状を全国の主な大名へ送り、北条氏の討伐を命じたのである。

慌てた北条氏は、ただちに秀吉のもとに使者を送り弁明を行ったが、受け入れられなかった。天正十八年三月、秀吉は総勢二十二万の軍勢を動員して、小田原城（神奈川県小田原市）へと出陣した。秀吉が小田原北条氏の征伐を決意すると、秀家は命を受けて出陣した（『御湯殿上日記』）。その前年、秀家は早くも船手として千の軍勢を率いて伊勢・志摩へ着岸するよう、秀吉から命じられ（「萱文書」）、小田原城、韮山《にらやま》城（静岡県伊豆の国市）の取り巻きの軍勢として着陣している（「毛利家文書」）。

小田原征伐の後、秀家は現在の福島県白河市近辺の検地に従事していたが、やがて秀吉の命令により上洛する（「大阪城天守閣所蔵文書」）。その際、秀家は秀吉から、東北地域の支配を厳格に行うように命じられた。このように秀家は、秀吉の天下統一過程において、その軍事行動の一端を担い、先兵としての役割を果たしていたのである。

毛利氏と四国征伐

天正十三年の四国征伐には、毛利氏も出陣を命じられた。毛利輝元は備後国三原（広島県三原市）を本陣としており、実際に兵を率いたのは小早川隆景と吉川元長（元春の子息）だった。二人は伊予国新居浜《にいはま》（愛媛県新居浜市）に上陸した。小早川軍が元親方の金子元宅《かねこもといえ》の籠もる金子城（愛媛県新居浜市）などを攻撃すると、元親は早くも戦況不利となった。秀吉は安国寺恵瓊を使者として、隆景に戦功を称える書状を送った（「吉川家文書」）。このとき、秀吉は伊予国宇摩郡内の佛傳城（愛媛県四国中央市）を取り囲むようにと指示を出しているが、その詳細は恵瓊が伝えていた。恵瓊はもともと毛利氏の政僧という立場にあったが、秀吉にも仕えるという変則的な立場にあり、秀吉から厚い信頼を得ていたのである。毛利氏の活躍もあって、戦況は秀吉方に有利に動いていった。

元親は、戦況が不利に傾くなかで戦争続行の困難さを悟り、ついに秀吉に降伏した。降伏の結果、元親が認められたのは土佐国一国のみであり、人質までも秀吉に差し出している。阿波国は蜂須賀家政《いえまさ》に、讃岐国は仙石秀久・十河存保《そごうまさやす》に、伊予国は小早川隆景にそれぞれ与えられた。元親の四国統一という野望は、徹底的に打ち砕かれたのである。四国における一連の毛利氏の軍事行動を見る限り、もはや秀吉の完全な配下になったことがうかがえる。以後も毛利氏は、秀吉の先兵として各地を転戦せざるを得なくなり、次の出陣は島津氏を討伐すべく九州へと向かう。

毛利氏と九州征伐

天正十四年（一五八六）四月、秀吉は輝元に朱印状を発し、戦争準備の指示を行った（「毛利家文書」）。その内容を挙げると、米などを収納する蔵の準備、門司・麻生など四城に兵糧や兵を入れること、九州に至る道の整備などである。大友氏や龍造寺氏から人質を差し出させることも忘れていなかった。同時に秀吉は、筑前国の検使として安国寺恵瓊と黒田孝高を登用した。検使の職務は、戦争時に即して言えば、軍勢の監督、城普請の二点を挙げることができよう。この場合の検使は、戦争に従軍する諸大名との連絡・調整を担う重要な役目を帯びていた。

同年八月、秀吉は恵瓊らに対して、今後準備に抜かりがないようにと伝えた。拠点となる門司城（福岡県北九州市）には先に兵を入れ置くこと、また関戸との連絡をよくしておき、元春か隆景のいずれかが先に着陣しておくこと、鉄砲・弾薬・兵糧の準備をしておくこと、など細かい指示を与えている。忠節の褒美は、三人（輝元・元春・隆景）の望み次第であるとまで述べており、筑紫における戦いの差配については、毛利氏の采配に任された（「毛利家文書」）。

実際の出兵に至るまで、秀吉のさまざまな要請は続いた。同年末に輝元に送られた秀吉の朱印状には、再度こまごまとした軍事上の指示がなされており、併せて天正十五年（一五八七）一月に出征が決定している（「毛利家文書」）。毛利氏の方でも、合戦の準備に抜かりはなかった。輝元は長井親房と神田元忠に対し、「浦々の水夫」を集めるように指示している（「長井家文書」）。水軍の手配は、恵瓊が行った。恵瓊は気の緩みがあると船頭らが討たれてしまい、面目を失するとまで記している。

島津氏の敗北と論功行賞

秀吉の軍勢が九州を目指したのは、天正十五年一月二十五日のことである。第一陣で九州に上陸したのは、宇喜多秀家の率いる備前国などの軍勢で、秀吉自身が京都を発って九州に向かったのは、三月一日のことであった。そして、豊前国小倉城《こくら》（福岡県北九州市）に到着したのは、約一ヶ月後の三月二十八日である。その間、秀吉は、厳島神社を参詣するなど余裕を見せていた。秀吉は小倉城で軍議を執り行うと、二つの進軍ルートを設定した。一つは、弟秀長を豊後国から日向国に進軍させ、薩摩国に至るルートである。もう一つは、秀吉自身が指揮を執り、筑前国から肥後国に進軍し、薩摩国に進むコースであった。秀長・秀吉軍とも破竹の勢いで進軍し、敵の軍諸勢は次々と打ち破られた。

秀長軍は豊前・豊後両国を攻略すると、四月六日には日向国へと入国を果たした。四月十七日に島津義久の援軍が押し寄せたが、これを撃破し勝利を収めた。一方の秀吉は、筑前、筑後、肥後へと進軍を重ね、四月十六日には隈本城(熊本市中央区)に入城した。そして、川内(鹿児島県薩摩川内市)に入り、泰平寺に本陣を構えたのが五月三日のことである。秀吉軍は、軍事行動を開始してからわずか一ヶ月と少しあまりで島津氏を追い詰めた。秀吉の無敵とも言える進軍に、島津氏は何らなす術がなかった。圧倒的な秀吉勢の前に、島津義久はすっかり戦意を喪失した。やがて抵抗を諦めた義久は、一色昭秀・木《もく》食応其《じきおうご》から提案された和平案を受け入れ降伏する。五月八日、義久は剃髪して龍伯《りゅうはく》と号し、泰平寺での秀吉との和平交渉に臨んだ。和平の条件は、(1)義久の娘亀寿《かめじゅ》を人質として差し出すこと、(2)義久を在京させること、の二つであった。領土に関しては、義久には薩摩国、弟の義弘《よしひろ》には大隅国、義弘の子・久保には日向国の一部と、それぞれの領有が認められた。「九州の雄」というべき島津氏は秀吉に屈し、九州統一の夢は儚《はかな》くも散ったのである。

秀吉との和平の交渉は無事にまとまったが、島津方はこれに納得して、すべての兵を収めたわけではない。島津氏の重臣・新納忠元《にいろただもと》は、大隅国大口城《おおくち》(鹿児島県伊佐市)にあって、降伏を受け入れず抵抗を試みた。しかし、石田三成《いしだみつなり》が伊集院忠棟《いじゅういんただむね》とともに説得に赴くと、忠元は抗戦を断念し降参した。戦後、最も関心の的になったのは、論功行賞である。もともとの九州の諸将は旧領を安堵されたが、九州北部を中心に秀吉の配下の者が配置された。その内容は、(1)黒田孝高——豊前六郡、(2)毛利吉成《もうりよしなり》——豊前二

郡、(3)佐々成政《さっさなりまさ》――肥後国一国（球磨郡除く）、(4)小早川隆景――筑前国一国、筑後国二郡、肥前国二郡、(5)毛利秀包《ひでかね》――筑後国三郡である。

このように、毛利方に属する小早川隆景と養子の秀包はともに九州に基盤を持ち、図らずして九州進出を成し遂げた。九州の国分けに関して、恵瓊は石田三成とともに鹿児島で島津氏との折衝にあたったことが知られ（「吉見家文書」）、ともに秀吉と輝元をつなぐ取次を行っていた（「美和町中村家文書」）。輝元は秀吉から、筑前・筑後の城郭を普請するとともに、不要な城郭については破却するように命じられ、さらに博多の町中改めも申し付けられた。こうした細かな秀吉からの指示は、自身の朱印状とともに、取次である恵瓊と三成を通して行われたのである。

肥後国一揆の勃発　島津氏討伐の後、肥後国一国（球磨郡除く）を任されたのは佐々成政であった。しかし、成政が肥後国を任された天正十五年（一五八七）、早くも厳しい試練が訪れる。同年八月、成政は肥後国一国で指出検地を敢行したが、隈府《わいふ》城（熊本県菊池市）主・隈部親永はこれを拒否した。その後、親永は降参したが、子息の親安は山鹿城（熊本県山鹿市）に立て籠もり、成政に徹底抗戦を挑んだ。成政は親安をすぐさま攻撃し落城させるが、肥後国内の国人らが次々と隈部氏に与すると、成政は隈本城を包囲され追い詰められた。窮地に追い込まれた成政は、秀吉を頼らざるを得なくなった。

肥後国における成政の失策によって、小早川氏や吉川氏も動員された。以下、とくに断らない限り、「小早川家文書」「吉川家文書」により、その行動を確認することにしたい。秀吉が肥後国一揆を知ったのは、小早川隆景からの書状（同年八月十八日付）によってである。秀吉の言葉では、佐々成政の国衆や百姓に対する悪政が一揆の原因であると認識していた。秀吉は取り急ぎ成政に加勢するため、隆景に筑後国久留米城（福岡県久留米市）に向かうように指示した。以後、秀吉は現地と頻繁にやり取りを行い、情報収集に努めるようになる。

九月八日、秀吉は隆景に対して、具体的な指示を行ったことを確認できる。秀吉は小早川秀包を大将とし、筑後・肥前両国の軍勢を従わせ、恵瓊にサポートを命じた。隆景は久留米城に残ると、黒田孝高らが軍勢を率い、肥後国へ援軍に向かうように指示している。恵瓊のサポートというのは、情報収集や交渉に至るまでであろう。ここに至って、成政の悪政の中身が判明した。成政は、秀吉の朱印状の趣旨に従うことなく、国侍に知行を渡していなかったのである。また、成政が検地を行うに際して非法があり、百姓が迷惑を蒙っていた。年貢の徴収がどれだけ行われるかは、百姓にとって死活問題であった。この二つの要因が、一揆の理由であるという。

その約一ヶ月後の十月、秀吉は恵瓊に対して、松浦氏以下の九州の諸大名を指揮下に入れることを命じた。のちに秀吉は、実際に彼ら諸大名に対して、隆景と恵瓊の指示に従うよう朱印状を送っている。同時に恵瓊に対しては、肥後国の国侍・百姓の意見を十分に聴取し報告するように命じ、その後指示を行うと伝えている。実際に国侍らの主張を聞くのは、恵瓊の役割であった。

一揆の討伐

同月、秀吉配下の浅野長吉《あさのながよし》、石田三成、増田長盛《ましたながもり》は三人で連署して、小早川秀包と恵瓊に書状を送った（『萩藩閥閲録』）。彼らは書状で、佐々成政の失政を糾弾するとともに、肥後国の鎮圧に際して、二人への全面的な支援を約束している。彼らが全面的に支援を約束したのには、もちろん理由があった。秀吉は今後中国への侵攻を計画しており、そのためには九州平定をぜひとも成し遂げたいと考えていたからだった。秀包と恵瓊は、たいへんな重責を担っていたのである。

戦いが始まると、恵瓊は小早川隆景とともに、恩賞配分のための軍目付的な役割を果たした。天正十五年（一五八七）十月、毛利輝元は三吉太郎に対し、肥後国和仁《わに》城（熊本県和水町）攻撃の恩賞として、国貞という銘の太刀を贈っている（「定近家文書」）。それは恵瓊と隆景の報告に基づくものであった。

このように、徐々に肥後国の支配網を築いた秀吉は、「国侍らの言い分を聞く」という言葉とは裏腹に、彼らに厳しい態度で迫っている。天正十五年十二月二十七日、秀吉は隆景に対して、⑴有働兼元《うどうかねもと》は一揆の張本人であるので、誅罰を加えること。有働氏の一族の首はことごとく刎ねてもよいが、百姓に関しては助けること、⑵反逆の意思を示す者に関しては、ことごとく征伐すること。そのために、肥後国内が少しくらい荒れ果ててしまっても構うことはないなどと述べている。

また、率いる軍勢の中にやる気のない者や出陣を拒むような者がいたら、これも同様に成敗すること、などを伝えている。この目的を達成するため、秀吉は二万人余りの軍勢を翌天正十六年（一五八八）一月二十日に出発させると記している。書状の最後には、「寒天の刻、辛労痛み入り候」と隆景の苦労をねぎらっているが、肥後国国衆に対する態度は激烈なものであった。実は、同月十日にも秀吉は隆景に書状を送っており、戦況によっては久留米から出陣すべきこと、二、三万の軍勢を送るので残党の首を一人残らず刎ねよと命じている。秀吉は、逆らう者は一切許さないという姿勢を鮮明にしていた。

十二月二十七日、秀吉は隆景から書状を受け取ると、天正十六年一月五日に返事を書いている。先述の有働兼元らが降参したのであるが、「この二人は一揆の張本人であるので、助けることがあってはならない」と改めて記している。秀吉の一貫した考えは、ついに変わることがなかった。

鎮圧後の戦後処理

戦後、失政の責めを受けた佐々成政は、翌年四月に摂津国尼崎（兵庫県尼崎市）で切腹を申し付けられた。翌月の閏五月、秀吉は「陸奥守（佐々成政）前後悪逆之事」と題する朱印状を隆景に送っており、その怒り心頭ぶりが伝わってくる（『萩藩閥閲録』）。天正十六年（一五八八）二月、秀吉は隆景に書状を送り、戦いの労をねぎらった。その翌月、秀吉は隆景に対し、恵瓊を肥後国へ検使として下すことを伝えている。同年四月から五月にかけて、肥後国では蜂須賀家政を中心に検地が実施された。恵瓊に与えられた役割は、検地そのものの実施ではなく、その事前調査であろう。もう少し言えば、一揆鎮圧後の在地の様子を探り、検地を行っても差し支えないかを調査していたのである。同時にそれは、隆景が与えられた筑前国一国、筑後国二郡、肥前国二郡を安定して支配するために必要な調査でもあった。

実は肥後国一揆鎮圧以前の島津氏討伐直後、秀吉は毛利氏の備中半国・伯耆半国・備後国の代わりに、九州北部の豊前・筑前・筑後・肥後の四ヶ国を与える考えを持っていたことが分かる（「不動院文書」）。一方では、隆景を九州に配置する考えもあるので、内々に準備をしておくようにと隆景の近臣・鵜飼元辰に伝えている。結局、輝元を九州に配置する案は実行されず、隆景に与えられた。このような内意を伝えられるところを見ると、もはや輝元は完全に秀吉のコントロール下にあったといってよい。いずれにしても、毛利氏が中国地方を離れることは、デメリットが大きかったに違いない。

毛利氏の発展

天正十六年四月、秀吉は京都の聚楽第《じゅらくだい》（京都市上京区）に後陽成天皇を招待し、華々しく饗応すべくもてなしの一席を設けた。そして、二十九名の大名から起請文を提出させると、秀吉への忠誠を誓わせ、政権の基盤を磐石なものとした。備後国鞆（広島県福山市）に滞在中の義昭が上洛し、剃髪して配下に入ったのもこの頃である。同年には刀狩令や海賊取締令が発布され、秀吉の天下統一事業は着実に進展を遂げたといえよう。むろん、この流れのなかで、毛利氏らは必然的に豊臣政権下に組み込まれた。その一つの例として、毛利氏らは「羽柴氏」あるいは「豊臣姓」を秀吉から下賜されている。「羽柴氏」「豊臣姓」を与えられるのは、秀吉に臣従した者たちであった。

(1)毛利輝元　─羽柴氏（天正十六年七月）、豊臣姓（天正十六年七月）
(2)毛利秀包　─羽柴氏（天正十六年七月）、豊臣姓（天正十六年七月）
(3)小早川隆景─羽柴氏（天正十六年七月）、豊臣姓（天正十六年七月）
(4)吉川広家　─羽柴氏（天正十六年七月）、豊臣姓（天正十七年七月）

このように、毛利家一門は天正十六年（一五八八）という早い段階において、「羽柴氏」「豊臣姓」を秀吉から下賜され、豊臣政権を担う外様大名として位置づけられた。むろん、これだけでなく、秀吉を通して官職も与えられている。

(1)毛利輝元　─従四位下、侍従・参議（天正十六年七月）
(2)小早川隆景─従五位下、侍従（天正十六年七月）※一ヶ月後に従四位下。
(3)吉川広家　─従五位下、侍従（天正十六年七月）

毛利氏以外の諸大名たちも、同様に「羽柴氏」「豊臣姓」を秀吉から下賜され、後陽成天皇の口宣案（辞令書）によって官職を与えられた。かつてのライバル宇喜多秀家は、その中で異例の大出世を遂げている。秀家は秀吉の養女（豪姫）を娶り、秀吉と姻戚関係を結んでいた。家格としては、毛利氏より秀家のほうが上である。いずれにしても、多くの有力大名は、この機会に豊臣政権の一角に組み込まれたのである。

3　文禄・慶長の役の始まり

秀吉の唐入り構想と朝鮮出兵への道

最初に、文禄・慶長の役について概説しておこう。唐入りの構想は、何も豊臣秀吉の専売特許ではなかった。ポルトガルの宣教師ルイス・フロイスの『日本史』によると、織田信長は天下統一を果たしたあと、中国の明に攻め込み、武力により支配する計画があったという。ただし、信長の明征服の構想については、他に裏付け史料がなく、どこまで信憑性があるか疑問視する向きもある。

当時の東アジアの政治情勢を考慮すれば、信長・秀吉の構想はあながち無謀な考え方とは言えないようだ。十五～十六世紀の東アジア社会では、明の冊封《さくほう》体制が徐々に崩壊の様相を呈していた。冊封体制とは、東アジア諸国における国際秩序を維持するため、中国の皇帝が朝貢する周辺諸国の君主に官号・爵位などを与え、君臣関係を結ぶものである。その見返りとして彼らに当該国の統治を認め、従属下に置くものである。冊封体制が緩みだしたのは、ポルトガルなどの西欧諸国が東アジアへの貿易に乗り出し、明の従属下にあった国々と交易を進めたことにあった。西欧諸国がもたらした鉄砲などの武器、その他文明の利器は大きな衝撃を与えた。これにより既成の秩序は崩壊し、明の東アジアにおける地位が低下したのである。

天正十五年、秀吉は九州征伐により、薩摩島津氏を配下に収めることに成功した。その前年、秀吉は九州平定後、朝鮮・明の征服を心得ておくよう、毛利輝元、黒田孝高らに伝えている。自身の目の黒いうちに明征服を実現するとの秀吉の書状もあり、東アジア征服にかける熱い思いは頂点に達していた。天正十五年、秀吉は対馬の宗《そう》氏に対して、朝鮮を服属させ、明征服の際の先導を務めさせるよう命じた。秀吉は、朝鮮が対馬の属国だと認識していたので、ここから宗氏の苦悩が始まった。対馬の宗氏は、古くから朝鮮と交易関係があったので、対応に苦慮した。そのまま秀吉の要求を伝えれば、問題になることを予想していたのだ。そこで宗氏は、秀吉の意向に沿わず、家臣の柚谷康弘を日本国王の使者にでっちあげ、秀吉が新たに日本国王に就任したので、通信使を遣わすよう朝鮮サイドに要請したのである。これが、問題をこじらせる遠因となった。

　要求を受けた朝鮮では、秀吉が国王の地位を奪ったものと考え拒絶したが、天正十七年に秀吉の圧力に屈した宗義智《よしとし》は、島井宗室《しまいそうしつ》と博多・聖福寺《しょうふくじ》の景轍玄蘇《けいてつげんそ》らと朝鮮に赴き、直接、通信使の派遣を再び請うた。こうして翌年、朝鮮から黄允吉《こういんきつ》と金誠一《きんせいいち》の二人の通信使がやって来て、聚楽第で秀吉と謁見することになった。対面の席には、秀吉をはじめ菊亭晴季《きくていはるすえ》らの公家も居並んでいた。ところが、不幸なことに、ここで日本と朝鮮の認識は大きく食い違うこととなる。

　秀吉は二人の通信使が服属のためにやって来たと思ったが、通信使は親善のために日本に来たと認識していた。秀吉は二人に対し、明の征服をするため朝鮮が先導するよう命じたが、むろん話は嚙み合わなかった。秀吉の明征服の先導役という要求は、朝鮮国王にも伝えられた。同時に翌年の天正十九年（一五九一）、秀吉は肥前名護屋（佐賀県唐津市）に明征服のための拠点づくりを行った。ところが、朝鮮との交渉は難航を極め、交渉役の宗義智と小西行長《こにしゆきなが》は苦悩した。何より恐れたのは、これまで対馬が保持していた朝鮮との交易が維持できないことであった。そこで朝鮮に、先導役を務めるのではなく、明征服のために道を貸して（開けて）ほしい、と交渉内容をすり替えたのである。

しかし、その申し出も拒否され、交渉は完全に決裂した。朝鮮側からすれば、疑念が晴れず、当然、要求に応じるわけにはいかなかったのだろう。そして、翌文禄元年（一五九二）三月から、日本軍による朝鮮出兵が開始される。

文禄の役の始まりと日本軍の苦戦

秀吉は、朝鮮から要求を拒絶されると、ただちに出陣を決意した。天正二十年四月十二日、小西行長らの諸将が率いた約十六万人の日本軍は、釜山に上陸を果たした。その直後、朝鮮側に明征服のため、道を開けるよう改めて通告したが、ついに返答はなかった。戦いが始まると、日本軍はすぐに釜山城を落とした。やがて黒田長政、加藤清正《きよまさ》の軍勢が合流すると、五月三日には都の漢城《かんじょう》を攻め落とし、朝鮮国王らは逃げ出した。宮殿に残った金銀財宝は日本軍が接収し、圧倒的な勝利を収めた。

漢城陥落後の五月十六日、秀吉は朝鮮占領政策を指示している。それは、日本兵に現地で乱暴狼藉を働かせないこと、朝鮮の町人や農民を還住させることに加え、ソウルの中心に秀吉の御座所を造営するもので、それら諸政策の実行は、加藤清正と小西行長に命じられた。同年五月十八日、秀吉は関白豊臣秀次に対して、全部で二十五ヶ条の覚書の驚くべき構想を打ち明けている（三国国割構想）。要点を記すと、次のような内容である。⑴関白秀次を中国の関白とし、北京の周囲百ヶ国を与えること、⑵翌々年の一五九四年に、後陽成天皇を北京に移し、周囲の十ヶ国を進上すること、⑶後陽成の行幸後、後継者を皇太子・良仁《ながひと》親王か皇弟・智仁《としひと》親王のどちらかを天皇とし、日本の関白は豊臣秀長の養子の秀保《ひでやす》か宇喜多秀家にすること、などである。

以上の計画案は、秀吉が本気で中国の明や朝鮮を支配下に収めようとした事実を示しており、たいへん興味深いところである。そして、秀吉は朝鮮に出兵した諸将らに対して、(1)毛利輝元（慶尚道）、(2)小早川隆景（全羅道）、(3)四国衆（忠清道）、(4)毛利吉成《よしなり》（江原道）、(5)宇喜多秀家（京畿道）、(6)黒田長政（黄海道）、(7)加藤清正（咸鏡道）、(8)小西行長（平安道）という配置を命じた。これから朝鮮全土を支配することが前提だった。諸大名は出兵に際して多大な戦費を要したが、この構想が実現するかは未定であった。

当初、日本軍は連戦連勝であったが、朝鮮民衆が義兵を組織し各地で挙兵すると、苦戦を強いられた。文禄二年（一五九三）一月、明軍は李如松《りじょしょう》を軍務提督に定め、平壌の小西行長らを打ち破ると、そのまま漢城へと南下した。そこで日本軍は、漢城の北方に位置する碧蹄館《へきていかん》で、朝鮮軍を迎え撃とうとした。小早川隆景・立花宗茂《たちばなむねしげ》が率いる日本軍は、碧蹄館で李如松の軍勢と戦い勝利を得て、平壌に敗走せしめたのである。

同年二月十二日、秀家を総大将とする約三万人の日本軍は幸州に向かい、権慄《ごんりつ》が率いる約一万人の朝鮮軍と戦った。朝鮮軍は、軍兵の他に僧兵や女性が混じる混成軍であったが、山城に籠もって徹底抗戦し、日本軍の攻撃によく持ちこたえた。結局、日本軍は手痛い敗北を喫し、漢城へ退却せざるを得なくなった。このような状況下で、明との和平工作が同時に進められていた。文禄二年六月、名護屋城（佐賀県唐津市）において、秀吉は明使節と交渉のテーブルについた。秀吉はそこで、七つの要求を行った。主な内容は、朝鮮南四道を日本へ割譲すること、勘合貿易を復活させることなどであったが、とうてい相手が納得できるものではなかった。一方で秀吉は、慶尚南道の晋州城の攻撃を命じるなど、和平が破綻した場合を想定して、相反する行動を取っている。

小西行長は、明の沈惟敬《しんいけい》と和平を画策していた。それは、秀吉の降表（降伏を願い出る書状）を偽作し、行長の家臣・内藤如安《じょあん》に命じて、明の皇帝に届けさせることであった。降表の内容は、駐屯する日本軍が撤兵すること、日本と朝鮮が和解し、明の宗属国になるというものだ。

文禄五年（一五九六）、これを受けた明皇帝は、秀吉を日本国王になすとの誥勅（書状）を秀吉に送ったが、秀吉の要求はことごとく無視される結果になり、明との和平交渉は決裂した。ところで、その和平交渉に際しては、秀吉をはじめとする諸将に、明の皇帝から官職が与えられることになっていた。日本の使節の内藤如安から明に呈上された意見書には、(1)日本国王—豊臣秀吉、(2)大都督—小西行長・石田三成・増田長盛・大谷吉継《おおたによしつぐ》・宇喜多秀家、(3)都督（兼関白）—豊臣秀次、(4)亜都督—徳川家康・前田利家・毛利輝元・小早川隆景、等と書かれている。

秀吉がこの待遇に満足しなかったことは、戦争を継続したことにより明らかであるといえよう。

戦いの再開と秀吉の死

こうして両者の交渉は決裂し、翌年の慶長二年（一五九七）二月、秀吉は再び朝鮮半島に軍を進めた。その兵力は約十四万人。同年七月、唐島の海戦で日本軍は元均《げんきん》の率いる朝鮮水軍を打ち破り、初戦で勝利を収めている。続く同年八月には、加藤清正が黄石山《こうせきさん》城を落城させ、宇喜多秀家と島津義弘は南原《なんげん》城を落とし、城将の楊元を敗走せしめた。同年九月、加藤清正は忠清道清州を占拠し、京畿道南部の安城・竹山境を攻め落とすことに成功した。そして、同年十二月から翌年にかけ、日本軍は蔚山《うるさん》城に籠城する。朝鮮・明軍は蔚山城を攻撃するが、何とか日本軍は撃退に成功している。

ところが、このとき日本軍に厭戦ムードが漂っていた。莫大な戦費を負担する諸大名は、その負担に喘いでいた。そのため日本国内では、耕作地を放棄して逃亡する百姓が相次いだという。戦いの長期化は大名らを苦境に追い込んでいたが、誰も秀吉に意見することができなかった。現地での日本軍は、朝鮮民衆の大量虐殺や捕虜の日本への強制連行などを行い、徹底的な弾圧を行ったが、朝鮮軍は意外なほど根強い抵抗を見せた。

やがて、駐留する武将らは異国での戦いに嫌気がさし、秀吉に戦線の縮小を求めようとした。慶長三年（一五九八）、秀家ら十三名は石田三成らに宛てその旨を提案したが、これがかえって逆効果で、秀吉の逆鱗に触れ、臆病者だと罵られる。もはや秀吉の頭の中には、朝鮮半島の支配しかなかった。こうして武将らも疑心暗鬼になり、石田三成が加藤清正、福島正則《ふくしままさのり》らと不和に陥るなど、慶長五年（一六〇〇）の関ヶ原合戦に影響したのは有名な話である。結局、朝鮮での戦いは秀吉の死去まで続き、撤兵が完了したのは翌年の十一月のことであった。

慶長三年十月には、前年に築城した泗川《しせん》城において、島津氏と朝鮮・明軍とが交戦し、島津氏は撃退に成功した。同じ頃、小西行長は順天《じゅんてん》で李舜臣《りしゅんしん》の率いる水軍と戦い、これを追い払うことに成功する。翌月、日本軍は撤収を開始するが、それを阻もうとしたのが李舜臣であった。順天からの退路を押さえられた小西行長を救援すべく、島津氏の率いる水軍が露梁津《ろりょうしん》で戦ったが、日本船は百隻が捕えられ、二百隻が焼かれたという。また、首を斬られた者が五百名、捕虜になった者が百八十余名、溺死者の数は不明という甚大な被害を受けるが、この戦いで、日本軍を苦しめた李舜臣も戦死した。こうして一連の朝鮮出兵は終わりを告げたのだ。

文禄・慶長の役の影響は非常に大きく、国内では豊臣政権の衰退を招く要因となった。そして明も、国力の衰退がいっそう加速し、ついには清によって滅亡に追い込まれた。むろん多くの民衆が戦いに巻き込まれ、戦争の傷跡は後世まで語り継がれたのである。以上、文禄・慶長の役について概説したが、改めて宇喜多氏と毛利氏の朝鮮半島における戦いを中心に述べていきたい。

宇喜多氏と朝鮮出兵

朝鮮出兵における秀家の立場は総大将で、高麗渡海の陣立によると、第八軍で一万の軍勢を率いて対馬に在陣していた（「毛利家文書」）。秀家が総大将だったことは、同年二月の秀吉の朱印状からもうかがえる（「大阪城天守閣所蔵文書」）。秀吉は、命令書を秀家に送り、兵糧のことや船のことについて、細かい指示を送り、諸将とよくよく相談のうえ、間違いのないようにと伝えている。戦いが始まると、先頭を切って攻め込んだのは、小西行長が率いる第一軍であった。以下、先述した経違と少し重複するが、秀家の動向を中心に述べることにしよう。

当初、朝鮮には、明征服のために道を開けるように通告したが、ついに返答はなかった。そこで、まず釜山城を落とし、やがて黒田長政、加藤清正の軍勢が合流すると、五月三日には都の漢城を攻め落とした。日本軍は放火をし、宮殿へ雪崩れ込むと、朝鮮国王をはじめ人々は散り散りに逃げ出したという。宮殿に残った金銀財宝は、日本軍が接収した。約十六万人の日本軍は、圧倒的に有利に戦闘を進めている。

『吉野甚左衛門覚書』によると、六月七日に秀家が漢城に合流したことが確認できる。この時点で秀家の役割は後備《あとぞなえ》であり、自ら攻め込んでいない。総大将として、秀吉の指示や命令を各方面に伝達する役割があったのであろう。したがって、秀家の地位は、名実ともに総大将の名に相応しいものであったといえるが、秀家自身は大いに不満があった（『太閤書信』所収文書）。漢城入城後も、秀吉は秀家に漢城でも駐留・守備を命じたが、秀家は願い出て、毛利輝元・小早川隆景の次に軍勢を率いることを許されている。秀家は、決してお飾りに甘んじなかった。

秀吉の構想

漢城陥落後の五月十六日、秀吉は朝鮮占領政策を指示している。日本兵に現地で乱暴狼藉を働かせないこと、朝鮮の町人や農民を還住させることに加え、ソウルの中心に秀吉の御座所を造営するというものであった。それら諸政策の実行は総大将の秀家でなく、経験豊富な加藤清正と小西行長に命じられた（「加藤文書」）。しばらく経った五月十八日、秀吉は関白・豊臣秀次に対して、驚くべき構想を打ち明けている。それは、全部で二十五ヶ条の覚書となっており、秀家にも関係していた。要点は、次のような内容である（「尊経閣文庫所蔵文書」）。

(1)関白・秀次を中国の関白として、北京の周囲百ヶ国を与え、来年早々に出陣するように準備を整えよという指示。

(2)翌々年の一五九四年に後陽成天皇を北京に移し、周囲の十ヶ国を進上する。上記の範囲で公家衆にも知行を宛い、後陽成が北京に移動する際には、行幸の形式を取る。

(3)後陽成の行幸後の後継者には、皇太子の良仁《ながひと》親王か皇弟の智仁《としひと》親王のどちらかを天皇にする。関白・秀次の後任は、秀家か豊臣秀長の養子・秀保とする。

(4)朝鮮には織田秀信《ひでのぶ》（信忠嫡男）か秀家を置き、肥前名護屋には、羽柴秀俊《ひでとし》（のちの小早川秀俊）を置く。

むろん秀吉の野望は、これだけに止まらなかった。自らは日明貿易の窓口である寧波《ニンポウ》に居所を移し、天竺（インド）を入手しようと画策した。さらに琉球、高山国《こうざんこく》（台湾）、呂宋《ルソン》（フィリピン）にも服属と入貢を要求している。つまり秀吉は、朝鮮、明の支配を契機として、東アジアの主要国を配下に置こうという構想を持っていたのである。

漢城を陥落させた日本軍は、朝鮮全域を配下に治めるべく、次のように武将たちを配備した（「土佐国蠹簡集」）。

(1)京畿道―宇喜多秀家（七十七万五千百十三石）
(2)忠清道―福島正則（九十八万七千五百十四石）
(3)全羅道―小早川隆景（二百二十六万九千三百七十九石）
(4)慶尚道―毛利輝元（二百八十八万七千七百九十石）
(5)黄海道―黒田長政（七十二万八千八百六十七石）
(6)平安道―小西行長（百七十九万四千百八十六石）
(7)江原道―毛利吉成（四十万二千二百八十九石）
(8)咸鏡道―加藤清正（二百七万千二十八石）

カッコ内の石高数は、租税として見込まれた額であった。諸大名のモチベーションを高めるべく、このように知行地が宛われたのである。

改めて秀家に焦点を絞って考えると、日本の関白、あるいは朝鮮での最高責任者というべき地位が約束されており、秀吉の寵愛ぶりを改めて確認できる。秀吉が秀家に対して、政権の一環を担うことを期待していたのはたしかである。いずれにしても、秀吉は豊臣ファミリーを中心とした国家建設を目論んであり、そうした意味でも誠に興味深い計画であるといえよう。秀吉は、諸大名を朝鮮全域に配置し、秀家には京畿道（七十七万五千百十三石）を与えている。

重責を担った秀家

当初、快進撃を見せた日本軍であったが、朝鮮軍も激しい抵抗を見せた。朝鮮民衆は義兵を組織して各地で決起し、やがてその動きは朝鮮全土に広まった。そして、文禄二年（一五九三）同一月、李舜臣率いる朝鮮水軍は、小西行長らの日本水軍を撃破したのである。朝鮮軍の強力な反撃により、日本軍は苦戦を強いられる。同年二月十二日、秀家を総大将とする約三万人の日本軍は、幸州に向かい、権慄《ごんりつ》率いる朝鮮軍約一万と戦った。朝鮮軍は、軍兵の他に僧兵や女性が混じる混成軍であったが、朝鮮軍は山城に籠もって徹底抗戦し、日本軍の攻撃によく持ちこたえた。結局、日本軍は敗退し、ソウルへ退却せざるを得なくなった。異国での戦闘でもあり、日本軍には疲労が色濃く滲んでいたに違いない。

朝鮮半島での苦戦の情報は、秀吉の耳にも入っていた。同年二月、秀吉は秀家に対して朱印状を送り、小早川隆景と増田長盛が都（漢城）の留守を預っているが、「うき人数」つまり「浮勢」という戦況に応じて行動する軍勢がなければ、守ることも叶わないとしている。そこで、秀家を大将とし、前野長《まえのなが》康《やす》・加藤光泰《みつやす》を宿老に任じ、「浮勢」として落ち度なきよう行動することを命じている（『豊公遺文』所収文書）。とくに、宿老である前野・加藤に対しては、諸事を見計らって、秀家が失敗しないように意見せよとまで申し付けている。秀吉の意向は写しが作成され、朝鮮に駐留する日本軍の各所に伝えられた。なお、詳細は浅野長吉と黒田孝高に伝えてあるという。「浮勢」は遊軍的なものと解される。秀家は攻撃の総大将として実行部隊を率いることになり、秀吉の期待を一身に担ったのである。

当初の秀家は後衛に配備されていたが、もはやそのような余裕はなかった。秀吉は慶尚南道の晋州城を攻略し、全羅・慶尚両道を押さえるよう、細かい指示まで行っている（「毛利家文書」など）。つまり秀吉は、秀家に命じた「浮勢」に消極的な意味を持たせるのではなく、むしろ攻撃の最前線を命じたのである。

総大将としての秀家は決して「お飾り」ではなく、秀家の率いる水軍が大きな戦力として期待されたことも事実である。文禄元年（一五九二）四月の秀吉朱印状によると、備前の警護船が朝鮮渡海を命じられていることが分かる（「島津家文書」）。翌年の秀吉朱印状では、朝鮮で従軍した「船頭・かこ（水夫）」の大半が戦死したと伝えている。そのため、宇喜多氏領国の浦々を調査し、上は六十歳から下は十五歳までを「船頭・かこ」として従軍させよと命じている（「島津家文書」）。むろん、朝鮮半島への従軍は、彼らにとって大きな負担となった。

秀家の立場と難航する和睦交渉

日本軍は苦しい戦いを余儀なくされており、現実には漢城に釘付けになっていた。現地の諸大名は危機感を募らせており、宇喜多秀家ほか十六名による連署の契状が認《したた》められるなど、いっそうの結束を誓ったのである（「吉川家文書」）。一方、秀吉は、秀家の行動を気にしていた。秀吉は秀家を総大将とし、前野・加藤両氏にサポートをさせながらも、秀家の若さを気にしていた。万が一、前野らの意見を聞かなければ、秀吉に報告するようにと命じ（「浅野家文書」）、小早川隆景には、「重し」になって秀家を指導してほしい、とまで言っている（「小早川家文書」）。これは、秀吉が秀家の能力を疑っていると考えるのではなく、むしろ将来の関白候補の秀家の経歴を傷つけないように、失敗しないようにと気遣ったと解することができよう。

日朝両軍が戦いを繰り広げるなか、水面下では明との和平工作が進められていた。文禄二年（一五九三）六月、秀吉は名護屋城において、明使節と交渉のテーブルについた。そこで、秀吉は七つの要求を行っている。主なものは、朝鮮南四道を日本へ割譲すること、勘合貿易を復活させることなどであった。交渉に際しては、秀吉の外交ブレーン西笑《さいしょう》承兌《じょうたい》が陰で支える体制をとっていたが、一方で慶尚南道の晋州城攻撃を命じるなど、和平が破綻した場合を想定して、相反する行動を取っていた。

文禄の役における晋州城の戦いでは、秀家やその配下の者たちが活躍した。とくに、安東徳兵衛の奉公書には、その様子が生々しく描かれている（『吉備温故秘録』）。晋州城が落城したとき、徳兵衛は一番首二つを討ち取ったと伝えている。しかし、首は鼻を欠き、女の首も混じっていたようである。鼻だけが欠けているならよいが、通常、軍功の証として、鼻は上唇とともに切除された。上唇の髭の部分が、男であることの証明だったのである。したがって、安東の取った首は、鼻と男であることを示す上唇がなかったため、評価されなかったのであろう。

その直後、徳兵衛は秀家の目の前で敵を討ち取り、鎗を折ってしまった。そこで秀家は、自分の持っていた鎗を徳兵衛に与えたという。同じく秀家の配下である岡本秀広《おかもとひでひろ》は、敵将を討ち取り、その首を塩漬けにして、肥前名護屋の秀吉のもとに送った（『戸川記』）。この一報を受けた秀吉はたいへん喜び、秀家に対して、日本に戻ってきたら加増すると伝えている（『黒田御用記』）。このように、和平交渉と並行して軍事を起こすという矛盾した行動であるが、秀家は戦いで大きな戦果を挙げていた。

秀吉の意向とは裏腹に、小西行長は明の沈惟敬と画策し、秀吉の降表（降伏を願い出る書状）を偽作した。行長はそれを、家臣・内藤如安に命じて、明の皇帝に届けさせた。降表の内容は、駐屯する日本軍が撤兵すること、日本と朝鮮が和解し、明の宗属国になるというものである。文禄五年(一五九六)、これを受けて明皇帝は、秀吉を日本国王になすとの誥勅(書状)を秀吉に送ったのである。しかし、当然ながら秀吉の要求はことごとく無視される結果となり、明との和平交渉は決裂した。

その和平交渉に際しては、冊封の一環として、秀吉をはじめとする諸将に、明の皇帝から官職が与えられることになった。内藤如安から明に呈上された意見書には、次のような案が提示されている。

(1)日本国王—豊臣秀吉
(2)大都督　—小西行長、石田三成・増田長盛・大谷吉継・宇喜多秀家
(3)都督(兼関白)—豊臣秀次(秀吉の養子)
(4)亜都督　—徳川家康・前田利家・毛利輝元、小早川隆景

日本国王を先頭として、以下、大都督、都督、亜都督の序列となる。もちろん、この案には秀吉の意向が反映されていないが、秀家は大都督というナンバー2の座であることに注意したい。

4　文禄・慶長の役の終焉

慶長の役と秀家

慶長二年(一五九七)二月、秀吉は再び朝鮮半島に軍を進めた。第一回目は、明を征服するとの野心を抱いていたが、二回目の侵攻は、朝鮮が南四道を割譲しなかったことを責め、実力で切り取ることを目的とした。しかし、諸大名の疲弊がピークに達していたことも事実であり、再度の出陣を命じられ慶尚南道加徳島に駐留した島津氏は、どのように軍役を捻出すべき

か頭を悩ませていた。

二回目の朝鮮出兵でも、加藤清正・小西行長が先鋒を務め、秀家は毛利秀元《ひでもと》（元就の孫、輝元の名代として出陣）とともに約四万の軍勢を率い、八番手の陣を任された。そのうち秀家が率いた軍勢は、約二万人であったといわれている（『萩藩閥閲録』）。この軍役負担は、秀家にとって決して楽ではなかったはずである。日本軍と朝鮮軍は、朝鮮半島南部を中心として各地で合戦を繰り広げた。日本軍は朝鮮民衆の大量虐殺や捕虜の日本への強制連行などを行い、徹底的な弾圧を行ったが、日本軍の当初の「勝てる」という予測は外れ、朝鮮軍は意外なほど頑強な抵抗を見せた。やがて、異国での戦いに厭戦ムードが漂い、日本軍は秀吉に戦線の縮小を求めた。

宇喜多秀家陣屋跡（佐賀県唐津市鎮西町）
（佐賀県立名護屋城博物館提供）

慶長三年（一五九八）、秀家ら十三名は、石田三成らに対し戦線の縮小などを提案した（「島津家文書」）。ところが、これはかえって逆効果で、秀吉の逆鱗に触れ、臆病者だと罵られたのである。結局、朝鮮での戦いは、秀吉が亡くなるまで続き、撤兵が完了したのは翌年の十一月のことであった。秀家が朝鮮出兵の際に拠点とした陣跡は、今も佐賀県唐津市鎮西町に残っている。宇喜多秀家の陣跡は、肥前名護屋城から南へ一・五キロの地点に位置し、標高約九二メートルの山頂部にある。名護屋城を見下ろす位置にあり、しかも主郭部が九〇メートルを超える地点にあるのは珍しいという。土塁の長さは、南北約三九メートル、東西約三五メートルのほぼ正方形である。ただ、出土遺物はきわめて少数であり、生活臭が感じられない。

秀家は、朝鮮から捕虜を連れ帰っている。名前は金如鉄といい、朝鮮の両班《ヤンバン》（官僚）であった。両班は武班と文班に分かれ、中央・地方の支配層として勢力を保持していた。彼は、秀家によって日本に連行されると、前田利家の妻である芳春院に譲られ、やがて前田利長《としなが》の近習として仕えると、名前を脇田《わきだ》九郎兵衛直賢《なおかた》と改めている。脇田は高い能力を有していたので、やがてその才能が認められ、足軽組頭から金沢町奉行に出世した。秀家は秀吉の期待を背負い、豊臣家の一員として出兵したが、その期待とは別に、軍事費の出費などは重い負担だったに違いない。それでも秀家は、豊臣政権下でさらに出世を遂げ、異例の若さで五大老に抜擢され、その中核メンバーとなる。

毛利氏と朝鮮出兵と恵瓊

次に、毛利氏の動きを追うことにしたい。毛利輝元は天正十九年（一五九一）末頃から出兵準備を進めており、翌年の二月には吉川広家とともに広島を出発した。筑前国に移っていた小早川隆景も、出兵のために同地を発っていたが、出兵には兵力準備のための多大な経費負担がつきまとった。

秀吉は輝元に大きな期待を寄せており、その間に朱印状がたびたび輝元に遣わされた（「毛利家文書」）。天正二十年（一五九二）三月の秀吉の朱印状によると、宗義智・小西行長・加藤清正を先発隊として送り込み、輝元には壱岐で待機し、先鋒の情報を待つように命じている。朝鮮半島の情勢に明るい宗氏らが先に進軍し、移動距離の短い九州・四国勢が従軍するというものであった。毛利輝元は主力軍として、秀吉の期待を一身に受けていたのである。ところで、秀吉は目を病んでいたらしく、当初の出発予定が狂ってしまった（「毛利家文書」）。秀吉は、広島に立ち寄るべく、恵瓊に渡瀬左衛門佐を広島在番として遣わすことを伝えている（「毛利家文書」）。在番とは、城の警護にあたる職である。秀吉は恵瓊と面会の場を持ち、朝鮮出兵について意見を求めたのかもしれない。

天正二十年四月、秀吉は輝元に朱印状を送っている（「毛利家文書」）。その内容を見ると、毛利氏は秀吉を受け入れるために旅宿を普請するなど、相当に力を入れているようであった。広島に到着した秀吉は、早速広島城を見学した。秀吉は、広島城の見事な造作にいたく感心したようである。秀吉は輝元と隆景との間柄を褒め、秀元らに馬を遣わしている。このように、毛利氏が秀吉から優遇されることによって、周囲の人々は毛利氏を尊重するようになったという。

朝鮮出兵では、交渉窓口として「頭脳」となるべき人間が必要であった。戦いで一定の目処が付いたところで和平を持ち掛け、戦争を終結させることも重要だった。それゆえに朝鮮出兵には、多くの外交僧が従軍している。その代表的な人物を挙げると次のようになろう。

(1)天荊《てんけい》、景轍玄蘇《けいてつげんそ》―小西行長、宗義智に従軍
(2)是琢明琳《ぜたくめいりん》―加藤清正、鍋島直茂に従軍
(3)恵瓊―小早川隆景に従軍

室町期以降、僧侶は外交文書の作成に携わっており、朝鮮出兵には不可欠な人材であった。何らかの交渉が生じたときに、彼らの存在が重要な意味を持つのである。そこで恵瓊の果たす役割というものも、秀吉から大いに期待されたことであろう。恵瓊は秀吉に随行して、四月二十五日に広島から肥前国名護屋城に到着し、その三日後には寺沢正成《てらさわまさなり》とともに朝鮮半島に向かっている（「毛利家文書」「島津家文書」）。

秀吉は軍勢を次々と送り込んだが、懸念されるのは船舶の数だったため、船の数が足りない場合は、商人の船を徴集せよと恵瓊らに命じている。それが無理ならば、「手船」（各自が所有する船）でも朝鮮半島に渡るというのは、大陸征服にかける秀吉の意気込みである。

朝鮮半島での日本軍の侵攻は目覚しく、釜山城陥落以後も次々と諸城を落城させた。先鋒の宗・小西軍に続き、加藤清正と黒田長政が合流すると、たちまち首都である漢城を陥れ、日本軍の優位は決定的となった。それはまだ五月三日のことであり、朝鮮半島上陸から一ヶ月も経っていなかった。続く勝利に酔いしれた秀吉と日本軍には、楽観的なムードが漂っていたようである。

苦闘する毛利氏

天正二十年（一五九二）五月、恵瓊は釜山から慶尚道星州に軍を進めた輝元に対し、秀吉からの命令を伝えている。そして自身は、秀吉が朝鮮半島に来た時の準備として、釜山から京城に至る行営築造に従事していた（『江氏系譜』など）。また、恵瓊は城内の兵糧の管理にも心を砕いており、渡海衆の兵糧がない場合は、切手（為替のようなもの）をもって渡すようにと定めている（『萩藩閥閲録』）。飢えに耐えかねて、兵糧を盗み出す兵がいたのであろう。

恵瓊は、朝鮮での出来事を安芸国安国寺（広島市東区）などに細々と報告している（「巻子本厳島神社文書」など）。その内容を確認してみよう。日本軍が次々と勝利を挙げるなかで、朝鮮軍は食糧を城内に残したまま逃走した。それぞれの城のなかには、白米が四千～五千石ほど備蓄され、黒米、籾、麦などが蔵に収められていた。戦地でもとりわけ異郷の地にあるだけに、食糧は大きな問題であった。敵軍の残した食糧を接収することで、少なからずその不安は和らいだようである。天正二十年七月、小早川隆景は、毛利秀包、吉川広家、立花宗茂らとともに、漢城から割り当てられた全羅道へ軍を進めた。そして、恵瓊と合流し、全羅道道熊峠において李福男《りふくだん》らの軍勢を打ち破った。

この間、朝鮮国内では、正規軍だけではなく、義兵が組織されつつあった。忠清道では趙憲《ちょうけん》が僧侶・霊圭《れいけい》とともに義兵を組織し、立ち上がったのである。趙憲はかつて中央政府の人材登用に反対して地方官としての身分を失い、さらに日本への通信使派遣にも反対したため配流の身にあった。義兵といえば、烏合の衆のような印象を受けるが、決してそんなことはなかった。義兵は日本軍を打ち破るため一致結束し、意外なほどの力を発揮したのである。

義兵を組織した趙憲は、全羅道に侵入する小早川隆景と交戦し、全羅道錦山で敗死した。こうした状況のなかで、毛利軍や恵瓊は、朝鮮の義兵が全土に広がっていることを痛感したに違いない。事実、朝鮮各地では、さらに多くの義兵が挙兵し、日本軍を徐々に追い詰めていた。もちろん義兵だけではなく、朝鮮では今でも英雄とされる李舜臣が、正規軍の水軍を率いて日本軍を次々と撃破したのである。制海権を掌握した朝鮮軍は、息を吹き返すことになった。同時に明からの援軍も朝鮮に駆けつけ、日本と朝鮮との立場は徐々に逆転しつつあったと言ってもよい。

天正二十年九月、厭戦ムードが徐々に広がってゆく中で、和平交渉の糸口が探られつつあった。このときに至って、日本軍も音《ね》をあげざるを得ないところまで追い詰められていた。明からは沈惟敬が朝鮮に派遣され、平壌において小西行長と会談を行い、とりあえず五十日間の停戦協定が結ばれたのである。

五十日間の停戦協定が結ばれたが、その後も戦闘は継続されるという、ちぐはぐな対応だった。文禄二年（一五九三）五月、恵瓊は秀吉から蔚山の攻撃を命じられていた（「毛利家文書」）。輝元は釜山に在城していたので、恵瓊はその名代として派遣されたのであろう。日本軍には往時の勢いはなく、それは吉川広家率いる軍勢も同じだった。文禄二年二月、秀吉は広家に朱印状を送った（「吉川家文書」）。そこには「朝鮮へ従軍した船頭や水夫の大半は、病気により亡くなってしまった。そこで、領国内の浦々に残っている者たちを調べ上げ、下は十五歳から上は六十歳まで徴集し、朝鮮に送り込むこと。（中略）もし、徴集に応じない者がいたら、厳しい罰を加えるようにすること」と記されている。

従軍を余儀なくされた船頭や水夫たちは、戦いだけでなく病に倒れ、命を失う者が続出した。秀吉は、その過酷な状況をものともせず、さらに船頭・水夫の徴集を広家に指示しているのである。この間、寒さのために亡くなる者が多く、討ち死にする者や病死する者が限りなかったとある（「厳島文書」）。日本より緯度の高い朝鮮半島は、寒さもまた格別だったのである。

深刻なのは日本国内の農地も同じであり、朝鮮半島出兵によって耕作者が不足しており、過酷な年貢徴収に耐え切れず逃散する者もいた。そのため、朝鮮半島から連れてきた捕虜を日本国内で耕作に従事させたほどである。朝鮮出兵に伴い、日本国内の疲弊もいっそう加速していた。このような過酷な状況のなかで、毛利軍が戦果を上げたことも事実である。文禄二年二月、輝元は毛利元康《もとやす》が数千の敵を討ち取ったとの報告を得ている（「厚狭毛利家文書」）。そして輝元は、自身も釜山へ出兵中であると記している。

日本軍の不協和音

文禄二年閏九月、秀吉は広家に朱印状を送った（「吉川家文書」）。その内容とは、広家軍から逐電（脱走）する者がおり、その厳しい処分を求めたものである。そして、国元に所用がある者については、切手（許可証）を出すようにと命じた。むろん、このような状況は、吉川広家の軍勢のみならず、全軍に及んでいたことであろう。当然、日本軍の中においても、朝鮮との戦いをめぐって、不協和音が見られるようになった。戦いが長期化し、先が見えないという状況で、士気の低下は避けられなかったのである。

その最たるものが、加藤清正と朝鮮奉行である石田三成らとの対立である。加藤清正が担当したのは咸鏡道であったが、すでに敗色が濃厚であった。にもかかわらず、清正は「静謐」であると主張し、朝鮮奉行・石田三成との摩擦を引き起こした。また、清正は、平安道攻略に苦戦する小西行長を非難するなど、清正と三成・行長との溝はますます深まっていった。清正が自身の武功を顕示したい気持ちは分からなくもないが、この出来事は日本軍に大きな亀裂をもたらした。心配した秀吉が隆景に対して、両者の言い分に意見を加えてほしいと言ったのは、この事情を察してのことであろう（「小早川家文書」）。秀吉が隆景の注進以外は信用できないと言っているのは、清正であれ三成であれ、情報にバイアスがかかっており、信が置けないからであった。それほど彼らの関係は悪化していたのである。このことは、のちの関ヶ原合戦へと尾を引くことになる。

このときに確執が生じたのは、何も加藤清正と石田三成らだけではなく、恵瓊と三成も、吉川広家との関係が微妙になったという。恵瓊との確執が書かれている史料は、『陰徳記《いんとくき》』という後世の編纂物であり、三成との確執は『吉川広家覚書』（「吉川家文書」）という慶長十九年（一六一四）に成立した史料に記されている。『陰徳記』には「吉川広家が石田三成や恵瓊に不満をもつようになったのもこの頃（文禄二年二月）からであった。奉行衆の指揮のもとに同年二月十二日都河下の城を攻撃したとき、広家は疵を負って奮闘して手柄をたてたのに、奉行衆の指揮がまずいため大敗北に終わったので、広家の手柄まで秀吉に通達することを怠った。これを広家は後々まで恨みとしている。（カッコ内は、筆者補足）」と書かれているが、二次史料である『陰徳記』はほとんど信が置けない。

次に、三成と広家との確執を記した『吉川広家覚書』の史料的性格を確認したい。『吉川広家覚書』は、冒頭に「対石治少我等所存事」とあるように、広家自身の三成に対する考えや、過去の出来事を綴ったもので、全部で十一ヶ条から構成されている。その内容は、三成が広家に対して行った不当な行為を列挙したもので、広家は恨みつらみを二十年近く経過してから書き残している。ただし、この史料は関ヶ原合戦後に記されたもので、内容をそのまま信じるわけにはいかない。逆に、史料的な性格を考慮すれば、三成を貶める意図があると考えられ、朝鮮出兵における三成と広家の不和は事実でない可能性もある。

『吉川広家覚書』には朝鮮出兵の出来事も含まれているが、恵瓊に関しては何も記されていない。そうなると、恵瓊と広家との確執をこの史料に求めるのは困難であり、『陰徳記』の記述も先述のとおり信用できない。

慶長の役での確執

慶長の役においても、恵瓊と広家との間には確執があったという。慶長三年（一五九八）一月、広家は加藤清正の籠もる蔚山城に駆け付け、明の陣営に引き色が立つのを感じ、軍勢を率い先駆けしようとした。『陰徳記』には「恵瓊はこれ（広家の先駆け）を制して、軍は明日のはず、抜駆は軍法にもとると詰《なじ》ったが、これに対して広家は、兵法は武士にあり、僧侶であるその方は施餓鬼や行道をこそ知ればよい、軍法の指南は無用であると言い捨てて兵を進め、明の大軍を追い落とすきっかけをつくった。（カッコ内は、筆者補足）」とある。

この後、広家は蔚山城を救い、明軍へ大きな打撃を与えたが、毛利輝元が広家に宛てた書状には、二人が確執した様子を見出すことができない。一次史料においても、広家と恵瓊の確執を見出すことができず、両者が確執していたという指摘は二次史料に基づくもので、おまけに『陰徳記』は決して良質な史料とは言い難い。したがって、この段階における広家と恵瓊との確執は、裏付けに乏しいことから認め難いと言えよう。逆に、恵瓊と広家との良好な関係を示す史料を見出すことは可能である。たとえば、広家が、自領である伯耆国の銀山について恵瓊に斡旋を依頼している書状は良い例であろう（「吉川家文書」）。『陰徳記』という編纂物は、吉川家を良く見せるための脚色が施されていると指摘されている。つまり、関ヶ原合戦後における、吉川家のアリバイ作りに貢献した書物なのである。

その点を考慮すれば、恵瓊を悪者にするために、さまざまなエピソードを盛り込んだと考えざるを得ない。最終的に恵瓊に責任を押し付けることによって、自らを正当化しようとしたのである。したがって、朝鮮出兵の段階において、恵瓊と広家との確執は認めがたいと考える。

慶長の役と激化する戦い

文禄の役後、和睦が模索されたが、それは失敗に終わった。日本軍が朝鮮半島に渡ったのは、慶長二年（一五九七）五月のことであり、軍勢は十四万人に達していた。日本は攻撃拠点とすべく、慶尚道の沿岸に倭城を築いた。そして、当面の攻撃目標は、朝鮮半島南部の全羅道に定め、着々と攻撃準備を進めたのである。

毛利氏の内部では多くの組が編成されたが、恵瓊もその一翼を担った。恵瓊は「安国寺恵瓊組」を組織し、その組頭になっていた。組とは、豊臣政権から課される軍役・普請役の内容に応じ編成された家臣による軍事組織である。組頭と構成員の間に主従関係はなく、与力と称する武将が従っていた。たとえば、益田元祥《もとなが》は、輝元から「安国寺恵瓊組」に入るように指示されており、同時に恵瓊とよく相談するように申し伝えられている（「益田家文書」）。

慶長の役では、毛利氏に限らず、各大名ともかなりの疲弊を見せていた。何よりも問題なのが、軍費の調達である。渡海する兵士たちは領国内から徴集されており、彼らは基本的に半農ともいえる存在であった。貴重な農作業の担い手が出払ったため、田畠が荒れて思うような収穫ができない地域もあった。農作物の収穫が少ないため、各大名は過酷な収奪を領国で実施することもあり、百姓が逃散するという悪循環を繰り返していた。しかも、渡海した兵は、帰らぬ人となった例も多々あった。このような事情を考えると、各大名や配下の兵士らの士気低下は、避けられなかったと推測される。

慶長二年九月、恵瓊は明・朝鮮連合軍の待ち伏せ作戦を指示している（『萩藩閥閲録』）。しかし、意外なところから「唐人」が現れて切りかかってきたので、先駆けの鉄砲隊の者たちがこれを射伏せ、敵を追い払うことに成功した。市川景好は石津房種に対し、この功績を恵瓊に報告すると伝えている。

加藤清正と浅野幸長は蔚山城を本拠としたが、恵瓊は宍戸元続《もとつぐ》とともにその普請を指示していた（『大河内秀元陣中日記』）。この命令は、輝元を通して毛利氏の諸将にも指示がなされ、恵瓊に従うよう徹底されている（『萩藩閥閲録』）。蔚山城をめぐる攻防が激化し、広家の活躍によって危機を回避したことはすでに述べた。毛利氏の諸将の活躍は、大きなものがあったのである。

戦死者の扱いも重要な職務であった。いくつか例を確認しておきたい。慶長二年十二月の蔚山城の戦いにおいて、毛利方の武将・冷泉元満《もとみつ》が討ち死にした（「冷泉家文書」）。元満には子供がいたので、子供が跡目を相続できるように申請が行われている。元満の跡目相続は、毛利秀元、福原広俊《ふくはらひろとし》、そして恵瓊の推挙状によって安堵された。同様の例は、都《つ》野《の》家頼《いえより》が討ち死にした際にも確認することができる

(「都野家文書」)。したがって、実際に合戦を見聞きした恵瓊による跡目相続の推挙というものは、大きな意味があったと考えられる。

しかし、元満の死に際しては、悲劇が起こっていた（「冷泉家文書」）。元満の被官・吉安満定は、その死骸を回収し、船に運び込んだ。満定は再び蔚山城に籠城したが、その翌日に討ち死にしてしまった。恵瓊らは「前代未聞」のこととその死を悲しみ、満定の遺族に褒美を遣わすように依頼している。

同じく蔚山城をめぐる攻防では、口羽元良《くちばもとよし》が三ノ丸の番を担当していたが、家中の者が三十一人も戦死を遂げた（「萩藩閥閲録」）。そのうえ、刀や鉄砲などの武具が破損して、当分の間役目が果たせない様子であった。そこで、恵瓊らは暇を与えるよう申請を行っている。恵瓊の配慮であった。このことは、秀元からさらに輝元へと伝えられた。こうした現場での戦況は、毛利氏だけに伝えられたのではない。秀吉にも伝えられ、のちに激励の朱印状が出陣中の毛利氏の武将に送られている。

慶長三年（一五九八）一月、増田長盛は恵瓊に対し、蔚山城での戦況報告を行っている（「宍戸家文書」）。その内容は、宍戸元次が身を粉にして活躍しているので、秀吉の朱印を申請してほしいとの依頼、また毛利秀元が二万の兵で蔚山城の普請を行っているので、同様に秀吉の朱印を申請してほしいと伝えている。つまり、恵瓊はこういった戦況報告を受けて秀吉に随時報告し、さらに恩賞に関しても取り次ぐ立場にあったと考えられる。

このように毛利軍は安国寺恵瓊を参謀として朝鮮半島で戦ったが、結局は撤兵せざるを得なかった。軍費の調達や兵卒の徴集などは多大な負担となり、毛利氏領国の経営に少なからず悪影響を及ぼしたのである。

第七章　都市・経済・宗教の展開

1　大内氏と山口

大内氏館の構造

大内文化の源といえるのが、大内氏館である。大内氏館は、山口市大殿大路に建てられた大内氏の居館（守護館）である。大内館《おおうちやかた》跡・築山館跡・高嶺《こうのみね》城跡・凌雲寺《りょううんじ》跡から構成され、現在は「大内氏遺跡附凌雲寺跡」として、国の史跡に指定されている。室町・戦国期の武家館跡としては、非常に貴重な遺跡であると評価されている。

大内館跡は大内氏が政務を司った場所であり、室町幕府邸を参考にしたという。その大きさは、二町四方（一町＝一〇九メートル）という広大なものだった。発掘調査により庭園跡（池泉庭園・枯山水庭園）も見つかっており、儀式や宴会が行われたと考えられている。現在、大内館跡は竜福寺境内にある。大内館跡の北側にある築山館は、迎賓館としての性格を持ち、外客を接待したと考えられている。敷地は一町四方と広々としており、周囲には堀（幅五・四メートル）をめぐらし、内側には大きな池があった。連歌師・宗祇《そうぎ》は、この池の美しさを発句に残したという。また、壮麗な築山を造り、多くの公家や文人が感嘆した。

弘治二年(一五五六)、大内義長が山口盆地を見下ろす鴻峰に築いたのが高嶺城である。外敵に備えるため築城され、大内氏滅亡後も毛利氏によって再活用されたが、元和の一国一城令で廃城となった。大内義興が建立した凌雲寺は、山口市の吉敷川上流の山間部にある。総門跡は寺院に似つかわしくない巨大な石垣があり、城塞を兼ねたと考えられている。長らく在京していた大内氏は、積極的に京都の建築様式などを取り入れ、同時に文化も取り入れた。大内氏館は、その象徴といえるのである。

小京都・山口と文化

小京都と称される都市「山口」についても触れておこう。山口は、戦国時代に最盛期を迎え、その繁栄ぶりはあまりに有名である。では、山口はいかなる町だったのであろうか。山口という地名の淵源を辿ると、鎌倉時代にまでさかのぼる。当時からすでに、大内氏の所領の一部であったというが、農地としては不適格で、早くから都市建設が計画された。

山口という地は海から離れていたが、陸上交通の面では至便であったといえる。北には萩街道、南には秋穂道、東には石州街道、西には肥中道がそれぞれ通じていた。秋穂道まで出ると、そこには山陽道が通じていた。椹野川は小郡津に向かい、そこには蔵が置かれ、遣明船が停泊していたという。主要街道が通じる山口は、近くに仁保《にほ》川が流れており、平地は城下町を築くのに最適の広さを誇っていた。城下町「山口」は、大内氏館を中心にして形成され、交通の至便性が優れていた。

山口には、大内氏の家臣が住むことが義務づけられた。近世城下町の先駆け的な存在といえる。城下には武家屋敷が広がり、毎月、五、六回の市が開催される商都でもあった。住居数は一万戸以上あったといわれている。驚嘆したフロイスは、山口を「西の都」と形容した。こうした事情から、山口には京都から多くの公家や文化人が訪れた。大内氏の武家家法『大内家壁書』には都市法が制定されており、他国から流入する人々の規制や夜中に外出する人々の取り締まりについても記されている。こうして山口は、発展を遂げたのである。

大内氏の領国支配機構と『大内家壁書』

大内氏が領国支配を展開するうえで、モデルとしたのが室町幕府であった。ごく簡単にいえば、室町幕府には、将軍を補佐する管領を中心に、以下の機構が整備されていた。

(1)評定衆――司法・立法などを担当
(2)政所　――財政や債権・動産関係の訴訟を担当
(3)問注所――文書や記録の管理
(4)侍所　――先頭の際の戦功認定や京都市中の治安・警察・民事裁判を担当

この他に、将軍直属の軍事力である奉公衆が存在し、地方支配の要となる守護が全国に配置されたのである。大内氏の政治組織に関しては、これまでに残された関連史料や戦国家法の一つである『大内家壁書』に詳しい。大内氏の支配機構には評定衆が設置され、(1)家臣の知行割当、軍事行動、(2)法令の制定、(3)訴訟の裁定、などの重要事項が決定された。その中で重要なのが、「御前沙汰」といわれるものである。御前沙汰は大内氏当主の面前で催される会議であり、さまざまな重要事項が決定された。

御前沙汰は、あらかじめ審議事項が大内氏や評定衆に知らされており、当日に紛糾することがないように入念な準備が行われた。しかし、大内氏末期の頃になると、内部での対立が深刻化し、必ずしも審議は円滑に行われなかったようである。このほか大内氏の支配機構には、室町幕府と同様に、政所、侍所、記録所（問注所に該当）が設置されていたことが知られている。

大内氏の領国は複数（安芸、周防、長門、石見、備後）にわたったため、それぞれを管轄する守護代が設置され、その末端には各郡に郡代が置かれた。そして、郡代のもとの段銭奉行が段銭の徴収を行っている。大内氏が室町幕府の組織を参考にして政治機構を整備したことは、明らかなのである。

戦国時代には、数多くの戦国大名が武家家法を制定した。武田氏（『甲州法度次第』）、今川氏（『今川仮名目録』）、六角氏（『六角氏式目』）などが比較的知られているかもしれない。中国地方の大名の中では、大内氏が定めた『大内家壁書』が有名である。『大内家壁書』は、大内氏歴代（持世《もちよ》・教弘・政弘・義興）が発布した法令を編集・収録した法令集である。『大内家壁書』は、『大内家法』『大内家掟書』『大内家書掟留書』『大内殿掟制札類』などと呼ばれることもある。

そもそも壁書とは、法令や規則などの通達方法の一種である。壁書という名称の起源を辿ると、中国で壁に法令などを書いて伝達したことによる。また、本来の壁書とは、役所や寺院などの内部規則を当事者に通達する手段であったという。日本においては、紙や板に法令などの要旨を記し、壁や門にかけて掲示した。

『大内家壁書』の制定時期ははっきりとしないが、明応四年（一四九五）以降、さほど下らない時期とされている。書写した人物は不明であるが、大内氏配下の有力者であったと推測されている。現在、『大内家壁書』の伝本は、三系統・十三種の存在が明らかになっている。ところで、『大内家壁書』の構成は、先述した「壁書」の体裁には必ずしも当てはまらず、やや特殊であるといえる。他の武家家法では、各条文が列挙されているのが普通であるが、『大内家壁書』では単行法令が列挙され、集成された形を採っている。

具体的にいえば、直状《じきじょう》形式二通、奉書形式四十四通、記録形式三通、請書一通から成っている。奉書形式のものは、書止文言が「壁書《かべがき》如件《くだんのごとし》」となっているものが三十四通と大半を占めており、当主である大内氏の意を汲んでいるのは明らかである。「大内家壁書」と称されたのは、書止文言になぞらえたものと考えられる。では、『大内家壁書』は、いったいどのように評価されているのだろうか。『大内家壁書』には、大内氏の儀礼に関わるもの、寺社保護に関わるものなど、領主サイドを規制または保護する規定が充実している。反面、支配に関わる規定は乏しく、他の戦国大名の武家家法にはあるが、『大内家壁書』には欠く規定も多いという。たとえば、家臣統制と領民統制では、欠いている条項が見受けられ、下人・奴婢の身分規定や連座法も明確ではない。さらに、鎌倉幕府法に依拠した法令もあることが指摘されている。

精粗は多少あるものの、大内氏の支配について、領民の統制、軍事警察、商業金融、交通・宗教など、幅広い情報を含んでおり、支配の概要を知るうえで誠に興味深いものがある。たとえば、領国内の各地から大内氏の館がある山口までの所要日数、川の渡し賃、夜中の往来での禁止事項など、たいへんユニークな規定も収録されている。『大内家壁書』が、政治を行っていくうえで一つの規範になったのは事実である。

2　宇喜多氏・毛利氏の支配

宇喜多直家の没後、家督を継承した秀家は、岡山城（岡山市北区）を修築し、やがて城下町の整備に着手するなど、さらに領国支配に力を入れたことはよく知られたことである。

岡山城下町と御用商人・来住法悦

城下町の整備に際しては、いくつかの方針が定められた。文禄二年（一五九三）と推定される秀家の掟書には、(1)天瀬に侍屋敷を設定し、商人は住んではならないこと、(2)商人が家を造る場合は、新町をはじめいずれの屋敷に限らず、古い屋敷を取り壊してもよいが、二階建てとすること、(3)大河に橋を架けるので、川東に新しい屋敷を造ることを勧め、いずれの給人が支配していても、一軒ずつ請銭を徴収すること、の三点が記されている（『備藩国臣古証文』）。

(1)と(2)は、武家と町人との混住を避け、それぞれの住む居住区を定めている。これは、当時の城下町によく見られたものである。(3)は大河に橋をかけ、新しい土地に居住空間を築くことを認めているが、一軒あたりに税を課すとしている。城下町の形成により、多くの人々が集住するのであるが、人口拡大に対応した政策といえるであろう。文禄二年（一五九三）の秀家の判物写には、「岡山普請町替」が行われたとあり、城下全域で居住区の再編が行われたという（『備藩国臣古証文』）。岡山城下では、武家と商家などの身分をある程度厳密に区分し、町割を通して居住区が編成されたのである。

秀家が岡山城下の振興を推進するなかで、協力を惜しまなかった商人の来住法悦《きしゅうほうえつ》が有名である。岡山城改修のときには、法悦が櫓を寄進したともいわれている。熱心な日蓮宗の信者でもある法悦は、浦伊《うらいん》部《べ》（岡山県備前市）にその拠点を持っており、妙圀寺《みょうこくじ》（岡山県備前市）再興にも尽力した。その出自は、来住権右衛門の口上覚によると、讃岐国の牢人であったという（「来住家文書」）。この口上覚には、天正十年（一五八二）における羽柴（豊臣）秀吉の備中高松城攻撃に際して、法悦が秀吉のためにわざわざ屋敷まで建てたと書かれており、相当な財力を保持していたと考えられる。

秀家の代に至ると、法悦は秀家から材木町に一町の土地を与えられたといわれており、何らかの特権を付与されたことがうかがえる。天正十七年（一五八九）に書き記された法悦の譲状は、息子の弥三兵衛に資産を譲ったものである。その遺産は合計四千二百十石という莫大なもので、米、大豆、麦、金、銀、田地、家屋敷、山林等を石高に換算している。このうち金と銀については法悦が預ることとし、のちに孫に譲り渡すとしているが、意図はよく分からない。法悦の財力がうかがえる史料である。

莫大な資産を持った法悦は、秀家の厚い信頼を得ていた。文禄三年（一五九四）四月の秀家の判物によると、(1)岡山に今ある屋敷については問題ないこと、(2)国中の諸役を免除すること、の二点について法悦に認めている。(1)は、先に武家と商人との混住を避けると述べたが、法悦の居住区は武家側にあったと考えられ、それを特例として認めたと推測される。(2)は、商業活動上の特権として承認されたものである。

法悦は、秀家の判物により家の売買を許可されている。この史料は、町奉行・浮田覚兵衛に宛てたものである。岡山城下には町奉行が組織され、居住区の管理がなされていたと推測される。自由な家の売買が原則禁止されたのは、城下町における居住者を把握するためであった。たとえば、当時は一般的に、牢人などの居住を制限していた。しかし、例外が認められているのであるから、法悦は秀家配下の特権的商人として、その恩恵を受けていたのは明らかである。

商業関連でいえば、秀家は質物の規定を定めている（『黄薇古簡集』）。この規定によると、第一条と二条に、夏質は五月五日を、秋質は十二月七日を期限にして、それぞれ受け取ることが決められた。第三条では、質物が火事に遭った場合、置主の損になるとしている。逆に第四条で、質物が鼠にかじられたり、紛失した場合は、倍額での弁償が規定された。最後の第五条には、質物が盗まれ、町中に露見した場合、置主の損になると規定している。このように岡山城下が都市化するにつれ、質物の扱いは社会問題化したのであろう。その規定を定める必要があったのである。

宇喜多氏の産業・農業政策

宇喜多氏の領国支配に関わる諸政策は、城下町や商業関係に止まらず、産業や農業の分野でも積極的に実施された。秀家は産業振興に取り組んでおり、名産の備前児島酒の史料が少なからずある。慶長の初年には、さまざまな日記などに「美酒は備前児島酒である」とか「名酒備前児島酒」などと記されている（『鹿苑日録』『義演准后日記』）。実際に秀家も、慶長二年（一五九七）に備前児島酒を大樽で贈っていることを確認できる（『鹿苑日録』）。このように、備前児島酒は美酒として、京都でも非常に有名であったと考えられる。

文禄四年（一五九五）になると、秀家は備前国内の酒造りについて、岡山以外での製造を禁止している（『黄薇古簡集』）。酒を造りたい者は、岡山で造るように命じており、違反者には処罰を下すことが明記されている。もともと児島酒は、岡山城下に程近い、平井地区（岡山市中区）の清水を使用して酒造りを行っていた（『吉備前鑑』）。秀家の目的は、酒造りの拠点を岡山城下に移すことにより、確実な徴税を行うところにあったと考えられる。

秀家は、新田の開発、堤防の構築や用水普請にも取り組み、農業のインフラ整備を積極的に行った。天正十年代の初頭、秀家は児島湾の大規模な干拓事業を実施し、新田村を造成した。それに相当する場所が、岡山県早島《はやしま》町の海岸部である。現在では、通称「宇喜多堤」と称されている。秀家は新田村を造ると、新たな給地として、家臣らに与えている。

秀家は、新田村の農業が円滑に進むよう、現在の倉敷市酒津《さかづ》から早島町にかけて、十二ヶ郷用水という用水路の整備を行った。その起源は平安初期に遡るとされ、十二世紀後半に平氏の家人・妹尾兼康《せのおかねやす》が大改修を行ったという伝承がある。このうち高梁川の八ヶ郷用水は、倉敷市酒津に設けられた堰から取水し、同市北部・東部および都窪郡早島町一帯を灌漑する農業用水である。

八ヶ郷とは、灌漑する地域が浜郷、東阿知郷、子位庄郷、三田郷、西庄郷、五日市郷、二日市郷の八つの郷からなっていたことに由来する。江戸時代になると、二子、松島、徳芳、鳥羽、中芳の五ヶ村が加えられた。この酒津堰は、おおむね明応年間（一四九二〜一五〇一）に完成したといわれている。当初の規模は小さく、浜郷だけに設けられたが、のちに秀家により規模が拡充されたと伝わっている。

秀家は、倉敷・児島付近に新田を開発し、天正十二年（一五八四）に酒津堰の改修・整備を行った。これがのちの八ヶ郷用水の基盤となり、農業振興政策の一環となる。宇喜多氏家臣の岡豊前守が工事を担当したといわれている。水の管理には番水制が採用され、既存の水路は定水川と称し、常時給水する特権が認められた。番水制とは、渇水時の灌漑用水配分制度のことで、順番に従って水田に引水することである。

東阿知郷など七ヶ郷に注ぐ水路は番水川と称され、番水制によって配水が行われた。定水川の余った水は、浜川用水、倉敷用水、冨久用水を通り、付近一帯を灌漑すると、一部は倉敷川へ注流された。番水川では、約二週間を単位として番水制が実施された。その詳細は、天正十三年（一五八五）に成立したという『八ヶ郷始り覚書』に記されている。以上のように、宇喜多氏領国では城下町の整備が着々と進められ、商業、産業、農業の振興も積極的に推進されていたことが分かる。

広島城の築城

毛利氏は元就の代のとき、安芸国吉田荘（広島県安芸高田市）の郡山城を居城としていた。しかし、郡山城は山間部に位置するため不便が多かった。輝元は中国地方に覇を唱えるべく、交通・戦略上の要衝地を求めて広島に進出したと考えられている。そこには、いかなる背景があったのか。

天正十六年（一五八八）、輝元は初めて上洛することになり、秀吉に謁見する機会を得た。このとき輝元は、秀吉の拠る大坂城（大阪市中央区）や聚楽第（京都市上京区）を訪問し、その豪勢さや城下町の繁栄を目にすることになった。輝元は、山間部に位置する郡山城が時代遅れであることを痛感し、広島城（広島市中区）の築城を決意したといわれている。

輝元が広島湾頭に築城を決意したのは、中国地方一帯を治めることが可能な城と城下町建設を意識していたからであった。現在、広島城のある太田川デルタ周辺は、祖父の元就も注目した要衝地であった。そこには、箱島や日地島（比治山）などいくつかの島が点在しており、それらの島々は五箇荘と総称された。翌天正十七年（一五八九）、周囲の山々から城地を見立て、輝元は築城を開始した。当時、この地は「五箇」と呼ばれていたが、この頃から「広島」と名付けられたといわれている。

しかし、工事はきわめて難航したという。城を築くには、太田川デルタ周辺は地盤が軟弱だったからである。それでも工事は急ピッチで進められ、輝元は二年後の天正十九年（一五九一）に無事入城することができた。ところが、この段階では本丸などの主要な部分が完成していただけで、肝心の石垣や堀などの防御施設は未完成だった。そのため完成に向けて、その後も工事は延々と行われた。

天正二十年（一五九二）、秀吉が広島に立ち寄った際も城は未完成であった。築城工事が困難を伴ったことが理解される。文禄二年（一五九三）にようやく石垣が完成し、落成したのは慶長四年（一五九九）のことである。翌慶長五年（一六〇〇）、関ヶ原合戦で西軍の総大将を務めた輝元は、徳川家康の命によって周防・長門へ転封となった。そして、同年十月、徳川家康は論功行賞を行い、旧毛利領の安芸・備後両国を福島正則に与えることにしたのである。

毛利氏の惣国検地

戦国大名が領国支配を行ううえで、土地支配は根幹となるものであった。なかでも検地は、領国の財政基盤を形成するうえで、きわめて重要だった。では、検地とはいかなるものなのだろうか。

検地とは、戦国大名が支配下の所領を把握するため、百姓の保有する田畑・屋敷地の面積・石高を調査するものである。その調査に基づき、村高・村境などを把握し、年貢高を決定する。それらの内容は検地帳に記載された。検地は毛利氏に限らず、駿河国の今川氏、甲斐国の武田氏、伊豆国の北条氏なども実施していた。中国地方では、備前・美作の宇喜多氏も実施している。方法としては、検地奉行が実際に村々に入って測量を行うもの（丈量検地）、もしくは村からの申告によるものがあった（指出検地）。実際、広範な領国内をすべて測量し尽くすことは困難だったので、多くは指出検地がベースとなっていたと考えられる。

毛利氏は領国全体にわたる検地を実施しておらず、貫高制（土地・地代を貫文＝銭で換算した方式）を採用していた。しかし、豊臣政権下で戦争に動員された毛利氏は、軍役賦課に対応すべく検地を実施する必要があった。こうして実施されたのが、天正十五年（一五八七）から同十八年にかけて行われた惣国検地（天正検地）である。この検地では太閤検地の基準を用いておらず、三六〇歩＝一段の古制が採用されていた。現存する「打渡坪付帳」によると、面積表示は三六〇歩＝一段制の古法に基づき、大（三六〇歩）・半（一八〇歩）・小（一二〇歩）制を採用している。田畠が課税対象となり、田は分米高、畠は分銭高で表示されている。これは原則として、田方は米納、畠方は銭納とすることを意味していた。屋敷の記載も確認できるが、大部分は屋敷数しか記していない。

毛利氏は基準升として「京升」を用い、基準銭となる「鍛《ちゃん》」を組み合わせ、銭と米の交換レートを反映した石高換算基準を創出したと指摘されている。最終的に一貫文＝一石という基準となり、それは「石貫制《こくかんせい》」と称されている。こうして毛利氏は「石貫制」を採用することにより、領国全体の所領を石高で表示したのである。この検地によって、毛利氏は一定の在地掌握を果たし、さらに領主らの知行替えを行った。そして、多くの踏出地《ふみだしち》（新たに判明した土地）や上地《あげち》（没収した土地）が判明するなどし、それらは毛利氏の蔵入地に編入された。一方で、一部の有力国人の知行替えには成功したが、本領を維持する国人も存在し、必ずしも思い通りにはいかなかった。

慶長の惣国検地

毛利氏の惣国検地は徹底したものとは言えず、文禄元年（一五九二）に始まる一連の朝鮮出兵では、軍役賦課基準の充足に苦労した。つまり、各給人が支配する所領の実態を正確に把握し、それを石高に換算して軍役賦課基準を算出することが喫緊の課題だった。慶長二年からその翌年にかけて、毛利氏は再び検地を実施した。この検地は検地奉行の兼重和泉守元続・蔵田与三兵衛尉元連が担当したことから、「兼重・蔵田検地」と称されている。

この検地では三〇〇歩＝一段、三〇歩＝一畝を採用し、田畠の等級を六段階あるいは九段階に区分し、屋敷も課税の対象とした。原則として一地一作人とし、名請人が登録された。畠や屋敷は分銭高で表示されている。この検地は太閤検地の原則に従っており、さらに一貫文＝一石という「石貫制」を徹底することで石高表示を可能とした。

検地の実施に際しては、兼重・蔵田の検地奉行の他、検地の実務担当者が担当しており、天正の惣国検地のように年寄層が関与することはなかった。検地では家臣らの人的な影響も見られず、公平に行われたといわれている。検地の結果、毛利氏領国の総石高が確定し、防長両国の田畠面積は三万七千九百余町歩、高二十九万八千四百八十石余、物成二十一万七千八百九十石余に定まった。同時に各給人の所領支配を把握することができた。つまり、給人たちの中世的な支配構造を解体することに成功したのである。

毛利氏の天正・慶長検地は、これまでの不安定な土地支配を脱却し、領国全体の統一的な知行制を確立し、軍役体系を築き上げた点で評価がなされている。

3　鉱山の開発

全国で戦国の争乱が打ち続く中で、いずれの戦国大名も武器の材料となる鉄などの鉱物資源の確保に腐心した。古くは刀や槍などが主要な武器であったが、西洋からもたらされた鉄砲は、軍事革命というべきものであり、良質な鉄が必要となった。同時に金や銀などの貨幣価値を持つ貴金属類も重要であり、戦国大名らは採掘可能な鉱山を奪取すべく争った。とりわけ中国山地はそうした鉱物資源の宝庫であり、戦国大名らの注目を集めたのである。

石見銀山の開発

一方、戦国期に入ると、日本海をめぐる水運が著しく発達し、東北・北陸や九州の商人が山陰方面を訪れることが多くなった。彼らのなかには、出雲鉄などの鉱物資源を求める者もいたのである。同時に、山陰方面各地には港湾都市が形成され、貿易が活発化する原動力となった。こうして山陰方面の鉱山開発の契機が生まれたのである。大永六年（一五二六）には、石見銀山が開発された。開発に関わったのは、出雲国・鷺浦《さぎうら》銅山（島根県出雲市）の銅鉱石を買い付けに来た博多商人・神谷寿禎《じゅてい》と山師《やまし》・三島清右衛門である。寿禎は博多の貿易商として知られているが、生没年は不詳で謎多き人物である。七年後の天文二年（一五三三）、寿禎は吹工の宗丹と桂寿を連れて、再び石見銀山に入った。このとき、銀を精錬するために用いられた技術が灰吹法《はいふきほう》である。

灰吹法とは、朝鮮からもたらされた精錬の技術である。銀の精錬は、次に示す三段階に分かれて行われた。最初の工程は鏈拵《くさりこしらえ》といい、「要石《かなめいし》」の上に乗せた銀鉱石をかなづちで砕いた後、水の中でゆすってより分ける。次の素吹《すぶき》という工程では、鉛とマンガンなどを細かな銀鉱石に加えて溶かし、浮き上がる鉄などの不純物を取り除いて、貴鉛（銀と鉛の合金）を作る。そして、最後の灰吹の工程では、灰吹床で貴鉛を加熱して溶かし、鉛を灰へ染み込ませることにより、銀だけが灰の上に残るように分離させる。その後、同じ作業を繰り返し、灰吹銀の純度を上げるのである。

当時の最新技術である灰吹法を用いることにより、銀の純度は上がり、産出量も飛躍的に上昇した。それは国内というレベルに止まらず、東アジア最大の規模を誇り、当時、世界第二位で世界の銀の三分の一を産出していたという（世界第一位は、メキシコのポトシ銀山）。つまり、質量ともに世界的な規模を誇っていたのである。

石見銀山の争奪戦と発展

このような状況から、石見銀山は中国地方の戦国大名の注目の的となった。享禄四年（一五三一）、温湯城《ぬくゆ》（島根県川本町）主・小笠原長隆《ながたか》が石見銀山を奪うと、以後、銀山をめぐり争乱が生じた。当初、大内義隆が小笠原氏から銀山を奪ったが、天文六年（一五三七）に尼子経久が石見国へ攻め込み、しばらくは大内氏と尼子氏との間で争奪戦が続いた。しかし、天文二十年（一五五一）に大内義隆が家臣・陶晴賢《すえはるかた》に謀殺されると、今度は尼子氏と毛利氏との間で争奪戦が繰り広げられた。石見銀山は彼らにとって、垂涎の的だったのである。

尼子氏が衰退の兆しを見せ、毛利氏が有利に戦いを進める中で、尼子晴久が永禄三年（一五六〇）に没した。晴久の死を契機として、毛利氏はさらに攻勢を強め、二年後の永禄五年に尼子氏を降《くだ》し、ついに念願の石見銀山を配下に収めた。ところが、天正十年（一五八二）の本能寺の変で織田信長が横死し、代わりに羽柴（豊臣）秀吉が台頭すると、にわかに状況は変わった。秀吉は毛利氏を配下に収めると、石見銀山も管理下に置き、運上金を上納させた。銀山の管理は、羽柴方の近実若狭守と毛利方の三井善兵衛に任された。文禄・慶長の役では多大な戦費を必要としたが、石見銀山から産出する銀が多くを賄っていた。

慶長三年（一五九八）に秀吉が没し、慶長五年九月の関ヶ原合戦で東軍が勝利を得ると、徳川家康が天下人に名乗りを上げた。家康は、慶長八年に征夷大将軍に就任して江戸幕府を開くと、その財政基盤を強固にするため鉱山に目をつけた。石見銀山もその一つである。石見銀山を管理するために、家康が登用した人物が大久保《おおくぼ》長安《ながやす》である。長安は、もとは土屋藤十郎といい、甲斐・武田氏の蔵前衆として仕えていた。武田氏のもとでは、甲斐の黒川金山（山梨県甲州市）の開発に従事した。武田氏滅亡後、家康の家臣・大久保忠隣《ただちか》に仕え、大久保姓を名乗るようになった。

長安は石見検地を実施するとともに、石見銀山の経営にも辣腕を振るった。石見銀山奉行の他、佐渡金銀山奉行、伊豆銀山奉行を兼務するほどであった。長安は最新の南蛮流鉱業法とこれまでの甲州流採鉱法を組み合わせ、大規模な採鉱法を確立するに至った。また、備中国早島出身の山師・安原伝兵衛が新鉱脈を掘り当て、増産に貢献した。これにより、銀の産出量は一年間で三千六百貫に及び、家康を大いに喜ばせた。

こうして石見銀山は大いに発展し、『銀山旧記』によると人口二十万人、家数二万六千軒、寺数は百ヵ寺に及んだという。数字は大袈裟かもしれないが、銀山町が大いに反映したことは疑いない。

因幡・伯耆の銀山開発

天正十七年（一五八九）十二月、因幡・但馬の両国を与えられた宮部《みやべ》継潤《けいじゅん》は、因幡国内で銀山経営に着手したことが知られている。

文禄二年（一五九三）の冬、巨濃郡荒井村の近辺でにわかに銀山が出現した（以下『因幡民談記』による）。山は三日月山といったが、さほど大きな山ではなかった。ある日、掘り出した鉱石を吹いてみると、それは銀となった。灰吹法により、銀を鉱石から抽出するのに成功したのであろう。やがて、各地から人々が集まり、我先にと鉱石を掘り出す有様だったという。当時、継潤は朝鮮出兵で留守のため、代わりに奉行の宮部市兵衛が指揮を取り、鉱石の採掘に際して、役人を配置して非法狼藉のないように差配した。その後、鳥取城下の富裕層である石井宗徳、長空、山崎屋、巨濃郡の安木行蓮、その他、上方（京都・大坂方面）や但馬からも商人らが押し寄せ、競って鉱石を採掘した。彼らが周到に道具を準備して掘り出したため、採掘された銀はおびただしい量になったという。継潤がその旨を豊臣秀吉に報告すると、銀山の経営を任された。以後、継潤は採掘された銀を秀吉に献上し、それは豊臣政権にとって、貴重な財源となったのである。

銀山での採掘が盛んになると、その副産物として町が繁栄するようになった。人が数多く押し寄せるようになったので、商売をする者が現れた。さらに家々が立ち並ぶようになり、銀山から中心地の村までの二里（約七・八四キロ）の間に、七、八千軒もの家が建設されたという。そこには商工業者も集住し、寺も十ヶ所ばかりあり、突如として山の中に富貴の地が誕生した。銀の採掘がもたらした、新たな町の出現であった。一方で興味深いのは、朝鮮出兵から戻ってくるとき、継潤が労働に従事させるために朝鮮人を数多く連行したことである。しかし、彼らは扱いにくかったので、鳥取城下で解放された。おそらく言葉がわからず、使いにくかったのであろう。そこで朝鮮人らは、あまり質のよくない米を買い入れ、銀山で高い値段で売りさばいたという。背景には、急速に人口が増えたため、米価が三倍に跳ね上がるという事情があった。こうして朝鮮人らは豊かになり、のちに海老屋、綿屋、対馬屋、炭屋などに成長したといわれている。

その後も山をどんどん切り崩し、銀の採掘は続けられたが、銀の産出はわずか六、七年で終わったという。その理由は定かではないが、すっかり掘り尽くしたのであろうか。

因幡だけでなく、伯耆にも銀山があり、銀の採掘が行われていた。鹿野《しかの》城（鳥取市）主・亀井茲矩《これのり》が銀山経営を行っており、文禄四年三月、秀吉は掘り出した銀を献上するように求めた（「亀井文書」）。銀山の場所は現在の鳥取県日南町銀山で、地名にその名残が残っている。銀は豊臣政権の貴重な財源だったのである。文禄五年と推定される三月十三日付安国寺恵瓊の書状によると、恵瓊は、伯耆の銀山の経営権を吉川広家に認めてもらうように、秀吉に斡旋を行っている。恵瓊は毛利氏の政僧でありながら、秀吉にも仕え、厚い信頼を得ていた稀有な人物である。その結果、文禄五年九月七日、秀吉は広家に伯耆の銀山の経営権を認めるとの朱印状を発給している。これは、吉川家にとって大きな権益となった。経営が認められた背景には、恵瓊の力だけでなく、秀吉配下の増田長盛の力も大きく影響したようである（以上「吉川家文書」）。

このように、因幡や伯耆では、かつて銀山で銀が採掘されていたことが分かる。それらは大名の権益になるとともに、豊臣政権の経済基盤を支えたといえよう。

4　大名の信仰

キリスト教の伝来と大内氏

天文十八年（一五四九）八月、イエズス会の宣教師であるフランシスコ・ザビエルは、キリスト教布教のため鹿児島に上陸した。そのきっかけになったのは、マラッカ（マレーシア）に逃亡していた日本人・アンジロウ（ヤジロウとも）の影響があったという。ザビエルのキリスト教布教のため、重要な役割を果たしたのが、長門・周防の大名・大内義隆である。義隆は、キリスト教とどのように関わっていたのであろうか。

ザビエルがもともと目指していたのは、上洛して天皇や将軍と謁見し、布教の許可を得ることであった。鹿児島に上陸したザビエルは、天文十九年の秋頃に平戸を経て、同年十一月に山口に到着した。ただ、これは上洛の途中に立ち寄ったに過ぎない。ザビエルは、さっそく義隆の家臣・内藤興盛を通して、義隆へ面会を願っている。実は、彼らが山口の地を選んだのには理由があった。大内氏の領国では偶像崇拝（仏教）などが行われていたが、とりわけ男色については許しがたく、その矯正を促そうとしたのである。

ザビエルに随行したフェルナンデスの記録によると、彼らが義隆に述べたことは、(1)偶像崇拝の罪、(2)日本の悪習に基づく男色の罪、(3)(1)(2)を行う者は豚より汚らわしく、犬などの畜生にも劣る、という三点に集約できよう。この話を聞いた義隆は激昂の様子を顕わにし、彼らの話が終わるや否や、帰らせるように側の部将に命じたという。あまりに不愉快な話に、義隆は大いに機嫌を損ねたのである。ザビエルたちは約一ヶ月の間、山口に滞在したが、汚らしい修道服に身を包んだ彼らの説教は理解を得られなかった。やがて、山口を退去し上洛した彼らは、天皇権威の衰退が著しく、また京都に将軍が不在である事実を知り、布教の許可を得ることを断念する。

いったん平戸に戻ったザビエル一行は、再度、布教のため山口を訪れた。天文二十年四月頃のことであるが、今回は準備を十分に整えていた。一行は、羊皮紙に書かれた日本国王宛のインド総督の公文書を携え、壮麗な祭服を身につけて、義隆との謁見に臨んだ。前回、義隆に面会した際は、粗末な衣服を身にまとい、半ば放浪者の体であったので、大きな違いである。それどころか、大時計、火銃、マニコルディオ（楽器）、緞子《どんす》（光沢の強い絹織物）、眼鏡、望遠鏡、鏡、ポルトガル酒、書籍、絵画など、十三種類にわたる贈り物が準備されたのである。

義隆は、海外の珍品を目の当たりにし、大いに驚いた。いずれも日本国内では、目にすることのできない貴重なものばかりである。義隆は、さっそくお礼として金銀や品物を贈ろうとしたが、ザビエルはその申し出を丁重に断った。彼らの要望は、あくまでキリスト教の布教活動と、信者が入信・洗礼を受ける自由を許可されることであった。義隆はその求めに応じ、無住となっていた大道寺（山口市）を提供したといわれている。

その後、ザビエル一行は布教活動に力を入れ、その効果はみるみるうちに現れた。すでに内藤興盛らがキリスト教に入信しており、山口では一万人余の信徒が存在したといわれている。ところが、仏教の僧侶との軋轢は日ごとに増し、たびたび論争が行われた。先の内藤氏は、キリスト教に入信しつつも、仏教の信仰を完全に捨てなかったという。初期の日本におけるキリスト教伝道は、なかなか理解されずかなり苦しんだのである。

ザビエルら一行は、豊後の大友義鎮に招かれ、同地でキリスト教の布教に努めた。しかし、天文二十年九月に、義隆は陶晴賢のクーデターに遭い自害した。ザビエルが布教を始めてから、さほど時間は経過していなかった。その晴賢も天文二十四年十月に毛利元就に滅ぼされ、山口は毛利氏の支配下に収まった。ただ、元就はキリスト教にほとんど理解を示すことなく、山口におけるキリスト教は廃れたのである。

毛利元就の信仰をめぐって

毛利氏中興の祖である元就は、信仰心の厚い人物として知られている。それは寺社全般にわたるものであった。一般的に、戦国武将の仏教への信仰は八宗兼学といわれており、特定の宗派には偏らない傾向があった。八宗とは、倶舎・成実・律・法相・三論・華厳・天台・真言の八つの宗派を示している。元就は禅宗（臨済宗）に深く帰依しており、安国寺（広島市東区）の住持を務めた竺雲恵心《じくうんえしん》を師と仰いだ。この他、妙法寺（広島県竹原市）の嘯岳鼎虎《しょうがくていこ》や興禅寺（広島県安芸高田市）の策雲立龍にも師事した。元亀三年（一五七二）、輝元は元就の菩提寺として、吉田城内に洞春寺を建立した、嘯岳鼎虎は、その開山に迎えられている。なお、のちに洞春寺は移転を繰り返し、現在は山口市内にある。

弘治三年（一五五七）十一月、元就は三人の息子（毛利隆元、吉川元春、小早川隆景）に対して、全部で十四ヶ条にわたる教訓状を与えた。そのなかには、信仰に関する内容も盛り込まれている。その第二条によると、元就は十一歳のときに、旅の僧侶から念仏の大事を授けられた。以来、元就は、朝になると太陽を拝み、「南無阿弥陀仏」と十回唱えることを日課にしたという。元就は、太陽でも月でもよいので、この習慣を三人の息子に強く勧めていることから、元就は禅宗だけに限らず、広く仏教を信仰していた様子がうかがえる。

元就が最も強く崇敬の念を示していたのが、安芸国の厳島神社であった。厳島神社は広島県廿日市市宮島に所在し、世界遺産にも登録され、今も多くの観光客が訪れている。厳島神社は古来より武家の崇敬が厚く、とりわけ平家一門は有名である。平清盛は社殿を造営し、一門の繁栄とともに厳島神社も発展した。のちに平氏の氏神になったくらいである。『平家納経』は、長寛二年（一一六四）に、平家一門がその繁栄を願い、厳島神社に奉納した経典類であり、昭和二十九年（一九五四）には国宝に指定された。安芸国を支配した毛利氏も、平家一門に劣らず厳島神社を庇護したのである。

毛利氏に限らず、神社を信仰をするのには大きな理由があった。それは、度重なる戦いで、常に勝利を得るために祈願する必要があったのである。当時の人々は、現代以上に神仏を敬っており、それは想像をはるかに超えるものであった。出陣前に戦勝祈願を行うのはもちろんであるが、合戦を前にして連歌を詠み、神社に奉納することもあった。連歌は座の文学である。こうして武将たちは、心を一つにして、結束を強めようとしたのである。

元就の戦勝祈願

天文二十三年（一五五四）六月、元就は折敷畑《おしきばた》（明石口とも。広島県廿日市市）の戦いで陶晴賢に勝利した。この戦いは、厳島の戦いの前哨戦とも言える重要な合戦であった。天文二十四年十月、厳島の戦いで晴賢を滅亡に追い込んだ元就は、厳島神社の加護によるものと強く確信し、同社への信仰を強く決意するに至った。その辺りの経緯は、弘治三年（一五五七）十一月の教訓状に詳しく記されている。

以後、元就は合戦のたびに厳島神社への戦勝祈願を欠かすことがなかった。戦いが長引いた際には、別当寺（神社に付属した寺院）の大願寺に対して、千部経《せんぶきょう》（千部会《せんぶえ》とも）という祈願などのために同じ経を五百僧または千僧で一部ずつ読誦する法会を行わせることもあった。もちろん、戦いで勝利した際には、厳島神社に社領を寄進したり、甲冑・刀剣・槍などを奉納することもあった。こうした厳島神社に対する崇敬の念は、三人の子息にも引き継がれたのである。

参考までに、毛利一族が厳島神社に寄進した建造物について提示しておこう。

(1)弘治二年四月、天神堂（連歌堂）を寄進（隆元の名義）。
(2)弘治三年四月、曾利橋を寄進（隆元・元就の名義）。
(3)永禄四年十月、大鳥居を寄進（隆元・元就の名義）。
(4)永禄七年三月、浴室（大湯屋）を再興。
(5)元亀二年春、神殿を改築（同年十二月に輝元が遷宮式を挙行）。

このように毛利氏は、厳島神社の興隆に大いに貢献したのである。

宇喜多氏と備前西大寺

備前・美作に勢力範囲を広げた宇喜多氏は、他の大名と同じく、寺社に対して所領安堵や所領を寄進するなどしてきた。その例は枚挙にいとまないが、ここでは西大寺《さいだいじ》を中心に取り上げて、宇喜多氏と寺社との関係を考えることにしよう。西大寺（山号・金陵山）は真言宗寺院であり、岡山市東区西大寺に所在する。その起源は、八世紀にまで遡ることができる。本坊は観音院であり、かつては数多くの塔頭があったというが、近世以降は廃れてしまった。会陽《えよう》（裸祭り）は、日本三大奇祭の一つとして知られており、毎年二月の第三土曜日に開催される。以下の記述は、「西大寺文書」に拠るものとする。

宇喜多氏歴代は、西大寺の寺領である金岡（東）荘（岡山市東区）と深い関係を有していた。たとえば、永正十六年（一五一九）二月十一日、宇喜多氏中興の祖・能家は、「妙蓮禅尼茶湯領」として金岡荘の一部を西大寺に寄進した。この寄進については、前代に引き続き、能家が金岡東荘と深い関わりを持っていたことの証左となる。所領の寄進は、寺社崇敬の念の表れでもあり、能家が当該地域の有力者であったことを端的に示しているといえよう。

能家の後継者で孫の直家が積極的に行ったのは、西大寺の普請である。年未詳の文書であるが、直家は配下の延家（宇喜多氏一族）を通して、清平寺の家来衆に西大寺の普請を命じた。ところが、何度も催促したにもかかわらず、ついに家来衆は参上しなかった。そこで直家は、たびたび使者を遣わしたが、それでも応じることがなかった。直家の配下にあった延家は、仕方なく満藤氏・竹原氏を通して、清平寺の家来衆に西大寺普請に従事するよう改めて命じている。満藤氏・竹原氏の地位等は不明であるが、清平寺と関わりの深い在地土豪クラスの武士ではないかと推測される。このように直家は、寺社を普請する主体であり、強制的に従事させる力を持っていた。

先の延家の書状には追伸が添えられており、清平寺に対してたいへん厳しい内容が書かれている。つまり、延家が取った手段は、まず直家の案文（手控え）を再び満藤氏・竹原氏に送りつけたことである。次に、満藤氏・竹原氏側から送られた書状は延家側で預かっており、それを直家に見せれば「曲事」になると脅している。再度命令を行い、清平寺が従わなければ、相応の措置を取るという厳しい態度であった。以上の事実から、次の二つのことが考えられる。第一点は、宇喜多氏が自らの支配圏内の寺社保護を積極的に行っていたことである。第二点は、自らの命令を聞かせるという、領主としての強い意志と強制力である。このような直家の積極的な支配意欲が、戦国における領主権力の源泉となったと考えられよう。

宇喜多氏が発給した禁制

宇喜多氏の寺社に対する姿勢は、永禄九年（一五六六）に直家が如法寺《にょほうじ》に発給した禁制にも見ることができる。内容は三点にわたっており、一点目は、山林で竹木を伐採してはいけないこと、二点目は、山河で殺生を行ってはならないこと、三点目は、境内に牛馬を放ってはいけないことである。この禁を犯すものがあれば、すぐさま厳しい処分を科すという内容である（『黄薇古簡集』）。内容そのものについては、ごく一般的な禁制と変わらない。

この禁制は、金岡庄内の如法寺に与えられたものである。現在は、制札として真言宗の古刹である無量寿院（岡山市東区）に伝わっている。禁制とは、ある行為（多くは濫妨狼藉であった）を禁止する法規のようなものである。近年の研究では、禁制の意義について検討が進められ、新たな見解が提示されている。それらの研究をもとにこの禁制の意義を考えると、次のようになろう。(1)禁制発給の際には礼銭・礼物が必要であり、宇喜多氏は禁制発給に際してそれらを獲得したと考えられること、(2)神仏加護に対する期待と神仏加護への態度を示すことにより、副次的に人心収攬《しゅうらん》を行ったこと、(3)寺社の保護を行う（禁制を与える行為）ことにより、周辺地域へ威令の誇示を行えたこと、の三点である。

禁制は、寺社側から領主に要望があって初めて交付される。当事者主義である。その多くは、金品の授受を伴うものであった。当然のことであるが、その地域で最も影響力を持った領主に依頼することになる。ということは、直家は、西大寺近辺で権力者として認められていたことになる。また、この禁制は、奉書（上位者の意を奉じる文書形式）ではなく、直状形式（自分の意志で発給する文書形式）になっていることも、注目すべきであろう。直家の上位者は存在せず、付近一帯は宇喜多氏の支配下にあったといえる。

もう一つ重要なのは、直家による宗教儀礼の執行である。直家は広谷寺に対し、西大寺での千部経の執行を命じており、御経衆五人の派遣を命じている。千部経は千部会ともいい、追善や祈願などのために、同じ経を五百僧または千僧で一部ずつ読誦する法会のことである（一僧が千部読誦することもある）。この場合は、「御経衆五人」を命じているので、五人で読誦したと考えられる。おそらく執行に際しては、直家が費用の負担をしたと考えられる。このように、宇喜多氏が追善・法要・祈願を執行することは、支配領域内に自らの権力を誇示するうえで、重要な意味を持ったと考えられる。とりわけ新興勢力であった宇喜多氏にとっては、必須のことであった。以上の例でいえば、寺社政策という観点から見ても、備前において宇喜多氏の権力は確立したと見てよいであろう。

尼子氏と日御碕神社・鰐淵寺

出雲国には、出雲大社（島根県出雲市）、日御碕《ひのみさき》神社（同上）、鰐淵寺（同上）などの由緒ある寺社が数多く残っている。それらは、出雲国守護・京極氏の時代から庇護を受け、それは尼子氏に代わってからも継承された。第三章ですでに述べたように、尼子氏は出雲大社と婚姻を通じて強固な関係を結んでいた。尼子氏がそうした神社といかなる関係にあったのかを確認しておこう。なお、出雲大社との関係については第三章で触れたので、ここでは省略することにしたい。

日御碕神社は、出雲市大社町日御碕に所在し、出雲大社の「祖神さま」として知られている。神社は、上の宮の「神の宮（祭神・素盞嗚尊）」と下の宮の「日沈宮（祭神・天照大御神）」の上下二社で構成されて

日御碕神社（島根県出雲市大社町日御碕）

おり、日御碕神社は両社を合わせた総称なのである。古代以来の古い歴史を持つ由緒ある神社である。

大永三年（一五二三）八月、経久は石見国波志浦《はしうら》（島根県江津市）の地を寄進した（以下「日御碕神社文書」）。この寄進を皮切りに、翌年四月に日御碕神社の修造に着手した。造営奉行を務めたのは、重臣の一人の亀井秀綱《ひでつな》である。経久は修造の費用を捻出するため、出雲国一国、伯耆国三郡（汗入・日野・相見）、石見国（邇摩・安濃・邑智）、隠岐国一国の棟別銭《むねべつせん》（税の一種）を免除している。この免除された棟別銭の分が、日御碕神社の修造費用に充当されたのであろう。こうして二年余りの歳月をかけて、大永六年十月に遷宮を終えたのである。以後、尼子氏は、日御碕神社に対して社領の寄進などを行った。その主要なものを掲出すると、次のようになろう。

(1)天文二年二月、伯耆国福田保・犬田村（鳥取県米子市）の地を寄進。

(2)天文九年十二月、石見国箸浦（島根県江津市）の地を寄進。

(3)天文十一年八月、出雲国宇龍浦（島根県出雲市）の地を還付。

(4)天文二十一年七月、出雲国朝山郷（島根県出雲市）を安堵（諸公事を免除）。

この他、天文十一年八月には太刀と馬を寄進し、弘治元年三月にも太刀と装束を寄進している。このような社領などの寄進、安堵、諸役免除などは、尼子氏が毛利氏に敗れる頃まで、ほぼ継続して行われたのである。

次に取り上げるのは、鰐淵寺との関係である。鰐淵寺は、出雲市に所在する天台宗寺院である。古くから比叡山延暦寺と深い関係を持っており、出雲大社の別当寺でもあった。永正六年（一五〇九）十月、経久は鰐淵寺に対して、次の通り三ヶ条の掟書を与えている（以下「鰐淵寺文書」）。第一条は、寺塔の建立を怠ってはならないというものである。第二条は、一山の衆議で論争があった場合は、経久が最終的に決定を下すというものである。鰐淵寺内部での揉めごとについて、経久は積極的に介入する姿勢を見せた。最後の条は、百姓の子を衆徒にしてはならず、僧侶は畑を耕してならないというものである。

鰐淵寺（島根県出雲市別所町）
（出雲観光協会提供）

永正十五年十一月、またもや経久は鰐淵寺に三ヵ条の掟書を発布した。評定衆を決める場合、鰐淵寺の興隆を第一とし、老僧衆の相談のもと、老若に拠らずふさわしい人物を選出するように命じている。また、公物（寺社の什物）を失って勤行を行わなくなり、依怙贔屓するような者に、所領の裁判などを担当させてはならないこと。先に触れた通り、鰐淵寺内部ではいささか統制が取れていないように見受けられたが、人選について注意を促しているのである。

以降、天文十二年（一五四三）三月、晴久は改めて鰐淵寺造営に関して三ヶ条の掟を制定し、六月には寺領の課役を定めている。鰐淵寺領の直江郷（島根県出雲市）、国富荘（島根県平田市）の名主職には、尼子氏の被官が任命されていた。寺領からは人夫役が徴収され、付近を流れる斐伊《ひい》川の川除《かわよけ》（堤防の整備）の負担も課せられた。その後も尼子氏歴代は、名主職の寄進を行っている。こうして尼子氏権力は鰐淵寺内部に浸透し、支配を貫徹していたのである。

天文・弘治年間の長きにわたって、鰐淵寺と清水寺《きよみずでら》との間で座次相論が起こった。清水寺は安来市に所在する天台宗寺院で、鰐淵寺とならぶ古刹である。天文六年、清水寺は後奈良天皇の綸旨を根拠として、富田城で催された法華経千部読誦の際、左座に着席することを主張した。些細なことかもしれないが、これが両寺の間で大問題となったのである。この件に関しては、さすがの晴久も手を焼き、朝廷をはじめ、ついには三好長慶や松永久秀をも巻き込む事態にまで発展した。最終的に鰐淵寺に理があることが認められたが、尼子氏による統制が効かなかった例である。

第八章　関ヶ原合戦から大坂の陣へ

1　関ヶ原合戦への道のり

中国地方を代表する大名である毛利輝元と宇喜多秀家は、ここまで順風満帆であったといえる。ともに豊臣政権下にあって秀吉から重用されたが、朝鮮出兵で雲行きが怪しくなった。さらに秀吉が病気がちになると、事態は徐々に変化を遂げていった。秀吉には秀頼という一粒種がいたが、その先行きを非常に心配していた。秀吉は一代で地位を築いただけに、秀頼の将来を誰かに託さなくてはならなかった。そこで成立したのが五大老・五奉行制であり、輝元と秀家も五大老の面々に加えられた。

五大老・五奉行制の成立

五大老とは、豊臣政権を総覧する職務で、実際の実務的な部分を担当するのが五奉行であった。五大老と五奉行とをあわせて、「十人の衆」と称されたこともある。近年の研究では五大老と五奉行の名称について種々議論がなされているが、ここでは混乱を避けるため、通説の定義に従って五大老と五奉行の名称を用いる。なお、「三中老」という職制があったといわれているが、現在では否定的な見解が多数を占めている。

五大老制の萌芽は、文禄四年（一五九五）七月頃には確認することができる。その直前、秀吉は自らの後継者である養子の秀次を、高野山（和歌山県高野町）で切腹に追い込んでいた。当初の五大老の面々は、徳川家康・前田利家・宇喜多秀家・毛利輝元・小早川隆景であった。隆景が慶長二年（一五九七）に亡くなると、上杉景勝がその名を連ねたが、いずれも数十万石から百万石を超える大名であった。中国地方の大名が二人も名を連ねていることは、注目に値する。

一方、五奉行は、浅野長政・前田玄以・石田三成・増田長盛・長束正家《なつかまさいえ》という面々であった。ただ初期には、この五人に固まっていなかったようである。いずれも軍事よりも行政面での手腕が評価され、豊臣政権下では検地などの諸政策に従事するなど、実務的な官僚といえるのかもしれない。彼らは五大老とは異なり、知行高はさほど高くなかった。やがて、五奉行の面々は家康と対立し、そのことが関ヶ原合戦の遠因となるのである。近年の研究によると、従来のように「五大老が上、五奉行が下」という考え方は否定されつつあり、改めて検討する必要がある。秀吉は、五大老と五奉行に豊臣政権と秀頼の先行きを託したのであるが、その内容とはいかなるものだったのだろうか。

輝元・秀家への期待

文禄四年七月、徳川家康、毛利輝元、小早川隆景の三人は、連署して五ヶ条にわたる起請文を提出した（「防府毛利報公会所蔵文書」）。その内容は、実に興味深いものがある。そもそも起請文の目的とは、起請文の一条目から三条目にあるように、諸事にわたって秀吉の定めた法度を守ること、秀頼を疎略に扱わないこと、秀吉の定めた法度に背く者は糾明のうえ成敗すること、にあった。つまり、豊臣政権に対して反逆の意を持たないことを示したことになろう。

ここで重要なのは、四条目である。そこには東国については家康が政務を担当し、西国は輝元と隆景が担当する、との記述がある。さらに五条目には、在京して秀頼に奉公する、という義務が課されており、用があって下国するときは、家康と輝元が交代して暇を取るよう記されている、つまり、日本を東西に分割したうえで、徳川が東国を毛利が西国を統括するよう取り決めがなされたといえよう。輝元には重責が課されたのであった。

秀吉が大いに期待していたのは秀家である。秀家の妻は秀吉の養女・豪姫（前田利家の娘）であり、それゆえに異例の出世を遂げた人物である。先述のとおり、宇喜多氏は十六世紀初頭に能家が備前東部に勢力基盤を築き、以後、浦上氏と並んで台頭した勢力である。直家の代になってから、織田信長の配下に収まり、その子息・秀家は秀吉から目をかけられた。重用された秀家は、必然的に豊臣政権を支えようとする意識が強かったと考えられる。

くわえて言うならば、秀家の姉は秀吉の養女に迎えられ、吉川広家の妻となっていた（『萩藩閥閲録』）。広家は元春の三男で、父と兄・元長が亡くなって以降、毛利宗家を支え続けた人物である。この結婚により、毛利家と宇喜多家は必然的に強い紐帯で結ばれたことになろう。したがって、秀吉は秀家を婿とし、姉を養女にすることによって、いっそう強い関係を築くことになった。ちなみに、秀家の姉が病に伏したとき、秀家は医者を派遣すべく奔走したことが知られている（「吉川家文書」）。

秀家と前田利家には在京義務が課され、私事による下国を慎むよう命じられるなど、政権内部の秩序維持を任されていたようである（「大阪城天守閣所蔵文書」）。家康、輝元、隆景とは違う役割が与えられたのは、誠に興味深いといえよう。ただ、秀家は非常に若かったため、他の五大老の面々に許される乗物駕籠の使用は許可されなかった（「周南市美術博物館寄託文書」）。こうした秩序は厳格に守られ、いくら五大老の一員とはいえ、若い秀家には認められなかったのである。

秀吉の死

晩年に至った秀吉は、自らの死後を念頭に置きつつ、秀頼を五大老・五奉行に託すべく着々と体制を整えた。むろん五大老・五奉行だけでなく、各地の大名にも起請文を提出させるなどして忠誠を誓わせたのである。ところが、朝鮮出兵が難航している慶長三年八月、秀吉は病により亡くなった。実は、それ以前から病状が思わしくなく、失禁することもあったという（『駒井日記』）。朝廷では秀吉の病状回復を願い、平癒の祈願を寺社に依頼したが、病は治らなかった（『御湯殿上日記』）。病床の秀吉は、最後の最後までわが子・秀頼のことを気遣っていたという。秀吉には頼りになる縁者が少なく、貧しい出自ゆえに譜代というべき家臣が存在せず、いっそう危機感を感じたのであろう。そうした気持ちは、秀吉の遺言状に表れている。

遺言状には、五大老に対して秀吉の遺言を守るように重ねて命じ、互いに婚姻関係を結ぶことを勧めている。婚姻により、互いが敵対しないように配慮したのだろう。とくに注目されるのは、家康の扱いである。家康には京都・伏見への居住が義務づけられ、五奉行のうち一人が伏見城の留守居にあたった。また、秀頼が大坂城（大阪市中央区）に移ったのち、諸大名の妻子は城下へ住むことが取り決められた。秀吉が家康を、五大老のなかでも抜きんでた存在と考えていた様子がうかがえる。

このような事情にもかかわらず、秀吉の死後、家康は秀吉の遺命を破った。家康は自身の子（養子を含め）と伊達政宗、蜂須賀至鎮《よししげ》、福島正則らの子との婚姻を積極的に進めたのである。同時に家康は、増田長盛、長宗我部盛親《もりちか》、島津義久、細川幽斎ら有力な諸大名の伏見屋敷を頻繁に訪問した。後者は秀吉の遺命には違反していないものの、不穏な動きとして認識された。むろん、こうした行為が見過ごされることはなかった。

家康が秀吉の遺命を破ったことは、秀頼を蔑ろにするものとして問題視された。前田利家の助力を得た五奉行の面々は、家康に誓紙の提出を求めた。慶長四年（一五九九）二月、家康は要求に応じて誓紙を交わしたのである（『譜牒余録』など）。家康は関東を支配する権力者であったが、豊臣政権の一員としての自制を求められたことになろう。こうした一事を見ても、五奉行が小身大名であるがゆえ、五大老より下であるという認識は改める必要があるのかもしれない。ところが、慶長四年閏三月三日、五大老の中でも長老格の前田利家が病没した。利家の死によって、豊臣政権内部の緊張感がぷつりと切れてしまった。その象徴ともいえる事件が、次に取り上げる「七将襲撃事件」である。

七将襲撃事件と輝元の「反家康」的行動

慶長四年閏三月四日、七将による石田三成への襲撃事件が勃発した（『浅野家文書』など）。七将とは、加藤清正・浅野幸長《よしなが》・蜂須賀家政・福島正則・藤堂高虎・黒田長政・細川忠興という面々である（メンバーには異説がある）。奇しくも、利家が亡くなった翌日のことであった。七将の面々が三成を襲撃したのには、もちろん理由があった。その最も大きな理由は、朝鮮出兵のときに三成が讒言をして、先の諸将を陥れようとしたことである。これに付随して、朝鮮出兵時における作戦、また戦後の論功行賞をめぐっても問題が生じていた。こうした原因が積み重なって、七将襲撃事件は勃発したのである。

通説によると、七将の襲撃を受けた三成は、思案した挙句に家康の伏見邸に向かったという。いくら七将とはいえ、家康邸までは押し掛けてこないだろうという計算であった。一方の家康は、たいへん驚いたが、意外にも三成を迎え入れた。こうして三成は「死中に活を求める」という予想外な手段により、死を免れたといわれている。意気上がる七将は、すごすごと引き返すしかなかった。小説やテレビドラマなどで、よく知られた逸話である。しかし現在、この話は誤りであるといわれている。三成が実際に逃げ込んだのは、家康の伏見邸ではなく、伏見にあった三成の自邸(治部少丸)であったというのである。そして、後述するように、三成は、毛利輝元を動かすことにより家康への軍事行動を画策していたといわれている。

結局、家康が七将と三成との仲裁に入り、三成が居城の近江・佐和山《さわやま》城(滋賀県彦根市)に逼塞することにより、ことは解決した。以後、家康と三成との関係は悪化したといわれているが、実際はそうではない。むしろ良好な関係を示す事例が、いくつも提示されている。たとえば、三成の佐和山城への逼塞後、その息子・重家《しげいえ》を迎えて、秀頼に奉公させたことなどである(「浅野家文書」)。家康が三成を排除しようとするならば、このような措置は不要なので、従来の二人が対立していたという説とは大きく異なっているといえよう。

関ヶ原合戦について語られるとき、毛利輝元は嫌々ながら西軍の大将に祭り上げられたような印象を受ける。輝元が西軍に属したのは本意ではなかったというのであるが、この点についても、むしろ逆であったことが指摘されている。実は、三成と毛利輝元は、非常に懇意にしていた。三成からすれば、輝元は「反家康」の中心人物として頼られていた。のちに討伐の対象になる上杉景勝も、「反家康」の態度を示しており、輝元は最初から、家康に良からぬ感情を抱いていたようである。三成の問題が解決したとはいえ、家康の力は無視できないものがあった。西国方面を任された輝元は、家康の行動に絶えず警戒心を抱かざるを得なかったと考えられる。

以上の事実は、七将襲撃事件後の輝元の対応にも表れている。以下、「厚狭毛利家文書」によって、輝元の動向を確認することにしよう。当時、家康の伏見屋敷は、京都市伏見区桃山町三河に所在した。輝元の伏見屋敷は、同区桃山町板倉周防に所在し、家康の伏見屋敷と境を接していたという。そして、毛利家の下屋敷は、同区毛利町にあった。七将襲撃事件後、輝元は下屋敷に移ることを考えていたという。それは、どのような理由からであろうか。

輝元と三成は入魂の間柄だったが、七将襲撃事件で三成が失脚し、輝元と家康との関係に少なからず悪影響を及ぼした。そこで輝元は、山名禅高（豊国）を仲介として、家康と起請文を交わすことを承諾したという。しかし、輝元は決して安心できなかった。先の七将たちは、次に輝元を襲撃するかもしれなかったからである。輝元は、そうした事情から、下屋敷に引き下がって兵を集め、彼らの動きに備えようとしたのだろう。

結局、輝元は家康の許可を得て、下屋敷に移動しようとした。ところが、家康と入魂の間柄にある大谷吉継は、輝元に下屋敷への移動を取り止めるよう説得して自重を促した。下屋敷への移動が結果的に家康への敵対心を煽ることになるので、あえて吉継は説得を試みたのであろう。これまで吉継は、三成の盟友と位置づけられていたが、この段階では家康を豊臣公儀を支える運営者と認め、このような行動に出たと考えられる。吉継は、むしろ家康派であった。七将襲撃事件の結果、三成は五奉行の地位を追われて失脚し、輝元も家康に屈するような形になった。輝元は、一人犠牲になった三成を思い、涙を流したといわれている。ただし、輝元の家康に対する闘志は衰えることなく、その後も打倒家康の機会を狙い続ける。なお、吉継や禅高（豊国）らの仲介には恵瓊が関与しており、注目すべきところである。

一方の「西国の雄」で五大老の地位にあった宇喜多秀家は、いかなる状況にあったのであろうか。ここでは、宇喜多騒動について触れておこう。天正三年（一五

宇喜多家中の崩壊

七五）に浦上宗景を天神山城（岡山県和気町）から放逐して以後、宇喜多氏は急速に領国を拡大し、秀家の頃には備前、美作および備中、播磨のそれぞれ一部を領有するに至った。そもそも宇喜多氏は中小領主の盟主というべき存在であり、家臣の戸川氏などとの関係は、完全な上下とは言い切れなかった。結果、秀家は領国内に一万石を超える大身の家臣を抱えたまま、支配を展開することになる。これが、宇喜多氏の家臣団統率の困難さを物語る要因の一つである。

それだけではない。同時に宇喜多氏は領国拡大に伴い、譜代の家臣に加えて、新たな家臣を召し抱えることになった。これは宇喜多氏だけではなく、多くの大名に共通することである。その結果、古くから仕える古参の家臣と、新たに仕えた新参の家臣たちとの間に軋轢が生じることになった。この点も、他の大名に見られる共通点である。つまり、秀家は、家臣団を統制するうえで、古参の大身の家臣団の発言権を抑制しつつ、意のままになりやすい新参の家臣を登用し、自らに権限が集中するようなシステムを作らざるを得なかった。そこで勃発したのが宇喜多騒動である。

宇喜多騒動が勃発して終息したのは、慶長四年末頃から翌年にかけてである。しかし、騒動の実態を物語る一次史料は乏しく、今もって真相は十分明らかにされていない。では、宇喜多騒動とは、どのような事件だったのであろうか。事件の概要を示す一次史料で重要なのは、『鹿苑日録』（慶長五年一月八日条）の記述である。

同史料によると、慶長五年（一六〇〇）一月五日、秀家の家臣・中村次郎兵衛は、秀家から放逐された牢人により討たれたという（実際は殺されていない）。次郎兵衛は新参の家臣であり、もとは加賀の前田氏に仕えていた。次郎兵衛が討たれた理由は、秀家に登用された次郎兵衛が、譜代の重臣を差し置いて専横の振る舞いをしたからであるという。首謀犯は大谷吉継のもとを訪れたが、やがて首謀犯の被官人ら七十人は、各地へと落ち延びていったというのである。首謀犯に関しては諸説あるが、戸川達安ら宇喜多氏譜代の重臣たちであったのは疑いない。

事件の要因は、次郎兵衛の専横だけではないようである。一説によると、日蓮宗を信奉するグループとキリスト教を信奉するグループとの対立が要因とされてきたが、それは二次史料に基づいた誤りが多く、現在では否定的に考えられている。むしろ、文禄・慶長の役における軍役の負担が重荷になり、宇喜多氏は検地を強化して年貢の増長を図ったが、これが重臣たちに受け入れられず対立したという視点が重要である。そこで秀家は、次郎兵衛を登用して自らの政策を推し進めようとしたが、これが裏目に出たということになろう。

事件の五日後、実行犯は磔刑に処された（『時慶記』）。そして、その四ヶ月後の五月十二日、長束正家邸に大谷吉継らが集まり、宇喜多騒動の措置について協議を行った（『鹿苑日録』）。具体的な協議内容は不明であるが、さらにその十日後には扱いが決まったようである。宇喜多家中の問題でありながら、その処分が吉継らの手に委ねられたのは、いささか奇異に映るところであるが、その理由をいかに考えるべきか。

秀家が重臣たちを処罰することも可能であったが、それでは家中の弱体化をいっそう招くことが予想された。つまり、戸川氏らに追随する者が出ることも考えられたのである。重臣らが家中から出奔することは、当主の力量のなさを示すことになり、秀家の体面を汚すことになる。ことを穏便に済ませ、家中の安定を図ることが、秀家にとって重要であった。そうなると、自ら手を下すのではなく、第三者に委ねることが最も良い方法であった。そこで登場したのが、家康である。

実際、吉継のもとを訪れた首謀者は、秀家に引き渡されることなく、公儀にその措置を委ねた可能性が高いと指摘されている。戸川氏は岩槻（さいたま市岩槻区）に配流という処分を受けたが、のちに家康の家臣に加えられ、関ヶ原合戦では東軍に与した。他の首謀者たちも死罪といった極刑を免れ、関ヶ原合戦で東軍に与した者も少なくない。結局、秀家は首謀者の措置を家康に委ねることによって、彼らに徹底した処分ができなかったのである。

家康に首謀者の措置を依頼したのは、結果として失敗であった。家中騒動は、どこの大名家でもありうる事例である。通常、当主は、反対勢力を一掃することにより、残った家臣たちとの紐帯を強め、結束力を強化する。ところが、秀家の場合は処分を家康に託したため、不徹底になってしまったといえよう。それだけではない。そうした処分の甘さが家中に悪影響を与え、秀家と家臣の間には疑心暗鬼が募ったと推測される。それは、後述する通り、関ヶ原合戦時における体制にも深いダメージを与えたと考えられるのである。

輝元の危機感

当初、輝元は、家康への対抗意識などもあり、「反家康」という態度をとっていたが、時間の経過とともに、その思いはますます強くなっていった。慶長四年閏三月に石田三成が佐和山城に逼塞したのに続いて、有力な大名たちが家康の前に屈服したからである。

慶長四年三月、前田利長は、城を修繕し武器を集めていることを、家康に咎められた。家康は、諸大名に北陸出兵を命じたので、利長は危うく討伐されそうになったのである。利長は家臣・横山長知《よこやまながちか》を大坂の家康のもとに遣わし、謀反の意思がないことを弁明させた。こうして利長は、討伐を免れたのであるが、決して無条件ではなかったのである。家康が示した条件は、利長の母・芳春院を人質として江戸に送ることであった。利長はこの条件を受け入れ、家康の前に屈したのである。

その余波は諸大名にも及び、細川忠興は、利長と謀議を図ったと追及された。実は、忠興の息子・忠隆《ただたか》の妻は前田利家の娘・千世だったので、そうした関係も家康の疑心を掻き立てたのであろう。このときは、忠興の父・幽斎が家康に異心がないことを誓約し、ことなきを得た。また、五奉行の一人・浅野長政も家康から嫌疑を掛けられ、家督を幸長に譲ると、自身は武蔵・府中（東京都府中市）に引退した。五奉行のうち二人が、逼塞に追い込まれたことになろう。

家康による大名への牽制策のなかでも最大のものが、会津征伐である。秀吉の死の直前、上杉景勝は、越後から会津（福島県会津若松市）へと加増のうえ移封された。当時、景勝は五大老の一人であったことから、家康からたびたび上洛を促されていたが、会津の支配が十分でないことから上洛を拒否し続けていた。ところが、家康は景勝が城を修築するなどの情報を得て、景勝に謀反の意思があると疑った。そのとき景勝配下の直江兼続が送ったのが、いわゆる「直江状」（「下郷共済会所蔵文書」など）である。「直江状」は家康への挑戦状であるといわれているが、その真贋については今も議論が続いている。こうして両者は決裂した。

家康は、徹底して疑わしい人物を追及したが、それが輝元の危機感を煽ることになり、いっそう「反家康」の行動へと駆り立てたのであった。輝元が恐れていたのは、五大老・五奉行制の崩壊であり、同同時にそれが豊臣政権の瓦解へと繋がる懸念であったといえよう。会津討伐は、輝元の「反家康」の思いを決定づける要因になったと考えられる。こうして慶長五年六月、家康は、景勝を討伐するため会津に向かうのである。

奔走する安国寺恵瓊

毛利氏の政僧として、関ヶ原合戦に深く関与したのが安国寺恵瓊である。毛利氏は、輝元を中心にして、二人の叔父の吉川元春と小早川隆景が支えていた。いわゆる「両川体制」である。しかし、二人が相次いで亡くなると、毛利家が弱体化したという印象は拭えない。そこで輝元を支えたのが、吉川広家（元春の三男）と安国寺恵瓊であった。なかでも恵瓊は、幅広い人脈と類稀なる先見性で、大いに期待されたといえよう。その恵瓊は、三成らとともに、西軍を率いる存在となっていた。三成と恵瓊は、入魂の間柄だったのである。

慶長五年七月十七日、長束正家、増田長盛、前田玄以の三奉行が連署して、「内府ちがひの条々」を諸大名に送った（「大阪歴史博物館所蔵文書」など）。その内容とは、秀吉の遺命に背いた家康を弾劾するもので、簡単にいえば、家康に対する宣戦布告状である。石田三成や浅野長政を逼塞させたこと、前田利長に謀反の嫌疑をかけたことや、会津征伐も糾弾された。家康による無断の諸大名への加増、同じく誓紙を交わしたことも理由となっている。豊臣政権下における家康の専横は徹底的に批判され、討伐の理由とされたのである。

同月十九日、石田三成の要請を受けた毛利輝元は、大坂城の西の丸に入り、秀頼を推戴して西軍の総大将となった（『義演准后日記』など）。遡ること同月十二日、輝元は、長束正家ら三奉行から大坂仕置のため上坂するよう要請を受けている。三日後の十五日、輝元は大坂に向かうため広島を出発すると（以上「松井文書」）、同月十七日には毛利秀元（元就の四男）が大坂城西の丸を占拠するなど、迅速に行動したことが指摘されている。事前に三奉行、三成、吉継、恵瓊の謀議に賛同して、ただちに行動に移ったと推測されよう。つまり、輝元は最初から「反家康」であったことを裏付けている。

実は慶長五年七月、恵瓊は密かに近江・佐和山城の三成のもとを訪れ、吉継を交えて面会したという。話の内容は、「打倒家康」の謀議であろう。この一件については、毛利家は一切関与しておらず、あくまで恵瓊の独断専行であるというのが毛利家の一貫した主張である。同趣旨のことは、後世に成った吉川広家の覚書にも記されている（以上「吉川家文書」）。軍記物語などの評価も同様である。しかし現在では、幕藩体制下で毛利氏が不利になるため、全面的に恵瓊に責任を押し付けたアリバイ工作ではなかったかと指摘されている。

それゆえ輝元が「反徳川」の行動を取ったことが分かるような史料は、都合が悪いために隠滅された可能性もあるという。ここまで述べた通り、実際の輝元は三奉行、三成、吉継、恵瓊と綿密に連絡を取り合い、最初から、進んで西軍に与したと考えられている。

吉川広家と黒田長政

一方、西軍と東軍との間で、どちらに味方すべきか判断に苦しんでいたのが吉川広家である。毛利家の屋台骨を支える広家は、輝元のように早急に結論を出さず、黒田如水（孝高）、長政父子と連絡を密にし、いずれに与するのが有利なのかを考えていた。以下、とくに「黒田家文書」「吉川家文書」などをもとに、その駆け引きの様子を探ることにしよう。

慶長五年八月、広家は、西軍に属して伊勢国への侵攻に従っていたが、この間も広家は長政と書状を取り交わし、情報を入手していた。この時点で家康は、輝元が大坂城に入っていたことを知っていたので、強い不信感を抱いていた。広家は長政を通して、その件について弁明書を送っていたと考えられる。同年八月八日、家康は長政に対して、広家からの書状を見て納得した、という内容の書状を送っている（「吉川家文書」）。広家は、輝元の大坂城入城を弁明し、家康寄りの態度を示したのである。つまり、広家は西軍に加担しながらも、実際は家康に内応していたことになろう。

同年八月十七日、長政は家康の書状の写しを添付して、広家に書状を送った（「吉川家文書」）。内容で最も重要なことは、輝元が西軍に与した理由について、恵瓊の独断専行によるものであると考えているという点である。つまり、責任は恵瓊に転嫁され、輝元は免責されたということになろう。長政はそうした点を踏まえて、広家から輝元に十分説明して、家康との関係回復を進言するよう、広家に助言をしているのである。広家は、長政の父・如水とも書状を交わしていた。同年八月二十日、如水は広家に書状を送り、今後互いに書状を交わして協力しようとの趣旨を述べている。恵瓊が前のめりになって西軍に加担する状況下で、広家は冷静沈着に情勢を見極めようとした態度が読み取れる。すべては、毛利家のためであったと考えてよいであろう。

広家の冷静さは、他の場面でも看取することができる。同年八月二十六日、広家は西軍に属して伊勢国・安濃津城《あのうつ》（三重県津市）を攻撃していたが、この時点で家康が西上する情報を得ていなかった。そこで広家は、国許に書状を送り、軍勢を登場させ、城郭の修築を命じたのである（「吉川家文書」）。広家の気持ちは東軍に傾いていたが、万が一に備えての命令であった。家康に完全に心を許していなかった。広家は、安濃津城を落城に追い込むと、九月七日に毛利秀元と恵瓊とともに南宮山《なんぐうさん》（岐阜県大垣市・関ヶ原町など）に着陣した。しかし、合戦の前日、毛利家は予想外の行動に出るのである。

宇喜多氏家臣の調略戦

宇喜多騒動以前、すでに花房職之《はなぶさもとゆき》は宇喜多家中を離れ、関東に移住していた。美作国を統括していた職之が、宇喜多家中を離れた理由は諸説あるものの、当主・秀家との何らかの確執があったのは事実だろう。関ヶ原合戦において、職之は東軍方として参戦している。では、宇喜多騒動で家中が崩壊した宇喜多氏は、いったいどうなったのだろうか。ここでは、東軍についた戸川達安と宇喜多氏の重臣・明石掃部《あかしかもん》の例を確認することにしよう。慶長五年八月、達安は掃部に対して調略を試みている。ちょうど達安は、東軍の先鋒部隊に加わり尾張国清洲に着陣しており、掃部は伊勢国へ侵攻する途中であった。このとき達安は、掃部に書状を送り、暗に投降を勧めている（「水原岩太郎氏所蔵文書」）。

達安は、家康が西上していると述べ、いざ合戦になれば、宇喜多氏は滅亡すると断じている。そして、達安は、家康の意向を踏まえ、秀家の嫡男・秀高《ひでたか》を家康の養子に迎えると申し入れている。秀家を廃して養子に迎えた秀高を当主の座に据えるのか、単に同盟関係を結びたかったのかのいずれかであろう。ただ、達安としては、旧主・宇喜多氏が滅亡することは本意ではなく、単に秀家の政治的手腕を疑問視していたようである。それは宇喜多騒動の経験を踏まえてのことであろう。同時に、達安は窮地を救ってくれた家康に対して、たいへんな恩義を感じていた。

この問い掛けに対して、掃部は返書を送っている（「水原岩太郎氏所蔵文書」）。その内容は、達安の見解に真っ向から対立するものであった。つまり、合戦になれば、滅亡するのは東軍の方で、不足した兵卒は牢人で賄っているので万全であると主張している。裏を返せば、兵量が不足したために、急遽、牢人を集めたということになろう。書状には書かれていないが、当然、秀高を養子とする件には応じなかった。両者はともに自分らの陣営が勝つと考えており、いささかも動じる気配がなかった。強硬な態度を崩さなかったのである。宇喜多騒動で家中を離れた宇喜多詮家《あきいえ》なども、東軍に味方して戦った。詮家の娘は、東軍方の安濃津城主・富田信高《とみたのぶたか》の妻であった。こうして宇喜多家中を離れたかつての重臣たちは、単に傍観するのではなく、積極的に家康の支援に動いたのである。

宇喜多氏の不安

明石掃部の強気の態度にもかかわらず、宇喜多氏は配下の家臣たちについても大きな不安を抱えていた。慶長五年九月、秀家は書状を送った（「新出沼元家文書」）。出陣中の秀家は、備前、美作、播磨西部の主要な城を守る家臣たちに対して、人質を供出するように求めたのである。当主・家臣間での関係を強化するために人質を求められることはあっても、いよいよ関ヶ原合戦が始まる段階において求められるのは異例であろう。事実、すでに家臣の中には、これ以前に人質を送っている者もあったからである。

秀家の書状によると、家臣たちを疑っているわけではない旨が記されているが、逆に言えば疑っていたといえる。しかも、合戦が間近に迫っていたからか、一刻も早く人質を差し出すように求めているのである。基本的に人質には男子が要求されており、女性は不要であるとされていた。男子が要求されたのは、家督を継承する可能性が高かったからであろう。ちなみに、十二、三歳より年上の男子は、秀家のいる陣に送られた。おそらく、場所は関ヶ原ということになろう。一方、十二、三歳より年下の男子は、大坂に駐留していた浮田河内守のもとに送られた。それだけではなく、各城の管轄する地域の給人に対しても、人質の供出を求めた。秀家は、合戦を控えているときに味方から裏切り者が出ることを恐れ、疑心暗鬼に陥っていたのだろう。

いざ九月十五日に戦いが開始されると、宇喜多氏が率いる約一万七千の軍勢は「家来区区」と評価されている（「吉川家文書」）。「区区」とは、まとまりなくバラバラであることを意味している。宇喜多軍には、家中を去った人材を穴埋めするため、多くの牢人衆が加わっていた。一方で、秀家は従った家臣に人質の供出を求めるなど、家臣に不信感を抱いていた。こうした状態では、一致団結は望むべくもなかったであろう。なお、戦いの詳しい状況については後述したい。

開戦前夜に屈した輝元

宇喜多氏は家中が崩壊しつつも、なお西軍に踏み止まったが、毛利氏は東軍に転身し身の保全を図った。西軍の敗北は、最初から決まっていたといえよう。

慶長五年九月十四日、徳川方の本多《ほんだ》忠勝《ただかつ》・井伊《いい》直政《なおまさ》が連署して、吉川広家、福原広俊に起請文を送った（「毛利家文書」）。その内容とは、家康には輝元と吉川広家、福原広俊を疎かにする気持ちがないことを伝え、同時に、輝元が家康に忠節を尽くすのであれば、輝元の領国は安堵すると誓約したものである。ほぼ同内容のものは、広家個人にも送られているので（「吉川家文書」）、戦う前日に徳川家と毛利家では起請文を交わし、毛利家が東軍に与することを約束していたのである。

この間、おそらく広家は、長政と交渉を重ねつつ、輝元には東軍に与するよう決断を促していたのであろう。まったく同じ日付で、福島正則と黒田長政が連署した起請文もある（「毛利家文書」）。この起請文は、本多忠勝、井伊直政の発給した連署起請文に嘘や偽りがないことを証明した内容になっている。広家は、東軍に与することを起請文により確認したあと、さらに福島正則と黒田長政の起請文を要望し、保証としたかったと考えられる。

では、この事実を関ヶ原に赴いた恵瓊らは知っていたのだろうか。おそらく知らなかったであろう。恵瓊の知らないところで、重要な決定がなされたと考えられる。このように、態度が鮮明でない諸将に対しては、東軍による誘引が盛んに行われた。小早川秀秋《ひであき》もその一人である。同年八月二十八日、黒田長政と浅野幸長が連署して、秀秋を東軍に誘い込もうとしている（「桑原羊次郎氏所蔵文書」）。その際、秀秋が故秀吉の妻・北政所と入魂の間柄であることを楯にして、その忠節を示すべく東軍に与するよう要請した。結局、秀秋には、西軍からも味方になるよう要請があったようであるが、最終的に東軍に与することを決意した。そして、広家と同様に家康と起請文を交わしたのである（『関原軍記大成』所収文書）。

戦い始まる

関ヶ原合戦は、意外なほど短い時間で終結した。最初に、東西両軍の主要な武将の配置を確認しておこう。なお、軍勢配置には諸説あり、多くの説が提起されているが、ここでは通説に従いたい。

東軍を率いる家康は、本陣を桃配山《ももくばりやま》に置き、全軍を見渡す位置から指揮を執ることになった。そして、家康の本陣を守るかのように、黒田長政、細川忠興、井伊直政、本多忠勝、福島正則が陣を敷き、西軍の真正面に対峙した。また、本陣の後方では、南宮山の西軍を牽制すべく、池田輝政、浅野幸長、山内一豊が陣を敷いていた。

一方の西軍は、どのような配置になっていたのであろうか。黒田長政、細川忠興の陣営に対峙するように、石田三成の陣が敷かれ、その隣には島津義弘、小西行長らが陣を敷いていた。その隣の天満山《てんまやま》の麓には宇喜多秀家が陣を敷いており、今もその碑が残っている。さらにその隣には、大谷吉継の陣があった。また、松尾山には東西両陣営を見下ろすかのように、小早川秀秋が陣を敷いていた。このような布陣で、東西両陣営は対決に至ったのである。

合戦が開始されたのは、九月十五日の午前八時頃であったという。それまで両軍は睨み合っていたが、井伊直政の抜け駆けにより、戦いの火蓋が切って落とされたという。直政の率いる軍勢は、福島正則の陣営の前をすり抜け、宇喜多秀家の陣営に一斉に鉄砲を撃ち放った。これを合図とするかのように、両軍入り乱れての交戦状態になったのである。その後、福島正則の軍勢も秀家の陣営に攻め込んだが、秀家の軍勢はよく持ちこたえたという。

関ヶ原合戦古戦場（岐阜県不破郡関ヶ原町関ヶ原）

通説によると、松尾山の小早川秀秋は、東西両軍のいずれに与するか態度を決めかねていたが、業を煮やした家康から自陣に鉄砲を撃ち込まれたので、これを機に一気に大谷吉継の陣営に攻め込んだという。いわゆる「問鉄砲《といでっぽう》」である。結果、西軍は総崩れとなり、東軍に勝利をもたらしたというのである。しかし、現在では「問鉄砲」は誤りとされており、秀秋は合戦開始と同時に西軍の陣営に攻め込んだと指摘されている（「堀文書」）。裏切ったのは秀秋だけではなく、脇坂安治《わきざかやすはる》、小川祐忠《すけただ》・祐滋《すけしげ》らも同調した。つまり、実際の戦いにおいては、西軍に与すると思っていた諸大名が一斉に東軍に寝返ったため、西軍はたちまち総崩れになったと考えられる。

では、恵瓊、広家、秀元の毛利勢はどうなったのだろうか。合戦が始まると、毛利氏の軍勢は決して動かなかった。すでに毛利氏は家康と密約を交わしており、西軍に与することを約束していたからである。近くに布陣していた長宗我部盛親は、再三にわたって出陣を要請したが、これに対して秀元は「兵に弁当を食べさせているところだ」と回答したという。これが「宰相殿の空弁当」という逸話であるが、むろん史実ではないであろう。午後になると、西軍の敗北は決定的となり、西軍の諸将は戦線を離脱して逃亡した。なかには大谷吉継のように、壮絶な戦死を遂げた者もあった。では合戦の結果、宇喜多氏や毛利氏はどのような扱いを受けたのであろうか。

2　関ヶ原合戦の戦後処理

逃亡した秀家の足跡

逃亡した宇喜多氏の足跡については、多少疑わしい点もあるが、『美濃国諸国記』などの編纂物などから確認しよう。戦線を離脱した秀家は、わずかな従者を率いて伊吹山《いぶきやま》（滋賀県米原市など）へと向かった。そして、伊吹山から不破を越えて、美濃国へと逃れていった。すでに徳川方の探索手が伸びており（落武者狩り）、捕まるのも時間の問題かと思われた。しかし、秀家は運が良いことに白樫村《しらかし》（岐阜県揖斐川町）で矢野五右衛門なる人物に匿われ、危うく難を逃れたという。その間、秀家の家臣・進藤氏が大坂の備前屋敷に赴き、豪姫から秀家への手紙と金子五十枚を託された。

やがて秀家は、病人に身をやつして、大坂の備前屋敷（大阪市都島区）を目指した。進藤氏は、秀家を薩摩国の島津氏のもとに送り込むべく画策したという。未だ徳川氏と島津氏は正式な和睦を結んでおらず、安全であると考えたのであろう。一方、進藤氏は秀家を匿うべく、家康の重臣・本多正純に「秀家が自害した」と虚偽の報告をし、宇喜多家に伝わる名刀「鳥飼国次《とりかいくにつぐ》」を差し出したといわれている。のちに、このことは虚偽であったと判明するが、進藤氏は罰せられることなく、逆に宇喜多氏に対する忠義を称えられたという（『徳川実紀』など）。ところで、秀家は家臣・難波氏に書状を送り、宇喜多家が再興したときは取り立てたいと述べており、将来を楽観視していた節がある（『黄薇古簡集』）。こうした思いは秀家だけでなく、同じく改易された長宗我部盛親や立花宗茂も同じ考えを持っていたというが、彼らの淡い期待は無残にも打ち砕かれた。秀家も同じである。

慶長六年（一六〇一）六月、秀家は薩摩国山川（鹿児島県指宿市）に到着した。義弘は秀家を歓迎したが、やがて秀家は剃髪して休復《きゅうふく》（福）と名乗った（『薩藩旧記』。ただし煩雑になるので、以下「秀家」で統一）。その後、秀家が居を定めたのは牛根《うしね》郷（同垂水市）で、その跡も残っている。秀家の渡海を知った旧臣たちは薩摩を訪れ、島津氏に保護されたといわれている。なかでも旧臣・難波氏は、薩摩で秀家と面会を果たした記録が残っている（「難波文書」）。ところが、秀家の潜伏期間は、さほど長くは続かなかった。

慶長八年（一六〇三）になって、徳川氏と島津氏との関係は改善されつつあった。島津氏は関ヶ原合戦で曖昧な態度を示し、最後は東軍の中央を突破して薩摩に逃げ帰った。これは、「島津退き口」と称されている。結果、関ヶ原合戦における島津氏の行動は咎められず、本領の安堵が成ったのである。しかし、ここで問題視されたのが、秀家が薩摩に潜伏していることであった。秀家は西軍の主要メンバーでもあったので、そのまま赦免するわけにはいかなかった。こうした中で、島津氏は秀家の助命嘆願に動くことになる。

慶長八年八月、島津氏は山口直友《やまぐちなおとも》らを本多正信に遣わし、上洛する秀家の助命嘆願を行った（『島津家覚書』）。同じく島津忠恒《ただつね》も西笑承兌《さいしょうしょうだい》に書状を送り、広大な慈悲によって秀家が遠島・遠国に配流になっても、命だけは助けてほしいと申し出た（「前田文書」）。一連の島津氏の助命嘆願運動が功を奏し、秀家は死罪を免れたのであるが、西軍に属して家康に反旗を翻した代償は、あまりに大きかったといえるかもしれない。

その後、秀家は、駿河国久能《くのう》（静岡市駿河区）にいったん移された。その三年後の慶長十一年（一六〇六）四月、秀家は八丈島（東京都八丈町）へ流されたのである。同行したのは、子息の秀高・秀継《ひでつぐ》以下、わずか十数名の従者であったと伝えられる。流人時代の秀家に関しては、その苦労を堪え忍んださまざまな逸話が残っている。なかには、史実か否かも不明なものも少なからずある。住み慣れない異郷の地にあって、秀家がたいへんな苦労をしたのは間違いないところであろう。そして、八丈島に流されてから約五十年を経た明暦元年（一六五五）十一月二十日、秀家は病死したのである。

斬首された恵瓊

西軍の首謀者として厳しく探索されたのが、石田三成、小西行長、安国寺恵瓊の面々であった。このうち恵瓊は、いかなる末路を辿ったのであろうか。南宮山から敗走した恵瓊は、京都を目指したという。当時、恵瓊は六十歳を超えていたと考えられるので、体力的にきつい逃避行であった。恵瓊は近江国佐和山（滋賀県彦根市）から朽木谷（同高島市）を経て、さらに同坂本（同大津市）から京都・八瀬を通って鞍馬（以上、京都市左京区）へ辿り着いた。最初は、鞍馬の月照院に潜伏していたが、次に貴船（京都市左京区）を経て建仁寺（京都市東山区）に潜んだという。寺院に隠れていたのは、アジール（聖域、無縁所）という性格を利用したものであろうか。

徳川方では、西軍の首謀者格の恵瓊の探索に全力を挙げていた。そして、同年九月二十二日、六条付近に潜んでいた恵瓊は、京都所司代・奥平信昌《おくだいらのぶまさ》の手によって捕縛されたのである。逃亡期間は、ちょうど一週間に過ぎなかった。捕えられた恵瓊は、さっそく近江・坂本の家康のもとへと連行された。そして、同年十月一日、恵瓊は石田三成・小西行長とともに六条河原で斬首されたのである。その首は三条大橋に晒された。無念の最期であったといえよう。

ところで、恵瓊の処刑後については後日譚がある。西笑承兌は奥平信昌に対して、恵瓊の遺体を引き取りたいと申し出た。しかし信昌は、奉行衆の副状がないことを理由にして、西笑承兌の申し出を却下したのである（『西笑和尚文案』）。恵瓊には身寄りがなかったので、西笑承兌は代わりに自身の手で葬ろうとしたのであるが、それさえも叶わなかったのである。もちろん、毛利家から手が差し伸べられることもなかった。高僧にしては、誠に不幸な最期であったといえよう。

途中でも触れた通り、輝元が西軍に加担したのは、恵瓊の独断専行であるかのように毛利家では扱われた。次に取り上げるように、合戦後、毛利家は百二十万石から三十万石へと領知を減らされたうえ、安芸・広島から長門・萩へと移された。その責任は、すべて恵瓊に転嫁されたのである。吉川広家の覚書は関ヶ原合戦を振り返って恵瓊の責任を強調しているが、それは一次史料とはいえ、信頼に足るものとは言えないようである。

ちなみに『陰徳記』では、恵瓊に「佞僧《ねいそう》」つまり「口先がうまくずる賢い僧侶」という評価を与えている。また、『芸備国郡志』には「妖僧」と書かれ、『慶長記』（太田牛一著）でも愚人との評価が下された。後世になって、恵瓊は徹底的に貶められたといえる。

意外な毛利家への処遇

話は多少前後したが、最終的に毛利家の扱いはどうなったのであろうか。先述の通り、毛利家は大幅に減封されたのであるが、それはいかなる理由によるものなのか。慶長五年九月十九日、輝元は福島正則と黒田長政に対して、家康への取り次ぎを感謝するとともに、領国安堵を喜ぶ書状を送った（『江氏系譜』所収文書）。とはいえ、輝元は、大坂城西の丸を退去しなくてはならなかった。同年九月二十二日、輝元は井伊直政・本多忠勝に対し、領国安堵を前提として大坂城西の丸を明け渡すと、起請文を取り交わした。（『江氏系譜』所収文書）。同時に、家康への忠誠を誓っているのである。つまり輝元は、本当に領国が安堵されるのか、少なからず疑念を抱いていたのであろう。ちなみに同じ起請文は、正則と長政にも送られた。

正則と長政に起請文が送られたのは、二人が輝元との交渉役を担当していたからであろう。その後、輝元の大坂城西の丸退去は円滑に進み、西の丸には正則が代わりに入った。九月二十四日中には、輝元が大坂城西の丸を完全に退いた状況がうかがえる（「黒田家文書」）。しかし輝元は、本領安堵について、未だに心配していた。実は、関ヶ原合戦中における輝元の行動について、家康から疑義が示されたのである。長政は吉川広家に対して血判起請文を送り、家康には広家を疎かにする気持ちがないこと、虚説を言う者がいれば召し出して追及すること、進退は長政と井伊直政が相談するので心配ないこと、を伝えている（「吉川家文書」）。輝元に関する不穏な噂が伝わっており、その処遇をめぐって議論があったことがうかがえる。

同様の長政ら五名が連署した起請文も作成されており、輝元が家康に敵対せずに奉公すること、また家康には輝元を疎かにする気持ちがないことを伝えている（『江氏系譜』所収文書）。輝元の心中は穏やかではなかったはずであるが、処遇は一向に決定しなかった。しかるべきルートにより交渉は行われていたが、輝元は家康に直談判することすら辞さなかったようである（「吉川家文書」）。やがて、長政が広家に宛てた書状により、輝元は窮地に立ったことを知る（「吉川家文書」）。

その書状によると、輝元が三成らと共謀して大坂城西の丸に移って各地に味方を募り、さらに四国に軍勢を派遣しようとしたことが問題視された。輝元が最初から西軍に与していたのは承知していたはずであるが、話を蒸し返されたようなものである。問題はそれだけでなかった。広家に対しては、中国地方で一、二ヶ国を与えるというのである。輝元は改易ということになろう。この処遇をめぐって、広家はただちに行動を起こした。広家は毛利本家を残すべく奔走し、長政らに交渉した。同年十月五日、ついに裁定が下され、毛利家には周防・長門の二ヶ国を与えること、輝元、秀就の命を助けることが決まった（『譜牒余録』）。この結果を踏まえて、輝元は出家して「宗瑞」と名乗り、家督を秀就に譲って引退した。このように「中国の太守」は、一地方大名（とはいえ三十万石もあるが）に転落したのである。ただ、広家の行動については、近年の研究で疑問視されている。

戦後処理と中国地方

関ヶ原合戦において、西軍を率いた宇喜多秀家と毛利輝元は処分を受けた。改めて、中国地方の大名たちは、どのような配置となったのか確認しておこう。家康が西軍の諸将から没収した領地の総計は、約六百三十二万石にのぼったという。うち、約百三十五万石が徳川家の蔵入地になった。中国方面では、宇喜多秀家、毛利輝元を筆頭にして、多くの大名が所領を失った（次頁表参照）。代わりに、新しい大名たちが入封したのである。中国方面のみならず、全国各地で家康に与した大名たちが新たな所領を獲得したのである。

諸大名配置一覧（主要な中国地方の大名）

〔没収〕

名　前	旧　領	石　高
宇喜多秀家	備前・岡山	57.4万石
宮部長房	因幡・鳥取	5.0万石
南条忠成	伯耆・羽衣石	4.0万石
木下重賢	因幡・若桜	2.0万石
垣屋恒総	因幡・浦住	1.0万石

〔削減〕

名　前	旧　領	石　高	新　領	石　高
毛利輝元	安芸・広島	120.0万石	周防・長門	36.9万石

〔加増〕

名　前	旧　領	石　高	新　領	石　高
池田長吉	近江某所	3.0万石	因幡・鳥取	6.0万石
宇喜多詮家	—	—	石見・津和野	3.0万石
亀井茲矩	因幡・鹿野	1.4万石	同左	3.8万石
小早川秀秋	筑前・名島	35.7万石	備前・岡山	51.0万石
小堀正次	大和某所	0.5万石	備中某所	1.4万石
戸川達安	—	—	備中・庭瀬	3.0万石
中村一氏	駿河・府中	14.5万石	伯耆・米子	17.5万石
福島正則	尾張・清洲	20.0万石	安芸・広島	49.8万石
堀尾忠氏	遠江・浜松	17.0万石	出雲・松江	24.0万石
山崎家盛	摂津・三田	2.3万石	因幡・若桜	3.0万石

〔本領安堵〕

名　前	旧　領	石　高
木下家定	備中・足守	2.5万石

※二木謙一『関ヶ原合戦』（中公新書）などにより筆者作成。

所領の配分は、古くから豊臣秀吉の恩顧を受けていた豊臣系武将に厚くなった。たとえば、福島正則、黒田長政などは、合戦において多大な貢献をしたので、その評価は高くなったといえよう。とくに、正則と長政が「小山評定」で諸大名を味方に引き入れたことは、勝因であったといえる。所領の配分に関しては、家康の重臣・井伊直政と本多忠勝が中心になって原案を作成し、各武将の軍功の度合いの高さを加味して順位が付けられたといわれている（『慶長年中卜斎記』）。

大名の配置を改めて確認すると、国持大名に取り立てられた豊臣家武将は主に西国に配置された。逆に、徳川一門・譜代は東国を中心に配置されている。ちなみに、秀頼は大坂城に止まったが、かつて約二百二十万石あったという所領は、摂津・河内・和泉の三ヶ国の約六十五万石にまで激減した。ただし、これをもって豊臣家の権力が完全に凋落したわけではない。あくまで豊臣公儀は健在であり、西国は豊臣家、東国は徳川家がそれぞれ管轄下に置く、二重公儀体制であったとの指摘もある。

家康は大幅な所領の付与や改易などを行ったが、加増や転封に際しては、領地宛行の判物、朱印状を諸大名に交付しなかったとの指摘がある。土佐・山内家や豊前・細川家でも、判物などは発給されなかったといわれている。では、どうやって加増や転封の措置がとられたのであろうか。それは、口頭による伝達であったと指摘されている。家康は勝利を得たとはいえ、未だに豊臣公儀は健在であった。秀頼を憚っての苦肉の策であるといえよう。改めて中国方面の諸大名を確認すると、安芸・広島の毛利輝元の代わりに福島正則が、備前・岡山の宇喜多秀家の代わりに小早川秀秋が配置された。いずれも豊臣系の武将である。以下、中国地方に配置された諸大名について触れておこう。

備前・美作を領有した小早川氏

五大老・宇喜多秀家の代わりに備前・美作に入部したのが、まだ十九歳という若さであった小早川秀秋である。小早川秀秋とは、いかなる人物だったのか。天正十年（一五八二）、秀秋は木下家定《いえさだ》の五男として誕生した。父・家定は、豊臣秀吉の妻・高台院《こうだいいん》（おね）の兄である。幼少期の秀秋は、子のなかった秀吉の養子となり、最初は秀俊（以下「秀秋」で統一）と名乗っていた。その後、秀秋は順調に出世し、丹波亀山（京都府亀岡市）に十万石を給与された。しかし、文禄二年（一五九三）に秀吉と淀殿との間に拾丸（のちの秀頼）が誕生すると、小早川隆景のもとに養子として送られた。

翌年に豊臣秀次事件が勃発すると、連座して所領を没収されたが、隆景の引退に伴い、筑前・名島（福岡市東区名島）を中心に三十三万六千石を与えられた。文禄・慶長の役では軽率な行動が秀吉に咎められ、筑前などを召し上げられたが、家康の口添えなどもあり、のちに許されて復帰した。秀吉の遺言により、筑前などを安堵されたが、関ヶ原合戦では先述の通り東軍に与したのである。そして、その軍功が認められ、備前・美作の太守となった。

秀秋に備前・美作が与えられることが決定したのは、慶長五年十月十五日のことであった。実際に備前・岡山城に入ったのは、翌年春のことであったという。このとき秀秋は、名を秀詮《ひであき》（以下「秀秋」で統一）と改めた。秀秋は精力的に領国支配に取り組み、検地を実施したうえで家臣や寺社に領知を与え、寺社の復興を促した。それだけでなく、岡山城の改修にも力を入れ、二十日という短期間で外堀（二十日堀）を完成させ、城の範囲を二倍にまで押し広げた。

ところが、秀秋は乱行が目立ち、たびたび家臣と対立したといわれている。重臣である杉原重政《しげまさ》と稲《いな》葉《ば》通政《みちまさ》は諫言に及んだが、秀秋は重政を討ち、通政は小早川家を出奔したという。こうして小早川家中は弱体化が著しくなり、家中を離れる者が夥しかったといわれている。以上の話は、『備前軍記』などの編纂物に書かれたもので、たしかな史料からうかがい知ることはできない。ただ、家中騒動は他大名でも見られる事例であり、当主・秀秋と重臣間に対立があったのは事実と考えてよいであろう。

秀秋には芳しくない評価がつきまとう。一説によると、飲酒癖がたたって体を壊し、そのまま死に至ったといわれている。それだけでなく、関ヶ原合戦のときに大谷吉継が切腹する際、秀秋に三年の間に祟りをなすと言い残して腹を切り、秀秋は吉継の祟りによって狂死したというのである。後者は単なる逸話でしかないが、現在も残る秀秋の肖像では凡庸な容姿に見え、さらに関ヶ原での裏切りというレッテルも相俟って低い評価しか与えられていない。慶長七年十月、秀秋は二十一歳という若さで病没した。妻である毛利輝元の養女との間には実子がなく、それゆえに家は取り潰しとなった。翌年、備前は池田忠継《ただつぐ》に与えられ、美作は森忠政《ただまさ》に与えられたのである。

池田氏の備前入封

慶長八年二月、姫路城主・池田輝政の次男・忠継に備前国が与えられた（『家忠日記追加』など）。輝政の妻は家康の次女・富子であり、外様とはいえ幕府と強固な関係を結んでいた。それゆえ輝政は、「西国将軍」と称せられたほどである。忠継が誕生したのは慶長四年であり、このときは五歳の子供に過ぎなかった。代わりに忠継を後見したのが、兄の利隆《としたか》であった。利隆は天正十二年（一五八四）の生まれであったので、このとき二十歳であった。そのような事情から、忠継は姫路城で生活を送り、実質的には利隆が岡山城に入り支配を行っていたのである。これは利隆による「備前監国」と称された。

利隆が忠継の代行者として支配したことは、残った史料からも確認できる。慶長九年（一六〇四）十二月、利隆（署名は照直）は、吉備津彦《きびつひこ》神社（岡山市北区）に三百石を寄進した（「吉備津彦神社文書」）。こうした例は他にも見られ、藩政初期においては利隆が中心になっていたことが分かる。利隆は備前に入封すると、ただちに検地条令を定め検地に着手した。その時の検地帳も残存しているが、大幅な増分を企図したものであったことから農民が反対し、最終的には実施できない地域もあったという。ところが、慶長十八年一月に池田輝政が亡くなると、利隆は姫路城に移って、播磨国十三郡を支配することになった。淡路国は、従前どおり輝政の三男・忠継に継承された。一方、忠継は姫路から岡山に移り、播磨国三郡と備前国一国の合計約三十八万石を領有することになったのであるが、その二年後に忠継に悲劇が起こる。

慶長二十年（一六一五）二月、忠継は十七歳という若さで病没した。忠継の死に関しては「毒饅頭事件」の逸話が残っている。忠継の母・富子は、先妻の子・利隆を暗殺し、実子の忠継・忠雄《ただかつ》の二人に輝政の遺領を継がせようと考えた。同年二月、富子は岡山城で利隆に面会した際、毒饅頭を食べさせようとした。しかし、機転を利かせた女中が掌に「毒」の文字を書いたので、利隆は食べなかったという。事態を悟った忠継は饅頭を奪い取って食べ、富子も陰謀が失敗に終わったので饅頭を食べ、ともにしばらくして絶命したというのである。少々疑わしい話である。

結果、忠雄は備前国一国と亡くなった富子の化粧料《けしょうりょう》の備中国浅口、窪屋、下道、都宇の四郡を継承し、岡山藩三十一万五千二百石の基礎を作った。ちなみに、忠継の遺領のうち、播磨国三郡は、弟の照澄、政綱、輝興のそれぞれに分与された。こうして岡山藩は幕末まで続いたのである。

にしよう。

美作を与えられた森氏

小早川秀秋の改易後、美作国を与えられたのが森忠政である。その経過は一次史料が乏しい反面、『森家先代実録』に詳しく書かれている。以下、森氏の動きを確認することにしよう。

森忠政は美濃国金山城主で織田信長に仕えた森可成の六男として、元亀元年（一五七〇）に誕生した。ところが、同年に父と長男・可隆《よしたか》が信長の越前攻略に出陣して戦死し、天正十年（一五八二）の本能寺の変では三男・蘭丸《らんまる》、四男・長隆《ながたか》、五男・長氏《ながうじ》が非業の死を遂げ、さらに天正十二年（一五八四）の小牧・長久手の戦いで次男・長可《ながよし》も亡くなった。相次ぐ親兄弟の死によって、忠政は家督を継承したのである。家督継承後の忠政は、豊臣秀吉に仕えて各地を転戦した。慶長三年八月の秀吉没後、忠政は徳川家康に仕えた。その二年後には、信濃国内に四郡約十三万七千五百石を与えられ、川中島の海津城（松代城。長野市）に本拠を定めている。その間、「右近検地」と称される厳しい検地を実施し、農民の激しい抵抗があったにもかかわらず、約五万石の増分を得たという。関ヶ原合戦では東軍に属し、その勝利に貢献した。

忠政が徳川秀忠から美作国を拝領したのは慶長八年二月のことであり、その翌月には美作国へ入国を果たしている。ただ、忠政の入国に際しては、『森家先代実録』が平穏に入国したように記されている反面、『作州太平記』には小早川家旧臣ら在地の土豪が激しく抵抗した様子が記されている。『森家先代実録』は森家の正史という位置づけもあり、あまり不利なことは記さなかった可能性がある。一方で『作州太平記』には史料性の問題が少なからずある。一般的に言えば、新領主の入部には抵抗運動がつきものなので、多少は混乱があったと推測される。

入国した忠政は、現在の津山市の中央部に位置する院庄《いんのしょう》に本拠を定め、築城工事を開始した。しかし、これは断念することになり、翌慶長九年春には鶴山を津山と改め、築城を開始したのである。津山に築城した理由に関しては、院庄が平城であるがゆえ、洪水などに弱いという現実的な問題もあった。一説によると、院庄の工事の際に、忠政と重臣との間に確執が生じ、忠政は反対派を一掃する挙に出た。こうしたことも影響しているのではないかと考えられている。築城の際には、豊前国小倉城（福岡県北九州市小倉区）を参考にしたといわれている。津山城は十三年もの歳月をかけて築城され、ようやく完成したのは元和二年（一六一六）であった。忠政は城下町を整備しただけではなく、河川交通の要である吉井川の堤防工事も行い、主要交通路や宿場町の整備を行った。こうして津山城下は発展を遂げることになった。

忠政は、津山城の築城と並行して領内の検地を行った。他の大名の例と同じく、増分を獲得するための過酷な検地であったといわれている。これまで忠政の検地は杜撰なものであったと指摘されてきたが、検地条目を定めるなどしており、決してそうではなかったようである。領内の検地を踏まえて、忠政は寺社や家臣に知行を与えた。また忠政は、支配に際して各郡に郡奉行を置いたことが分かっている。

このように津山藩発展の礎を築いた忠政であったが、寛永十一年（一六三四）七月に病没した。森氏は計五代まで続いたが、衆利《あつとし》の代の元禄十年（一六九七）に改易されてしまう。理由は、衆利の発狂によるものといわれている。その翌年には、松平宣富《まつだいらのぶとみ》が新たに入国し、支配を展開した。

安芸・広島に移った福島氏

毛利氏に代わって安芸・備後を領有したのが、福島正則である。正則は、黒田長政らとともに東軍勝利の軍功を称えられ、大幅に加増された。正則は、永禄四年（一五六一）に正信の子として誕生した。母が秀吉の叔母であったことから、幼い頃から秀吉の近辺で仕えていたという。まさしく豊臣恩顧の武将といえよう。正則は、秀吉に従い各地を転戦し、天正十一年（一五八三）の賤ヶ岳の戦いでは「賤ヶ岳の七本槍」の一人に数えられた（他は加藤清正、加藤嘉明《よしあきら》、脇坂安治、平野《ひらの》長泰《ながやす》、糟屋《かすや》武則《たけのり》、片桐《かたぎり》且元《かつもと》）。天正十五年には伊予国に十一万石を与えられ、文禄四年（一五九五）には尾張国清洲（愛知県清須市）で二十四万石に加増・転封となった。そして、慶長六年（一六〇一）三月、正則は念願の安芸へと入国を果たしたのである。

安芸に入国した正則は、毛利氏の居城であった広島城（広島県中区）を本拠に定めた。その後、安芸・備後の要衝地に城を築き、重臣らを次の通り配置した。

(1)周防の国境付近の小方（大竹市）――亀居城（城主・福島正信）
(2)出雲の国境付近の三次（三次市）――尾関山城（城主・尾関正勝）
(3)伯耆の国境付近の東城（庄原市）――五品嶽城（城主・山路久之丞）
(4)備中の国境付近の神辺（福山市）――神辺城（城主・福島治重〈のちに正澄〉）

むろんこれだけではなく、港町として栄えた三原（広島県三原市）には三原城主を福島正之《まさゆき》に任せ、「三原かけもち衆」と呼ばれる面々を配置している。同じく瀬戸内海における海上交通の要衝地・鞆（広島県福山市）には、新しく城を築き、城代として家老・大崎長之を置いた。戦争の趣が残る時代にあって、正則は国境付近の防備を固め、同時に海上交通の拠点に城を築き、それらの城郭が支配の基幹となったのである。また正則は、優秀な人材を選抜し、二十二郡に一人ずつの郡奉行に任命したという。

慶長六年、福島正則は他の大名たちと同じく、領内の検地を実施したが、年貢増長を図ろうとした検地は過酷なものであり、村人の多くが逃亡するありさまであった。それは田畑ではない原野や荒地に高付けを行い、開発を前提としていたといわれている。開発が完了するまで、そうした土地の年貢は免除されたが、百姓にとっては厳しいものであった。このような過酷な検地は、他の国でも見られたものである。こうして正則は、同年十一月から家臣たちに対して知行を与えている。

その後、福島氏は大坂の陣で徳川氏に与し、順風満帆であったといえよう（詳しくは後述）。しかし、結論を先取りするようであるが、元和五年（一六一九）、正則は改易処分を受けてしまう。元和三年（一六一七）、広島城下は大洪水の被害によって、城の石垣や櫓が破壊され修復が必要になった。翌四年、正則は「武家諸法度」の規定があるにもかかわらず、無断で城郭の修繕を行った。それは、損壊した石垣や櫓の修繕だけではなく、惣構も含む大規模なものであったという。翌五年四月、情報を得た幕府が正則に真意を問い質すと、正則はすぐに上京して弁明を行った。結果、新規に普請した部分を破却するということで、事態を収めることができた。

ところが正則は、二の丸、三の丸は裸城になるので破却せず、本丸の部分しか破却を進めなかった。運の悪いことに後継者の忠勝の上洛が遅延し、そのうえ忠勝の息子を人質として送らなかったことも重なって、ついに改易処分を受けることになった。当初、幕府の首脳は穏便に済まそうとしたのであるが、正則の不手際が大きかったため、かばいきれなかったということであろう。秀忠の怒りは頂点に達していたという。こうして、正則は、元和五年六月に広島城を明け渡し、芸備地方は浅野長晟《ながあきら》（安芸国一国と備後国八郡の合計約四十二万六千五百石）と水野勝成《みずのかつなり》（備後国七郡と備中国小田郡の合計約十万石）が治めることになった。

元和五年七月、蟄居を命じられた正則は、信濃国・川中島（長野市）に約四万五千石を与えられ、出家して高斎と号し高井野村（長野県高山村）に住んだが、寛永元年（一六二四）七月に病没した。享年六十四。正則の遺体は、検使が到着するまでに無断で火葬されたため、それを理由に領知は没収されている。

吉川氏と毛利氏のその後

一方で、安芸・広島を去り、そのうえ引退を余儀なくされた毛利輝元は、長門・萩（山口県萩市）に向かった。その点を確認しておこう。最初に触れておくと、毛利氏を東軍に導いた吉川広家は、伯耆国米子（鳥取県米子市）から周防国玖珂《くが》郡に三万石（のち六万石）を与えられ、慶長六年に岩国（山口県岩国市）に本拠を構えた。そして築城されたのが岩国城であり、同時に城下町の整備が進められた。築城には、八年もの歳月がかかったといわれている。ただし、三条に築いた城などは、のちの「一国一城令」により破却された。元和二年（一六一六）六月、広家は息子・広正《ひろまさ》に家督を譲り、家の重書や重代の太刀などを与えた（「吉川家文書」）。

翌三年四月二十六日、広家は自筆で『吉川氏法度』を認め、後継者の広正と子息・就頼《なりより》に宛てている。『吉川氏法度』は、広家が制定・発布した単行法令を集成したものである。これは単に集成しただけでなく、基本法例としての性格を備え、整理されたと指摘されている。実はそれだけではなく、広家は二人に功臣の名簿を与えており、毛利家と吉川家との関係を説いた遺訓を広正に与えた（以上「吉川家文書」）。引退を控えた広家は、後継者たる広正に対して、『吉川氏法度』を整理・修正して与え、家の基本法令とすべきことを企図していたと指摘されている。そして、寛永二年（一六二五）九月、広家は岩国で亡くなった。その後、吉川家は同地で幕末を迎え、関係史料は吉川史料館に所蔵されている。

関ヶ原合戦後、輝元は出家して家督を息子の秀就に譲っていたが、秀就がまだ六歳と幼かったことから、実質的には当主の座にあった。輝元は周防・長門で本拠を定める際、三田尻（山口県防府市）、山口、萩の三つを候補として考えていたという（『毛利三代実録考証』など）。立地条件などさまざまな条件を考慮し、幕府からの助言なども参考にしつつ、最終的には萩を選択するに至った。輝元は、かなり選定に苦労したようである。輝元が指月山《しづきやま》の萩城の築城工事に着手したのは、慶長九年六月一日のことであった。そして、萩城が完成し、輝元が居を移したのは、五ヶ月後の同年十一月十一日のことだったが、完全に工事が終了したのは慶長十三年である。

萩城は指月山に築かれ、松本川と橋本川が日本海に流れ込む三角州に城下町が形成された。萩城下には上層家臣団の屋敷が配置され、そこは堀内と称された。その南側には、中下級の家臣の屋敷が置かれていた。そして、堀内の東側には町人地が形成された。そもそも萩には都市的な要素がまったくなく、輝元の移封とともに徐々に形成された。呉服を商っていた長谷川恵休は、山口に屋敷を持っており、萩城下町の形成とともに呉服町などの年寄を務めた。船大工は、安芸国・倉橋嶋（広島県呉市）から招かれたという。ただ、輝元の場合は、百二十万石余から約三分の一まで減されたので、家臣たちはその煽りを受けた。それゆえ家臣の中には不満を抱く者も少なからずあったが、輝元は根気よく取りまとめたといわれている。

輝元も例外ではなく、領内で検地を実施した。慶長五年九月の関ヶ原合戦と相前後して検地が行われたが、その後、慶長十二年（一六〇七）から十六年（一六一一）にかけて改めて検地が実施された。この検地は三井検地といわれ、慶長五年の検地と比較して一・八倍の増分を引き出そうとしたものである。

蔵入地の増強が狙いであった。ただ、この検地はうまくいかなかったといわれている。百姓たちは、過酷な検地に音をあげて、九州・小倉へまでも逃亡した。所期の目的である蔵入地の増強も果たせず、最終的に一・四五倍を基準として、朱印高は三十六万九千石になったのである。

寛永二年（一六二五）四月二十七日、輝元は萩城内で亡くなった。享年七十三。毛利家は幕末まで存続し、明治維新で少なからず優秀な人材を輩出したことは周知のことであろう。

その他の中国地方

主として、大藩である備前、美作、安芸、備後、周防、長門の状況を見てきたが、ここでは出雲・隠岐・因幡・伯耆の大名について述べておこう。

出雲・隠岐の両国約二十四万石は、堀尾忠氏《ほりおただうじ》に与えられた。堀尾氏はもともと尾張の土豪であり、織田信長と豊臣秀吉に仕えた。忠氏の父・吉晴《よしはる》は遠江国浜松（静岡県浜松市）に約十二万石を領していたが、慶長四年に家督を息子・忠氏に譲り、自身は越前国府中（福井県越前市）に約五万石の隠居料を与えられた。堀尾氏は実質的に父子で出雲・隠岐を与えられることになり、もとの十二万石と五万石だけでなく、さらに七万石を加えられたのである。慶長五年十一月、忠氏らは晴れて出雲国に入国し、取り急ぎ富田城（島根県安来市）を居城に定めた。ところが、富田城は戦国の趣を残す典型的な山城であり、城下町を形成し、領内の支配を展開するには不向きな土地であったといえる。水陸両面の交通便も良くなかったといえよう。そこで、忠氏は新たに居城を築く場所を探すことになる。

新城の場所の選定に際しては、親子で意見が食い違ったと伝わるが、結果的に松江（島根県松江市）に築城することを決定し、幕府の許可を得た。松江城の築城は慶長十二年に開始され、約五年の歳月をかけて完成した。しかし、忠氏は慶長九年に二十八歳という若さで亡くなり、父吉晴も松江城の完成を見ることなく、慶長十六年に六十九歳で没したのである。後継者には忠氏の息子・忠晴が選ばれたが、寛永十年（一六三三）に三十五歳で病に倒れると、継嗣がないため家はとりつぶしとなったのである。その後、若狭小浜藩の京極忠高が入封した。

因幡・伯耆には、多くの大名が入部したが、その後も入れ替わりが激しかったといえる。中村忠一は慶長八年に家臣を誅伐したことにより幕府の咎めを受け、のちに改易処分を受けた。御家騒動である。その後、忠一の領国は、次の三つに分割された。

(1)米子（鳥取県米子市）——加藤貞泰《さだやす》（会見・汗入二郡に約六万石）

(2)八橋（鳥取県琴浦町）——市橋長勝《いちはしながかつ》（八橋郡に約二万千三百石）

(3)黒坂（鳥取県日野町）——関一政《せきかずまさ》（日野郡に約五万石）

各大名は居城の築城・改修を進め、城下町や農業のインフラを整備し、領内に検地を行うなど、着々と領国支配を展開した。元和三年（一六一七）に播磨国・姫路城主の池田光政《みつまさ》が鳥取城主となり、因幡・伯耆に約三十二万石を与えられた。このとき光政は未だ幼少であったため、藩政は重臣たちの支えにより執り行われた。そして、因幡・伯耆にいた諸大名は、新たな場所へと移っていったのである。寛永九年（一六三二）、光政は備前国・岡山に移り、代わりに光仲《みつなか》が鳥取藩主となる。

3　大坂冬の陣・夏の陣と豊臣氏の滅亡

大坂冬の陣の勃発

慶長五年（一六〇〇）九月の関ヶ原合戦後、豊臣秀頼は大幅に減知されたこともあり、その威勢が衰えたのは事実であろう。これまでの通説では、関ヶ原合戦を境に徳川家康と豊臣秀頼の立場が逆転し、豊臣家は急速に衰え、家康は虎視眈々と豊臣家の滅亡を画策したといわれている。しかし現在では、豊臣公儀も健在であり、家康より秀頼の官位が上であったことも踏まえ、疑義が提示されている。当初は「二重公儀体制」のような形があり、慶長八年に家康が征夷大将軍に就任してから、徐々に風向きが変わったと見るのが自然であろう。

こうした中で、同年には江戸城の天下普請が行われ、各地の大名が江戸城の工事に動員された。まるで家康の威勢を天下に知らしめるかのようであった。豊臣家にとって衝撃的だったのは、慶長十年（一六〇五）に家康が征夷大将軍の座を退き、その地位を秀忠に譲ったことであろう。これは、征夷大将軍を徳川家が世襲することを表明することに他ならなかった。慶長十二年（一六〇七）になると、家康は駿府（静岡市葵区）に居を移し、「大御所政治」を展開して実権を掌握した。そして、慶長十六年の二条城の会見において、秀頼が先に家康に挨拶するように仕向け、実質的に立場が逆転するのである。

慶長十九年（一六一四）七月に方広寺《ほうこうじ》鐘銘事件が勃発すると、両派の決裂は決定的となった。方広寺の大仏の開眼供養の方法をめぐっては、徳川家と豊臣家との間で意見の食い違いがあり、片桐且元が両家の間を取り次いでいた。やがて、方広寺の鐘銘に「国家安康」の文字があることが判明すると、徳川方は家康の諱を二つに分けて呪うものと問題視した。且元は事態を解決すべく奔走するが、ついに解決の糸口は見つからず、いよいよ大坂冬の陣に突入したのである。

従来説によると、方広寺鐘銘事件は、最初から豊臣家を滅ぼそうとした徳川家の謀略であると考えられてきた。しかし、徳川方が示した解決策を見ると、豊臣家を一大名として処遇し、臣従を迫るものであって、滅亡を意図したとは思えない。つまり、豊臣家を特別な扱いにするのではなく、政権の一端に加えようとしたが、うまくいかなかったということになろう。開戦が近づくと、日本国中の大名が徳川方に与した。一方、豊臣方は、期待していた豊臣恩顧の諸大名が味方になることはなく、牢人衆を頼らざるを得なかった。では、中国地方の大名は、いかなる対応をしたのであろうか。

中国の諸大名の対応

全国の大名が大坂を目指す中で、中国の諸大名も徳川方に馳せ参じるため、それぞれの領国を出発したことが確認できる。

森忠政の出陣した様子は、『森家先代実録』に描かれている。慶長十九年十月十一日、家康が駿府を発ち、その五日後には秀忠が江戸を出発した。その軍勢は百二十里余（約四八〇キロ）の路程で人馬が満ち満ちており、「神武以来」これほど武士たちが集まったのは聞いたことがないというほどの大軍であったと同書は記す。大袈裟な喩えであろう。ところで、森氏の大坂出陣は、決して容易ではなかった。森氏の家臣は、同年の春から江戸城の天下普請に従事していたが、突如として出陣を命じられた。それゆえ家臣たちは、江戸から美作国に戻るため、夜を日に継いで行軍したという。ところが、摂津国付近はすでに通行が許可されていなかったので、京都から福知山（京都府福知山市）近辺に出て、そこから一の谷（神戸市須磨区）、塩屋（同垂水区）を経て、何とか美作国に辿り着いたと伝わる。相当な遠回りである。

家臣の大塚主膳三俊は播磨国に残り、豊臣方の情勢を逐一国許へ報告した。そして忠政は、同年十月十六日に津山城の冠木門を出発した。忠政は仁蔵屋敷に立ち寄り、そこから赤野屋敷の坂を下り、京橋に出た（いずれも津山市内）。その日の夜は、勝間田（岡山県勝央町）に宿泊したという。その後の行程は記されていないが、野田・福島（大阪市福島区）に到着し夜陣したのである。

一方の毛利氏も出陣する態勢を整えていた。同年十月十一日、輝元（出家して宗瑞。以下「輝元」で統一）は大坂の豊臣方に不穏な動きがあるとのことで、領内を通行する船舶の検査を申し付けられた（『毛利氏四代実録考証論断』）。船留である。船舶には、豊臣方に与しようとした牢人だけでなく、武器などの軍事物資や食料などが運ばれている可能性があった。それを未然に防ごうとする意図であろう。ただ、毛利氏側では、どのような基準により船留をすべきか、悩んだ形跡がうかがえる。トラブルを避けたかったからであろう。

幕府の要請を受けて、輝元が重臣たちを引き連れて萩を出発したのは、同年十一月十一日のことである。六日後の十一月十七日には、兵庫（神戸市兵庫区）に到着した。ところが、十一月二十一日になると、輝元が病にかかり、戦闘を指揮することができなくなった。報告を聞いた家康は、輝元の帰国を許し、息子・秀就が代わりに出陣することになった。輝元は家康に報告すべく、息子・就隆《なりたか》を家康の陣に向かわせた。それでも輝元は、十一月二十四日に西宮（兵庫県西宮市）まで進んだ。十二月十日、家康に面会した輝元は、萩に帰ったのである。

備前・岡山の池田氏も、同年十月二十一日に国許を発していた。その様子は、『池田家履歴略記』な

大坂城（大阪市中央区大阪城）

どの史料に記されている。しかし、当主・忠継は病弱であったため、むしろ先頭に立ったのは、姫路城主の利隆のほうであった。利隆は、来るべき戦いに備えて軍法を定めたことが確認できる。一方で同年十一月一日、忠継と異母弟・忠雄は醍醐寺（京都市伏見区）に銀子二十枚を寄付し、三宝院《さんぽういん》義演《ぎえん》に依頼して戦勝を祈願したのである（『義演准后日記』）。

一方、福島正則は違った動きをしていた。正則は豊臣恩顧の大名の生き残りであり、秀頼から味方になるよう要請を受けた。しかし正則は、徳川方に与するという苦渋の決断をした。そうはいいながらも、大坂屋敷に蓄えていた蔵米八万石を豊臣方に横流しする配慮を見せた。家康も正則を恐れたのか、大坂への出陣を認めず、江戸留守居役を命じている。代わりに大坂に出陣したのは、息子・忠勝《ただかつ》であった。ただし、一族の福島正守《まさもり》と正鎮《まさしげ》は豊臣方に与した。

大坂冬の陣の開戦

大坂冬の陣が開戦したのは、慶長十九年十一月十九日の木津川口の戦いであった。大坂冬の陣においては、真田信繁《さなだのぶしげ》（幸村）の真田丸の攻防を中心にして、豊臣方の奮闘が目立つところである。

大坂冬の陣では、大名たちは豊臣方にまったく馳せ参じることなく、主力となったのは牢人たちであった。長宗我部盛親、明石掃部、後藤又兵衛などが著名であるが、忘れてはならないのが、真田信繁である。当時、信繁は高野山（和歌山県高野町）で蟄居していたが、豊臣秀頼の命に応じて大坂城にやってきたのである。

大坂冬の陣において、信繁ら牢人衆は積極的に打って出る作戦を提案したが、結局は、豊臣方の重臣らに押し切られ、籠城作戦を余儀なくされた。そこで、一計を案じて信繁が構築したのが真田丸である。真田丸とは、大坂城の平野口付近に築かれた出城のことである。この付近を大坂城の弱点と考えた信繁は、真田丸を構築した。大きさは東西にわたり約一八〇メートルの半円形で、外周の堀は六〜八メートルの深さがあり、土塁の高さは約九メートルほどあった。その西側には、二の丸があったと考えられている。

慶長十九年十二月、真田丸には信繁が率いる約五千の兵が籠もっていた。その正面には、前田利常《としつね》の約一万二千の軍勢のほか、諸大名の率いる数千の兵が布陣していた。数の上では、圧倒的に徳川方が有利であったといえる。十二月二日、利常は、家康の命に従い土塁を築き塹壕を掘っていたが、真田丸前方の篠山に潜んでいた兵の狙撃により、作業は妨害された。同月四日に至って、ついに両者は激突した。前田勢を率いた本多政重《まさしげ》らは、篠山を攻撃するも、すでに撤退したあとであった。その後、真田方の兵の挑発に乗り、真田丸に攻撃を仕掛けたが、前田方は散々に打ち負かされた。

真田丸の攻防がきっかけとなり、和睦の機運が高まった。和睦の条件として、真田丸の破却が盛り込まれた。同時に、大坂城の二の丸、三の丸の破却、外堀などの埋め立ても条件となった。こうして大坂城の防御機能は、著しく低下することになった。

中国の大名の活躍

中国の大名では、池田氏の出陣を確認できる。池田氏が与したのは、徳川家康方である。慶長十九年十月十九日、姫路城主・池田利隆（玄隆）が兵を率いて出陣し、西宮（兵庫県西宮市）に陣を敷いた。同じく岡山城主・池田忠継も、大坂城を目指して出陣した。利隆は出陣に際して、他の大名と同様に家康から銀二百貫を与えられた。

同年十一月七日、忠継は他の諸将と神崎川を渡り、中島（大阪府西淀川区）に陣を置いた敵勢を追い払い、さらに大和田（同上）の地を獲得した。同じ中国の大名である津山城主・森忠政、庭瀬城主・戸川達安もこれに従っている。また、池田利隆は新家に火を放ち、同地を手中に収めた。この戦いは、九鬼《くき》守隆《もりたか》、向井《むかい》忠勝《ただかつ》といった水軍との共同作戦でもあった。

池田氏は豊臣恩顧の大名だっただけに、豊臣方からの誘いがたびたびあった。同年十一月二十二日、豊臣方の部将・塩江甚助は池田利隆に書状を送り、豊臣方に寝返るように呼び掛けた。しかし、この試みは失敗に終わった。豊臣方の大野《おおの》治長《はるなが》も池田忠雄（忠長）に書状を送ったが、これは使者が捕らえられ失敗に終わった。徳川方の快進撃は留まることを知らず、池田忠雄らは伯楽淵、野田、福島へ攻め込み勝利を得、この地を獲得し陣を敷いた。その後、船場《せんば》に兵を進めた。池田氏の活躍はめざましく、忠雄の家臣・横川次大夫、箕浦勘右衛門は家康から直々に感状を与えられた。池田利隆も軍功を称えられ、白銀三千両を与えられたのである。

毛利輝元は同年十一月十一日に萩城を出発し、六日後に兵庫（神戸市兵庫区）の地に到着した。あとを追うようにして、岩国城主の吉川広家が出陣したが、同年十一月二十一日に輝元は陣中で病に伏せたため、国許に戻らざるを得なくなった。代わりに西上したのが、息子の秀就である。同日、輝元は、次男の就隆を家康のいる住吉の陣営に遣わせた。毛利氏は家康の命により、江口（大阪市東淀川区）に堰を築き淀川を堰き止めた。また、伝法に橋を架けるなどしている。これを指揮したのは、吉川広家、毛利元景《もとかげ》であった。工事を円滑に進めるため、板倉勝重は江口川の普請場における乱暴狼藉を禁止している。毛利氏は、戦場で敵と戦うのではなく、主に江口川の工事などに従事していたようである。

両軍和睦の真相

大坂冬の陣の停戦条件の一つとして、惣構・堀の埋め立てがあった。徳川方は、当初は外堀を埋め立てるという約束で作業を進めたが、やがて内堀の二の丸、三の丸と埋め立てを行った。これに驚いた豊臣方では、和睦の条件になかったと抗議をした。以上の逸話に基づき、惣構・堀の埋め立ては、総じて徳川方の謀略によるものという説が主流になっている。

『三河物語』には、惣構を埋め立てたあとについて、「次の日は二の丸に入って、塀や櫓を崩しまっ平に埋め立てたところ、秀頼や浪人たちは、惣構だけと申しているのに、二の丸までこうなるとは非常に困ったことであると抗議した。そこで、もともと惣構というではないか（惣構を二の丸などを含んだすべてと、勝手に解釈した）。ただし、本城までは破壊してはならないとのことなので、壊してはいない」と記している。徳川方は、惣構を二の丸も含んでのことと強引に解釈して、埋め立てを強行しているのである。

しかし、この点に関しては、すでに批判がなされているので、改めて惣構・堀の埋め立て問題について考えることにしたい。惣構・堀の埋め立ての関係史料を確認すると、『大坂陣日記』には本丸を残して二の丸、三の丸を埋め立てるとあり、『本光国師日記』には惣構の堀、二の丸いずれも埋めて本丸だけにする、との記述がある。内堀を埋め立てることでは一致し、大坂城の外堀・内堀が埋め立てられ、本丸を残して丸裸になるのは了解済みであったようである。

以上の点について、細川忠利《ただとし》の書状には「大坂城は二の丸、三の丸、惣構を破壊して、本丸だけにする。本丸には、秀頼様が残るとのことである。惣構は、徳川方が人夫を出して壊すことになっている。二の丸、三の丸は、豊臣方から人夫を出して取り壊し、堀などをやがて埋めることになっている」と記されている（『綿考輯録』）。つまり、惣構の破壊は徳川方の担当、二の丸、三の丸の破壊は豊臣方の担当であり、徳川方の謀略という説は、後世の脚色であると言わざるを得ない。ちなみに、惣構・堀の埋め立てをめぐってのその後のトラブルは、一次史料からは確認できない。こうして、徳川方と豊臣方は和睦を結んだのである。

牢人問題と両軍の開戦

大坂冬の陣が勃発した理由はいろいろとあるが、牢人問題に着目して、戦いが不可避であったのか考えてみたい。慶長二十年（一六一五）三月十二日、京都所司代の板倉勝重は、後藤光次《みつつぐ》に書状を送っている（「後藤庄三郎家古文書」）。その内容とは、大坂の情勢に関わるもので、(1)米・材木は以前よりも多く集まり、船場に積み置かれていること、(2)米は大坂の商人たちが兵庫へ行って兵糧を受け取っていること、(3)米・材木を積んだ船が尼崎でなく、天保（大阪市港区）へ乗り入れていること、を記している。

重要なことは、以前籠城していた牢人は召し放たれたといっていたが、一人も大坂を去ることなく小屋の中に住んでおり、さらに奉公を望んで方々より牢人が集まっていることであった。一連の動きは、戦争準備であると捉えられても仕方がない。その翌日、板倉勝重は、追加の情報を書状で後藤光次に送っている（「後藤庄三郎家古文書」）。その主な内容は、次のようになろう。

それは、⑴牢人を豊臣方で召し抱えないよう、大坂に札を立てたが、豊臣方では牢人を手厚く世話していること、⑵大野治房《はるふさ》（治長の弟）が抱えている牢人が一万二千人おり、扶持に加えて馬乗りの扶持まで当月分を渡し、さらに永応という坊主が秀頼の蔵を開け、金銀や米などを牢人に与えた、ということである。

⑴によると、牢人衆が大坂に結集しているのは明らかであり、むしろ積極的に受け入れていた様子がうかがえる。⑵によると、金・銀に目を奪われ、各地の牢人衆が大坂城に押し寄せたのではないだろうか。相変わらず牢人たちは、大坂城から退去していなかった。

要するに、徳川方と豊臣方は和睦をし、豊臣方はいくつかの条件を呑まざるを得なかった。その一つとして、大坂城内に結集した牢人たちを退去させることが必要であった。当時、牢人は不穏分子として歓迎されず、彼らには行き場がなかった。牢人たちは豊臣方の不満分子（反徳川派）とつるんでいた可能性がある。豊臣家滅亡の理由は他にもあるが、牢人問題をうまく処理できれば、大坂夏の陣が開戦されず、存続していた可能性があったのかもしれない。

大坂夏の陣の開戦

慶長二十年（一六一五）五月、徳川方は、大坂城に籠もる豊臣秀頼・淀の母子を自害に追い込んだ。これにより、秀吉以来長く続いた豊臣家は滅亡し、晴れて徳川家の天下となった。中国地方の大名の活躍を見ておこう。元和元年四月九日、姫路城主の池田利隆は豊臣方が尼崎を攻撃するとの噂を聞き、兵を尼崎に派遣し、池田重利を代官として置いた。尼崎は大坂からも近く、海上交通の拠点でもあった。豊臣方は、尼崎を押さえることにより、兵站の確保をもくろんだのかもしれない。三日後の四月十二日、利隆と由良城主・池田忠雄は、家康から出陣を命じられた。

利隆は兵庫に着陣すると、そのまま中島へと進軍した。

利隆の率いる兵は大和田へ攻め込み、数百軒の民家を焼き払った。また、利隆の配下の部将・鈴木登之介は、新在家（大阪府摂津市）に陣を敷くと、大砲で敵軍のいる野田を攻撃している。同じく利隆の配下の島、服部の指示により、大坂の番船や今橋（大阪市中央区）の城郭を砲撃し、さらに後藤又兵衛の持口の櫓を撃つと、続けて天満橋（大阪市北区）の敵を打ち破ることに成功した。ことに、鈴木登之介の砲撃の技術は優れていたと伝わっており、このように池田氏は大いに軍功を挙げたのである。

同年四月十日、本多正純は毛利氏に出陣要請の書状を発し、十七日に届いた。幕府の要請に応じて、毛利秀就は急ぎ準備を整えている。中国の諸大名には、兵庫、西宮、尼崎へ向かうよう指示があった。岩国藩の吉川家も広正が出陣準備を整えたが、いささか財政状況が厳しかったようである。とくに、兵糧の準備には大いに苦労したようである。

同年四月二十七日、秀就の先鋒として、秀元が長府（山口県下関市）を出発した。同年五月三日に兵庫に到着し、さらに京都に出向いて、家康・秀忠父子に挨拶した。その後、秀元は西宮に移り、兵庫と西宮の間を何度か移動した。秀就が三田尻（山口県防府市）を出発し、大坂に向かったのは五月四日のことである。なお、吉川広家は出陣しなかった。毛利家の役割は、兵庫、西宮、尼崎などの海上警護だったため、大坂城攻めではさほど大きな活躍はできなかった。

豊臣家が滅びることにより、応仁・文明の乱（応仁元年・一四六七）から続いた長い戦乱の世に終止符が打たれ、平和な世が訪れた。同年七月、元号が「慶長」から「元和《げんな》」に改められ、天下平定が完了したことが広く宣言された。

ところで、日本史の教科書でも取り上げられる「元和偃武《えんぶ》」には、いったいどのような意味があるのだろうか。まず「元和」とは、先述の通り「慶長」から改められた新元号である。次に「偃武」とは、中国の古典『書経』周書・武成篇の中の言葉「王商自り来たり、豊に至る。乃ち武を偃《ふ》せて文を修む」を出典としている。つまり、意味は武器を偃せて、武器庫に収めることになろう。

以来、江戸幕府は「武家諸法度」を定めるなどして、着々と支配体制を固めた。そして、支配の展開に伴い、寛永十四年（一六三七）に起こった島原の乱や慶安四年（一六五一）の慶安の変（由井正雪の乱）などを除くと、大きな戦乱が起こることはなかった。「元和偃武」は、幕府側が自身を賞賛もしくは正当化する意味で用いられた。その後、徳川家が約三百年にわたって繁栄を築いたことは、周知の通りである。

主要参考文献

論文集

秋山伸隆『戦国大名毛利氏の研究』（吉川弘文館、一九九八年）
跡部信『豊臣政権の権力構造と天皇』（戎光祥出版、二〇一六年）
池享『大名領国制の研究』（校倉書房、一九九五年）
市川裕士『室町幕府の地方支配と地域権力』（戎光祥出版、二〇一七年）
大西泰正『豊臣期の宇喜多氏と宇喜多秀家』（岩田書院、二〇一〇年）
大西泰正『「大老」宇喜多秀家とその家臣団――続豊臣期の宇喜多氏と宇喜多秀家』（岩田書院、二〇一二年）
大西泰正『宇喜多秀家と明石掃部』（岩田書院、二〇一五年）
笠谷和比古『関ヶ原合戦と近世の国制』（思文閣出版、二〇〇〇年）
川岡勉『室町幕府と守護権力』（吉川弘文館、二〇〇二年）
川岡勉・古賀信幸編『日本中世の西国社会1〜3』（清文堂出版、二〇一〇・二〇一一年）
岸田裕之『大名領国の構成的展開』（吉川弘文館、一九八三年）
岸田裕之『大名領国の経済構造』（岩波書店、二〇〇一年）
岸田裕之『大名領国の政治と意識』（吉川弘文館、二〇一一年）
北島万次『豊臣政権の対外認識と朝鮮侵略』（吉川弘文館、一九九九年）
高坂好『中世播磨と赤松氏』（臨川書店、一九九一年）
佐伯徳哉『中世出雲と国家的支配――権門体制国家の地域支配構造』（法藏館、二〇一四年）
須田牧子『中世日朝関係と大内氏』（東京大学出版会、二〇一一年）
中野等『秀吉の軍令と大陸侵攻』（吉川弘文館、二〇〇六年）

長谷川博史『戦国大名尼子氏の研究』（吉川弘文館、二〇〇〇年）
平瀬直樹『大内氏の領国支配と宗教』（塙書房、二〇一七年）
藤井崇『室町期大名権力論』（同成社、二〇一三年）
古野貢『中世後期細川氏の権力構造』（吉川弘文館、二〇〇八年）
堀越祐一『豊臣政権の権力構造』（吉川弘文館、二〇一六年）
本多博之『戦国織豊期の貨幣と石高制』（吉川弘文館、二〇〇六年）
松岡久人『大内氏の研究』（清文堂出版、二〇一一年）
水野恭一郎『武家時代の政治と文化』（創元社、一九七五年）
水野恭一郎『武家社会の歴史像』（国書刊行会、一九八三年）
水野伍貴『秀吉死後の権力闘争と関ヶ原前夜』（日本史史料研究会、二〇一六年）
光成準治『中・近世移行期大名領国の研究』（校倉書房、二〇〇七年）
村井良介『戦国大名権力構造の研究』（吉川弘文館、二〇一二年）
矢田俊文『日本中世戦国期権力構造の研究』（塙書房、一九九八年）
矢部健太郎『豊臣政権の支配秩序と朝廷』（吉川弘文館、二〇一一年）
渡邊大門『中世後期山名氏の研究』（日本史史料研究会、二〇〇九年）
渡邊大門『戦国期赤松氏の研究』（岩田書院、二〇一〇年）
渡邊大門『戦国期浦上氏・宇喜多氏と地域権力』（岩田書院、二〇一一年）
渡邊大門『中世後期の赤松氏――政治・史料・文化の視点から』（日本史史料研究会、二〇一一年）

一般書

池享『知将・毛利元就――国人領主から戦国大名へ』（新日本出版社、二〇〇九年）
石田晴男『戦争の日本史9　応仁・文明の乱』（吉川弘文館、二〇〇八年）
大西泰正『宇喜多秀家』（戎光祥出版、二〇一七年）
小川信『山名宗全と細川勝元』（吉川弘文館、二〇一三年）

笠谷和比古『関ヶ原合戦――家康の戦略と幕藩体制』(講談社学術文庫、二〇〇八年)
笠谷和比古『戦争の日本史17　関ヶ原合戦と大坂の陣』(吉川弘文館、二〇〇七年)
河合正治『安国寺恵瓊』(吉川弘文館、一九五九年)
河合正治『安芸毛利一族』(吉川弘文館、二〇一四年)
川岡勉『山名宗全』(吉川弘文館、二〇〇九年)
河村昭一『安芸武田氏』(戎光祥出版、二〇一〇年)
岸田裕之『毛利元就と地域社会』(中國新聞社、二〇〇七年)
岸田裕之『毛利元就』(ミネルヴァ書房、二〇一四年)
北島万次『豊臣秀吉の朝鮮侵略』(吉川弘文館、一九九五年)
黒田基樹『小早川秀秋』(戎光祥出版、二〇一七年)
白峰旬『新解釈　関ヶ原合戦――脚色された天下分け目の戦い』(宮帯出版社、二〇一四年)
曽根勇二『敗者の日本史13　大坂の陣と豊臣秀頼』(吉川弘文館、二〇一三年)
中野等『戦争の日本史16　文禄・慶長の役』(吉川弘文館、二〇〇八年)
福尾猛一郎『大内義隆』(吉川弘文館、一九五九年)
藤井崇『大内義興』(戎光祥出版、二〇一四年)
福島克彦『戦争の日本史11　畿内・近国の戦国合戦』(吉川弘文館、二〇〇九年)
光成準治『毛利輝元』(ミネルヴァ書房、二〇一六年)
光成準治『関ヶ原前夜――西軍大名たちの戦い』(角川ソフィア文庫、二〇一八年)
光成準治『小早川隆景・秀秋』(ミネルヴァ書房、二〇一九年)
矢部健太郎『敗者の日本史12　関ヶ原合戦と石田三成』(吉川弘文館、二〇一三年)
山本隆志『山名宗全』(ミネルヴァ書房、二〇一五年)
山本浩樹『戦争の日本史12　西国の戦国合戦』(吉川弘文館、二〇〇七年)
米原正義『出雲尼子一族』(吉川弘文館、二〇一五年)
米原正義『大内義隆』(戎光祥出版、二〇一四年)

渡邊大門『戦国の交渉人――外交僧安国寺恵瓊の知られざる生涯』(洋泉社・歴史新書y、二〇一一年)
渡邊大門『宇喜多直家・秀家』(ミネルヴァ書房、二〇一一年)
渡邊大門『赤松氏五代』(ミネルヴァ書房、二〇一二年)
渡邊大門『備前浦上氏』(戎光祥出版、二〇一二年)
渡邊大門『宇喜多秀家と豊臣政権――秀吉に翻弄された流転の人生』(洋泉社・歴史新書y、二〇一八年)

＊参考文献を網羅的にすべて取り上げるのは不可能なので、あくまで主要かつ入手しやすいもの、および当該地域に特化したものに限定した。もちろん重要な研究はこれ以外にも多々あるが、紙幅の関係から割愛したことをお許し願いたい。

おわりに

筆者の研究の原点は、播磨国など三ヶ国を支配した赤松氏である。その後、但馬国などを支配した山名氏、備前・美作両国を支配した浦上氏、宇喜多氏などにテーマが広がっていった。さらに中国方面の毛利氏、尼子氏、大内氏などの諸大名を取り上げ、関ヶ原合戦、大坂の陣などの合戦について執筆する機会にも恵まれた。今回、「地域から見た戦国一五〇年」のシリーズで、小和田哲男先生からご推挙いただき、執筆の機会を得た。小和田先生には厚く感謝を申し上げたい。

戦国時代の研究を進めるうえで問題となるのは、政治史偏重ということに尽きると思う。おおむね英雄的な戦国大名や著名な合戦ばかりが取り上げられ、それ以外のテーマは置き去りにされているのが現状ではないだろうか。いうまでもないが、戦国時代の研究は非常に多岐にわたる。政治史、経済史や合戦史だけがすべてではないのである。とはいえ、生活文化史などは研究が立ち遅れた分野であり、本書でも政治史を主軸にせざるを得なかったのは、筆者の力不足である。

山陽・山陰の戦国史においても、研究の濃淡ははっきりとしている。たとえば、毛利氏は研究の蓄積が多く、王様のような地位を獲得している。大内氏は近世まで生き残れなかったが、研究論文が多い大名である。宇喜多氏は、これまで研究が乏しかったが、近年になって急速に研究が進んだ。一方、山陰の大名については、尼子氏を除くと概して研究が乏しい。研究の動向を左右するのは、活字化された史料集の状況に尽きる。兵庫県、広島県、山口県は県史レベルで充実した史料集が刊行され、研究の下地が整っている。鳥取県は中世史料が乏しい地域であるが、近年になって新たな県史の史料編が刊行されたので、これから研究が期待できる分野である。島根県、岡山県は県史レベルで十分な史料集が刊行できなかったので、今後の課題といえる。とはいえ、地方史を取り巻く環境は厳しい。地域の研究会では会員の高齢化が進み、運営すらままならないところも多いという。また、右に掲げた県史の史料編は品切れになっているものも少なくなく、古書もきわめて高価になっていることも珍しくない。県レベルでの史料集の刊行が望まれるが、財政的な問題があるので、あまり期待できないようである。同じく財政上の問題から、博物館や図書館に専門職員を配置できないのも、残念なことである。このように地方史を取り巻く環境は厳しいといえるが、本書および本シリーズを手に取っていただき、ご自身の地域の歴史に関心を持っていただければ幸いである。

本書執筆に際しては、ミネルヴァ書房編集部の田引勝二氏からご高配を賜った。ここに厚くお礼を申し上げたい。なお、本書では多くの先行研究や史料を参照したが、読みやすさを考慮して、学術論文の註のようにすべての根拠を逐一明記していない。この点を何卒ご海容いただき、さらに勉強を進めたい方は、巻末の「主要参考文献」をお読みいただければ幸いである。

二〇一八年七月

渡邊大門

関係年表

和暦	西暦	関係事項	一般事項
応仁 元	一四六七	1・18畠山義就、畠山政長の陣を襲い、応仁の乱勃発する。5・10赤松政則配下の将赤松政秀、播磨国へ侵攻し、山名氏から奪還する。10・19大内政弘、相国寺に陣し、畠山義就、山名氏邸の西に陣する。	6・3足利義政、牙旗を細川勝元に授ける。
二	一四六八	1・24大内政弘の兵、摂津の諸郡を攻略する。5・8細川勝元、山名宗全の陣を攻め、赤松政則、大内政弘と戦う。11・23足利義視、山名宗全の陣に投じる。この年、赤松政則、侍所所司に任じられる。	この年、公家・僧侶が乱を避けて地方に下る。
文明 元	一四六九	2・28政則、備前西大寺に段銭を寄進する。10・16山名是豊、赤松政秀等、大内政弘の兵と摂津兵庫で戦い破る。11・16山名是豊、大内氏を摂津中島に攻めるため出陣する。	1月足利義尚が将軍継承者として披露される。
二	一四七〇	3・5赤松政則、播磨報恩寺に寺領安堵状を与える。6・3幕府、毛利豊元に宍戸駿河守の旧領を与える。8・20大内政弘、東軍を摂津で破り、さらに倉橋城を攻めようとする。11・24山名持豊、山内豊成に備後信敷東方の地を与える。	12・27後花園法皇没。
三	一四七一	4・21大内氏の兵、東軍を山城木津城に攻め、吐師、相楽、上狛野、地蔵堂等焼く。5月山名持豊、禁制を京都廬山寺に掲げる。閏8・9毛利豊元、西軍に応じる。この年、赤松政	5・21朝倉孝景、主家斯波氏に代わって越前守護に任ぜられる。

四	一四七二	則、父性尊の十七回忌を執り行う。1・15山名持豊、和を細川勝元に求め成らず。2・9足利義視、御内書を毛利豊元に下し、西軍に属したことを賞する。4・24大内氏の兵、東軍を摂津天王寺に攻める。7・4赤松政則の配下の浦上則宗、山崎に陣する。	12月一条兼良「花鳥余情」を著す。
五	一四七三	3・18山名宗全死去。10・19幕府、浦上則宗に播磨上揖保荘を代官東郷帯刀に付与させる。10・23大内政弘、兵を摂津に出し、火を諸所に放つ。	5・11細川勝元死去。12・19足利義尚、征夷大将軍になる。
六	一四七四	2・5赤松政則の配下の宇津豊頼、播磨飾東郡の地を広峰社に寄附する。4・3山名政豊と細川政元、講和する。4・19大内政弘および畠山義就、東軍を攻めようとし、斎藤妙椿の援助を求める。11・17京極政高、尼子経久に出雲美保関公用を徴する。	7月富樫幸千代と富樫政親・朝倉孝景・本願寺門徒連合軍が戦う。
七	一四七五	6・20山名政豊、山内豊成および豊里の戦功を賞する。10・23大内政弘、毛利豊元に安芸東西条地下人の徳政張行を禁止させる。11・24毛利豊元、所領を嫡子千代寿丸（弘元）に譲る。12・20赤松政則の配下の安丸某、足軽と闘争する。	8月近畿地方に災害が相次ぐ。
八	一四七六	4・25赤松政則、酒饌を義政に献じ、猿楽を催す。4・29京極政高、尼子清定に伯耆舎人保半分の地、出雲美保関代官職を安堵する。7・29山名政豊、従四位下に叙される。9・14足利義政、御内書を大内政弘に下し、東西両軍の和平を仲介させる。	5月宗祇「竹林抄」を編集する。
九	一四七七	4・2山名是豊、一条家領摂津兵庫を押領する。10・17大内政弘、越智家栄等、大和にある興福寺東大寺領等に兵糧米を	9・21畠山義就が領国である河内へ帰国する。

		課す。12・13赤松政則の兵、山名政豊の兵と京都で戦う。	
一〇	一四七八	2・6浦上則宗、赤松政則を邸宅に招き、猿楽を催す。2・12毛利少輔太郎の元服に際して、大内政弘が偏諱を与え、弘元と名乗らせる。3・20山名元之、伯耆定光寺等の寺領を安堵する。	12月山城の土一揆が勃発する。
一一	一四七九	5・19京都南方の諸関の交通往来が妨がれたため、所司代浦上則宗、これを撤却する。8・1足利義政、赤松政則の出仕を停止する。8・26京極政経、尼子経久に出雲利弘跡等の地を安堵する。9月山名豊氏、森二郎と因幡で戦う。	4月蓮如が山科本願寺を建立する。
一二	一四八〇	4・10赤松政則、播磨国鴨河百姓等が清水寺領の山林を伐採することを停止する。6月連歌師宗祇、大内政弘の招きに応じて、周防山口に下る。9・14山名政豊、伯耆法勝寺城を攻める。	9月京都の土一揆が土倉・酒屋を襲撃する。
一三	一四八一	4・4赤松政則、太井源四郎に同国一宮太井祝職および所領を還付する。4・16浦上則宗等、犬追物を行う。8・30伯耆守護山名政之、山名元之を円山城に攻めて落とす。9・3大内政弘、金剛般若経を刊行して、父・教弘の冥福を祈念する。	11・21一休宗純死去。
一四	一四八二	3・10大内政弘、豊前津隈荘の地を毛利弘元に知行させる。9・21赤松政則、備前吉備津神社社務某に同国内諸社を支配させる。12・19幕府、京極政経・尼子経久に出雲・隠岐両国に段銭を課す。	2・4足利義政、東山山荘の建造に着手する。
一五	一四八三	1月幕府、所司代浦上則宗を山城守護に補任しようとする。8・1大内政弘、九州出兵の渡船を長門赤間関の関役に定める。12・25赤松政則、山名政豊と播磨真弓峠で戦い敗北する。	6月足利義尚、母・日野富子のもとから伊勢貞宗邸へ移る。

一六	一四八四	2・5浦上則宗等、赤松政則を廃し、有馬慶寿丸を後継者に据えようとする。2・22大内政弘、周防長宝寺の寺領を安堵する。6・4山名政豊、播磨浄土寺の諸公事、臨時課役等を免除する。	6月洛中に盗賊が横行する。
一七	一四八五	閏3・28赤松政則、山名政豊の配下の垣屋孝知等を播磨蔭木城を攻めて落とす。4・15大内政弘、撰銭、売買等の禁令を出す。6・4赤松政則の配下の浦上掃部助等、山名政豊と同国片島で戦い戦死する。	12・11山城国の国人・土民が畠山義就・畠山政長両軍に撤収を要求する。
一八	一四八六	1・6赤松政則、山名政豊の兵を同国英賀で破る。4・1大内政弘、分国内相伴衆著座の数を定める。	7・26太田道灌、上杉定正に謀殺される。
長享 元	一四八七	3・10赤松政則、山名政豊を播磨坂本城に攻めて勝利を得る。3月三条西実隆、大内政弘に長秋詠藻等を贈る。9月浦上則宗、播磨国福井荘に禁制を掲げる。12・23山名政豊、山内豊通に備後国伊予地頭分を宛行う。	9・12足利義尚、近江の六角高頼征伐に出陣する。
二	一四八八	7・18山名政豊、但馬に帰る。赤松政則、追撃して破り、播磨・備前・美作を回復する。8・3大内政弘、左京大夫に還任される。8・24幕府、浦上則宗のとりなしにより、山名政実を因幡守護とする。	6・9加賀一向一揆、守護・富樫政親を殺害する。
延徳 元	一四八九	5・27浦上則宗、中村又三郎の知行分播磨国吉富荘の半済・段銭・河公事等を免除する。11月因幡守護山名政実、前守護山名豊時と戦い、同国紀佐市城で自刃する。12・11赤松政則、自ら刀を作り、広峰純長に与える。	3・26足利義尚死去。
二	一四九〇	2・7山名政豊、兵を美作に出す。7・20赤松政則、犬追物を行う。8・10毛利弘元、安芸豊島郷を粟屋元秀に充行う。	1・7足利義政死去。7・5足利義視の子・足利義材が征

		9・23幕府、三淵正運の訴えにより、浦上則宗の播磨益田村内の地の占拠を止めさせる。	夷大将軍となる。
三	一四九一	9・20赤松政則、義材に謁し、酒饌を贈る。11・3大内義興、神馬を周防妙見社に寄進する。12・12山名政豊の配下の斉藤壽明等、反旗を翻す。	1・7足利義視死去。
明応元	一四九二	5・2少弐政資、大内政弘と筑前筥崎で戦う。9・3山名俊豊、山内豊成に備後国泉田代官職等を安堵する。10・3幕府、赤松政則に加賀半国を安堵する。	9月足利義材、赤松政則や土岐成頼の尽力により近江を平定する。
二	一四九三	2・7山名俊豊、毛利弘元の所領を安堵する。4・20細川政元、姉を赤松政則に嫁がせる。5・12浦上則宗、細川政元の配下の上野玄蕃頭と争い、妙満寺に放火する。7・13山名俊豊、父・政豊と但馬で戦う。	2・15足利義材、河内征討の軍を起こす。
三	一四九四	1・9細川政元の部下、赤松政則の部下と戦う。2・18周防興隆寺が焼失したため、大内義興が復興する。11・13山名俊豊、但馬国興長寺領の段銭、諸公事等を免除する。	12・27足利義澄、征夷大将軍に任じられる。
四	一四九五	4・14赤松政則の家臣等、詠歌一巻を奏覧する。8・4安芸・毛利弘元、但馬・山名政豊と戦う。9・18大内政弘死去。	2・11伊勢宗瑞、小田原城を攻略する。
五	一四九六	4・25赤松政則死去。8月浦上則宗、播磨国称名寺に禁制を掲げる。10・21山名俊豊、山内幸菊丸に通久の遺跡を安堵する。12・13大内義興、少貳政資を討つべく、兵を率いて周防山口を出発する。	9・29大坂本願寺の建設が始まる。
六	一四九七	3・14毛利元就誕生。3・16浦上宗助、松田元勝の備前国留山城を攻略する。4月山名俊豊、弟・致豊と戦う。9・5大内義興、内藤弘春を長門守護代とする。10・5毛利弘元、山	4・19大内軍に敗れ、少弐政資・高経父子自刃。

七	一四九八	名俊豊を助けて備後に陣する。10・29赤松義村、廣峯長続の子新四郎に播磨国廣峯社社務職を相続させる。11・7大内義興の配下の右田弘量、末武長安、豊後に入る。11・11浦上則宗の兄光信死去。	8月東海地方で大地震。
八	一四九九	1・23山名政豊死去。4・27大内義興、安芸の天野興定に同国西條原村の地を安堵する。8・28毛利弘元、温科国親と戦う。9・10赤松義村、播磨国廣峯山を守護使不入の地とする。	11・22足利義材、坂本で六角高頼に敗れ河内へ。
九	一五〇〇	3・5足利義材、大内義興を頼り山口へ行く。3・20大内義興、周防興隆寺に婦女が寺門に入ることを禁じるよう命じる。3・29毛利弘元、家督を子・興元に譲る。	7月京都で大火。
文亀 元	一五〇一	2・21大内義興、足利義尹を奉じ、豊後大友親治を討とうとする。10・5幕府、赤松義村に修理替物要脚を負担させる。	この年、関東で私年号「徳応」が使用される。
二	一五〇二	5・23大内義興、末武長安の戦功を賞し、長門および豊前の地を充行う。6・11浦上則宗死去。8・22毛利弘元、志道元良に誓書を与える。	9月細川政元、九条政基の子・澄之を養子とする。
三	一五〇三	3・6大内義興、周防興隆寺に安芸福成寺を管理させる。	5・20細川政元、阿波細川成之の曽孫・澄元を養子とすべく、家臣を阿波に派遣する。
永正 元	一五〇四	閏3・5大内義興、平賀弘保の出陣の功を賞する。閏3・23山名豊重、北川與三左衛門の戦功を賞する。11・5毛利弘元、渡邊雄の備後和智の戦功を賞する。	9・27立河原の戦いで、扇谷上杉・北条・今川連合軍と山内上杉・古河公方連合軍が戦う。
二	一五〇五	6・2山名致豊、家臣の垣屋続成と確執が生じる。7月佐田泰景、軍功を注進して、大内義興の証判を請う。	この年、陸奥で大飢饉。

三	一五〇六	1・21毛利弘元死去。2・10大内義興、朝鮮に使いを遣し、長門亀山八幡社の修理費用の援助を請う。12・5赤松義村、播磨国一宮の社領を安堵する。	4・21細川澄元、阿波の軍兵を率いて上洛する。
四	一五〇七	5・16毛利興元、児玉元為の戦功を賞する。11・6毛利弘元の子・幸千代丸が加冠し、大内義興の偏名を受け、興元と改める。11月大内義興、足利義尹を奉じて上洛の軍を起こす。	6・23細川政元家臣の薬師寺長忠・香西元長らが主君政元を殺害する。
五	一五〇八	6・15大内義興、石清水八幡宮に剣馬を寄進する。7・18山名致豊、下津屋新三郎に但馬等の諸知行地を安堵する。9・11赤松義村、一族の赤松播磨守を討つ。	4・9細川高国兵を起こす。
六	一五〇九	1・21大内義興、長門長寿坊に禁制を掲げる。閏8・3毛利興元、粟屋元秀の功を賞して、備後津田郷の地を宛行う。10・20尼子経久、出雲鰐淵寺の条規を定める。	10・26足利義稙暗殺未遂事件。
七	一五一〇	1・29義尹、細川高国、大内義興等に前将軍・足利義澄を討たせる。6・24尼子経久、杵築社を造営する。11・23赤松義村、祐乗坊宗琇に同国的部北条半済分などを安堵する。	6・20長尾為景が長森原の戦いで上杉顕定を破る。上杉顕定戦死。
八	一五一一	8・23山名致豊、但馬国円通寺の壁書を定める。8・24足利義稙・細川高国・大内義興連合軍が細川澄元・細川政賢連合軍を破る。12・25大内義興、山城西芳寺で雪を観て、和歌を詠じる。	8・14足利義澄死去。
九	一五一二	2・13大内義興、周防興隆寺明年二月会大頭役を定める。6・18細川高国、摂津尼崎に赴き、赤松義村の母と和を結ぶ。8・28赤松義村、浦上村宗を幕府に遣わし許しを請う。9・28山名致豊、但馬国妙見社に西懸徳久名臨時段銭を寄進する。	6・17上杉憲房、鉢形城を攻撃し上杉顕実を追い出す。
一〇	一五一三	4・7山名教之、伯耆国定光寺に上神郷の内堤分の地を寄進	この年、遣明使が帰国する。

		する。5・22赤松義村、播磨国浄土寺に段銭等を免除する。9・6尼子経久、子・政久と出雲阿用城を攻める。10・15別所則治死去。	
一一	一五一四	3・11毛利元就、安芸下高屋の地を市河一郎五郎に充行う。8・24赤松義村、播磨国鵤荘と小宅荘との用水争論を糺明する。9・11大内義興、高麗船勘合等について、幕府に上申する。	この年、山崎宗鑑「犬筑波集」成る。
一二	一五一五	1月尼子経久、法華経を開板する。4・26大内義興、吉川経典の戦功を賞し、石見久利郷市原村の地を充行う。5月赤松義村、播磨国清水寺に禁制を掲げる。9・26山名誠豊、但馬国興長寺に寺領を安堵する。	この年、狩野元信「清涼寺縁起絵巻」成る。
一三	一五一六	1・5赤松義村、幕府に年始、垸飯の礼物を贈る。5・13山名致豊、安田源次郎に但馬国丹生村を充行う。6月足利義稙、大内義興の推挙により、越前守護朝倉孝景に白傘袋および毛氈鞍覆を用いることを許す。	7・11新井城陥落。三浦義同戦死。伊勢宗瑞、相模を統一する。
一四	一五一七	7・20尼子経久、山城鴨社に同社領出雲安来荘の公用銭を運上する。9・26浦上宗久、備前国西大寺別当坊清平寺瑞潮に同寺住持職を安堵する。10・16赤松義村、播磨国斑鳩寺領の国役を免除する。	この年、諸国で洪水、暴風雨が多く発生。
一五	一五一八	1・20尼子経久、赤穴光清に父・久清の所領の相続を安堵する。7・11浦上村宗、赤松義村に背く。7・23山名誠豊、但馬国小田井社の社規を定める。8・2大内義興、京都を辞し帰国の途につく。	8月「閑吟集」成る。
一六	一五一九	2・11宇喜多能家、備前西大寺寺中成光寺に土地を寄進する。	8・15伊勢宗瑞死去。

		8・29大内義隆、長門住吉社に太刀・馬を寄進する。12・23毛利幸松丸、児玉弥七郎に偏諱を与える。12・30赤松義村、浦上村宗の備前三石城を攻める。	
一七	一五二〇	5・13大内義興、周防興隆寺領の段銭ならびに臨時課役等を免除する。10・6赤松義村、小寺則職に上村宗の美作岩屋城を攻めさせる。11月赤松義村、家督を子の才松丸に譲り出家する。	2・18細川高国近江へ落ち延びる。
大永元	一五二一	1・24山名澄之、伯耆国瑞泉寺に土地を寄進する。2・11赤松義村、浦上村宗を備前三石城に攻める。5・13大内義興、条規を定める。9・17浦上村宗、赤松義村を播磨国室津で殺害する。	12・25足利義晴が征夷大将軍となる。
二	一五二二	3・18大内義興、陶興房等に佐東郡の尼子経久の兵を攻撃させる。4・13浦上村宗、山城徳禅寺に送経を謝する。9・30浦上村国等、赤松才松丸を擁して淡路より播磨に入る。12・28山名誠豊、配下の田結庄右馬助某に播磨鵤荘を充行おうとする。	12・7伊達稙宗、陸奥国守護職に任ぜられる。
三	一五二三	6・13尼子経久、安芸に入り、毛利幸松丸を先鋒として同国鏡山城を攻める。7・15毛利幸松丸死去。8・10毛利元就、吉田郡山城に入城し、毛利家家督を継ぐ。10月山名誠豊、播磨で敗れて帰国する。12・10細川高国、浦上村宗を邸宅に招く。	4・9足利義稙死去。
四	一五二四	7・10尼子経久、出雲・伯耆等の兵を率いて、毛利元就・吉川元経等と共に大内義興を安芸銀山に攻める。8月前南禅寺住持宗成、宇喜多能家の画像に賛を書く。この年、毛利元就、弟・相生元綱を殺害。	1・13高輪原の戦いで、扇谷上杉軍と北条軍が戦う。

五	一五二五	3・11毛利元就、佐藤助右衛門尉に偏諱を与える。4・10大内義興、陶興房の安芸における戦功を賞する。12月大内義興、安芸にあって尼子経久の属城を攻める。	4月細川高国が出家する。
六	一五二六	7・5大内義興と大友義鑑の兵、尼子経久の属城安芸府中城を落とす。9・6尼子経久、雲樹寺に土地を寄進する。11・21足利義晴、赤松政村に出陣を命じる。12・4山名誠豊、丹波に出陣する。12・27義晴、浦上村宗等に入京を命じる。	4・14今川氏親、「今川仮名目録」を制定する。
七	一五二七	1・10義晴、赤松政村および浦上村宗に入京を命じる。5・6義晴、山名誠豊と山名誠通の和睦を斡旋する。7・12毛利元就、尼子経久の兵と備後知智で戦う。12・26赤松政村、山城山崎に着陣する。	2・13細川高国軍が柳本賢治ら丹波勢に桂川原で敗れる。
享禄元	一五二八	2・14山名誠豊死去。5・23赤松政村、色節の播磨国近江寺に出入を禁じる。6・14尼子経久、三刀屋対馬守の所領を安堵する。12・23義晴、赤松政村、浦上村宗等に京都回復を依頼する。	この年、厳寒のため、琵琶湖が結氷。
二	一五二九	5・2高橋弘厚、大内義隆に背き尼子経久と通じたため、毛利元就、これを攻める。5・3大内義隆、周防国分寺に禁制を掲げる。9・22尼子経久、杵築社祠官千家豊俊が家督を新十郎（高勝）に譲ることを許す。11・10赤松村秀、江見藤次郎の戦功を賞する。	3月松前義広が蝦夷の族長を殺害する。
三	一五三〇	6・29細川高国と浦上村宗、中村助三郎に命じて柳本賢治を播磨東条で殺害させる。7・24毛利元就、尼子経久の兵と安芸山縣で戦う。9・15三条西実隆、大内義隆の要請により、歌仙の和歌を書して遣わす。	1・21上杉謙信誕生。

四	一五三一	5・15大内義隆、徳政法により、周防国衙にその借物および質券地等を取得させる。6・4浦上村宗戦死。7・10尼子三郎四郎、毛利元就と兄弟の盟約を結ぶ。7・18赤松政村、廣峯與九郎の淡路郡家浜における戦功を賞する。	6・4天王寺の戦いで細川高国軍が三好元長軍に敗れる。
天文元	一五三二	2・25尼子経久、三条西実隆に「伊勢物語」の書写を依頼する。2・25大内義隆、近衛尚通等に物を贈る。4・24赤松政村、飯尾源三の戦功を賞する。	6・20木沢長政ら、堺を攻撃し三好元長を倒す。
二	一五三三	2・5尼子経久、伯耆福田保および犬田村の地を出雲日御碕社に寄進する。2・20赤松政村、播磨国大山寺本尊の怪異により、祈禱を依頼する。7・12浦上国秀、備前西大寺領の諸公事を免除する。	この年、神屋寿禎が石見銀山を開発する。
三	一五三四	2・13大内義隆、周防興隆寺明年修二月会大頭役を定める。2・27山名誠通、百姓の愁訴を退け、因幡国宇倍社の社領を安堵する。6・30島村盛実、宇喜多能家を備前砥石城で討つ。	5・28織田信長誕生。
四	一五三五	9・7赤松政村、播磨国正明寺の寺領を安堵する。3・6毛利元就、井上新六等の備後三吉における戦功を賞する。7・23足利義晴、大内義隆に観世大夫等の九州下向の便を図らせる。	11月朝廷が狩野元信に唐絵屏風を書かせる。
五	一五三六	6・16朝廷、大内義隆の即位の資を献じたことを賞し、廣橋兼秀を周防に下して御剣を与える。7・3山名致豊死去。10・16政村、後藤忠家の家督相続を許す。12・26尼子詮久、備中、美作を攻略して帰国する。	4・14伊達稙宗が「塵芥集」を制定する。
六	一五三七	8・16尼子詮久、石見大森銀山を奪う。8・22山名誠通、従五位下・左馬助に任じられる。12・1毛利元就、嫡子隆元を	2・6豊臣秀吉誕生。

		大内家に人質として差し出す。12・14尼子詮久、播磨に乱入する。	
七	一五三八	5・29大内氏と大友氏と和睦。9・9福屋上野介、長門嘉年城で大内義隆の部将益成重友を攻める。10・15浦上村宗、播磨八聖寺の寺領を安堵する。11・5尼子詮久、播磨に入り、赤松政村、淡路に出奔する。	10・7北条氏綱が足利義明・里見義堯連合軍を国府台で破る。
八	一五三九	1・14三好長慶上洛し、細川晴元と面会する。2・13尼子詮久、美作木山寺の諸役を免除する。5・29大内義隆、松田歳信を周防高嶺大神宮神主職とする。11・20赤松政村を従五位下に叙し、左京大夫に任じ、義晴が偏諱与えて晴政と称する。	この年、多くの公家らが京都から山口に下向する。
九	一五四〇	3・23大内義隆、毛利元就を支援するため、防府より岩国に向かう。6・16毛利元就、平賀興貞と安芸造賀で戦い破る。7・3赤松晴政、尼子詮久が同国を攻めることを幕府に訴える。8・16尼子詮久、大内義隆の所領の石見銀山を攻略する。	この年、諸国に災害、疫病が流行。
一〇	一五四一	1・13吉田郡山城の戦いで毛利軍が勝利する。6・29山名誠通、山名祐豊と境界を争い、稲葉国岩井で戦う。8・11本願寺証如、赤松晴政の帰国を祝う。10・9山名祐豊、伯耆に侵攻し尼子氏と交戦する。	6・14武田信玄、父・武田信虎を駿河に追放する。
一一	一五四二	閏3・30大内義隆、出雲に入り尼子晴久を攻める。5・5毛利元就、尼子晴久の兵と安芸槌山で戦う。9・6赤松晴政、出雲の情勢を幕府に注進する。10・9山名豊興、伯耆国瑞仙寺領の課役等を免除する。	12・26徳川家康誕生。
一二	一五四三	4・30月山富田城を包囲中の大内方から尼子勢へ出雲・石見・備後の国人が寝返り、月山富田城へ入城する。6・27毛	2・14織田信秀、禁裏修理費として四千貫を献上する。

		利元就、山名理興と安芸椋梨で戦う。7・21大内義隆の配下の吉見正頼、尼子晴久の兵を夜襲する。	
一三	一五四四	3・11毛利元就・隆元の兵、尼子晴久と備後田総で戦う。11・13幕府、赤松晴政から小舎人給物等を徴収する。11・27山名豊延、長田又五郎に所領を充行う。この年、毛利元就の子・徳寿丸が小早川家（竹原系）を継ぐ。	7月東海地域で暴風雨・洪水が起こる。
一四	一五四五	3・29幕府、赤松晴政をして、浦上掃部助の青蓮院門跡領播磨国賀古荘の押領を停止させる。6・6山名祐豊、太刀と馬を義晴および子菊幢丸（義輝）に贈る。6・28浦上政宗、備前清平寺領西大寺市場敷地の諸役を免除する。	この年、宗牧が「東国紀行」を著す。
一五	一五四六	4・20牛尾幸清、鰐淵寺に土地を沽却するに際し、尼子晴久が証判を与える。4・28毛利元就、隆元、児玉元良に所領を充行う。8・15大内義隆の兵、伊予を攻める。この年、毛利元就、嫡子・隆元に家督を譲る。	4・20河越城の戦いにて北条氏康軍が上杉憲政・上杉朝定・足利晴氏連合軍に勝利する。
一六	一五四七	4・28毛利元就、尼子晴久と安芸五龍山で戦う。5月毛利元就、尼子晴久の兵と備後坪生で戦う。7・29毛利元就の次男・元春、吉川家に養子として入る。8・12大内義隆、毛利隆元が所望の備中守を敷奏する。	8・2松平竹千代、織田信秀の人質となる。
一七	一五四八	6・18大内義隆、陶隆房に命じて備後神邊城で山名理興を攻めさせる。10・17毛利元就、安芸佛通寺に禁制を掲げる。10・22大内義隆、内侍所臨時御神楽の費用を献上する。	2・14上田原の戦いで、武田信玄軍が村上義清軍に敗れる。
一八	一五四九	2・8尼子晴久、赤穴満五郎の所領を安堵する。2・14毛利元就、周防山口に赴き、大内義隆に謁す。4・17大内義隆の配下の平賀隆宗、山名理興の兵と備後籠屋口で戦う。8・24	3・6松平広忠死去。

一九	一五五〇	大内義隆、多賀谷重治の家督相続を許す。7・13毛利元就、井上元兼らを粛清する。7・20毛利元就、全家臣に服従を誓わせる起請文を提出させる。9月宣教師フランシスコ・ザビエル、平戸より山口を経て京都に至り、また山口に赴き、大内義隆の許可を得て布教する。この年、小早川隆景、沼田小早川家も継ぐ。	2・12大友義鑑死去。
二〇	一五五一	5月大内義隆の部将陶隆房、使者を大友義鎮に遣し、晴英を迎え入れるよう要請する。9・1陶晴賢、大内義隆父子を攻撃し、大寧寺で自害する。9・4毛利元就・隆元父子、平賀隆保を安芸頭崎城で討つ。	
二一	一五五二	4・2尼子晴久、因幡・伯耆・備前・美作・備後・備中の守護となる。4・6別所村治、播磨近江寺に不法をなす者の交名を注進させる。7・23毛利元就、大内晴英の命により、備後瀧山城で宮光寄を攻める。	1月山内上杉憲政、平井城を出奔する。
二二	一五五三	4・3三好到高・隆亮父子、毛利元就・隆元父子と盟約する。5・7毛利元就、尼子晴久の兵と備後高で戦う。10月毛利元就、大内義長の兵と共に江田隆連を備後旗返城に攻める。	1・6小笠原長時、越後国へ亡命する。
二三	一五五四	2・20浦上政宗、備前清平寺に瑞雲寺および満願寺等を管掌させ、同寺の臨時課役等を免除する。3・20山名祐豊、白銀を朝廷に献じる。5・12毛利軍、厳島など安芸国内の大内氏の拠点を攻略する。11・1尼子晴久、讒言により尼子国久・誠久父子を殺害する。	1・24織田信長、村木攻めを行う。
弘治 元	一五五五	2・11大内義長、吉見正頼の兵と石見高木で戦う。3月尼子晴久、出雲日御碕社に太刀と装束を寄進する。9・10浦上宗	4・20織田信長、清洲城を落とす。

		景、牧八郎次郎に美作日ケ荘の地を充行う。10・1厳島の戦いで毛利軍が陶軍に勝利する。陶晴賢、自刃。	
二	一五五六	3・18毛利元就、出雲尼子晴久を討つべく、吉川元春等を石見に出陣させる。4・21毛利元就、大内義長の属城長門渡川城を攻める。4・30山名祐豊、白銀を朝廷に献じる。9・22毛利隆元、大内義長の属城周防須々万城を攻める。	3月上杉謙信、突然隠居を宣言する。
三	一五五七	2・4宇喜多直家、備前清平寺領百姓に城の普請役を免除する。10・19赤松晴政、豊福宗左衛門に兵糧料所を充行う。11・25毛利元就、毛利隆元・吉川元春・小早川隆景に三子教訓状を書き送る。	11・2織田信長、謀反を企てた弟・織田信行を殺害する。
永禄元	一五五八	4・3毛利軍の攻撃により且山城が落城。大内義長が自害する。9・3尼子晴久、毛利元就の部将刺賀長信、高畠遠言を石見山吹城で攻め落す。11・19毛利元就、属四郎兵衛に周防富田保の地を充行う。	11・27六角義賢の仲介で足利義輝と三好長慶が和解する。
二	一五五九	2・16朝廷、義輝を通じて、即位の費用を献じるよう毛利元就に命じる。2月宇喜多直家、中山備中守を殺害する。7月毛利元就、小早川隆景および吉川元春と共に、石見山吹城で尼子晴久の部将本荘常光を攻める。	1・11龍造寺隆信、少弐冬尚を勢福寺城に攻め自刃させる。
三	一五六〇	2・21幕府、毛利隆元を安芸守護とする。3・23山名豊定死去。4・4義輝、毛利元就と尼子晴久との和睦を図り、元就に石見での戦を止めさせる。11月浦上宗景、備前満願寺に禁制を掲げる。	5・19桶狭間の戦いにて織田信長軍が今川義元軍を破る。今川義元戦死。
四	一五六一	閏3・12義輝、毛利元就・隆元父子と尼子義久との和睦を図り、聖護院道増を下向させ、吉川元春および小早川隆景に斡	3・7小田原城を上杉謙信軍が包囲する。

五	一五六二	旋する。6月宇喜多直家、備前龍口の税所元常を殺害する。11月石見福屋隆兼、毛利元就に背き、尼子義久の部将牛尾久信、湯泉惟宗と謀り、同国福光城を攻める。	1・15清洲同盟が成立する。
六	一五六三	2・6毛利元就、石見松山城で尼子義久の部将福屋隆兼を攻め落す。2・10尼子義久、伯耆定光寺の寺領を安堵する。9・16毛利氏の兵、大友義鎮の兵と、豊前仲元寺で戦う。4・5山名豊数、中村伊豆守の戦死を悼む。4月毛利元就、尼子義久と出雲津田で戦い勝利する。8・4毛利隆元死去。	10・1六角義治、後藤賢豊を殺害する。
七	一五六四	1・19山名豊数、中村鍋法師丸の所領因幡八東郡等を安堵する。3・17毛利元就、出雲洗骸から富田城に至り、尼子義久と戦い勝利する。5・15毛利元就、御料所石見大森銀山の貢租を献じる。	1・8国府台で里見義弘が北条氏康に敗れる。
八	一五六五	4・19尼子義久、毛利元就の兵と出雲市庭で戦い勝利する。4・28毛利輝元等、尼子義久と出雲星上で戦う。9・3毛利元就、三村家親に命じて、伯耆大江城で吉田肥前を攻めさせる。	5・19松永久秀と三好三人衆、将軍足利義輝を襲い殺害する。
九	一五六六	11・10浦上宗景、牧佐介に美作高野郷代官職を充行う。11・28尼子義久、毛利元就に降伏する。11月毛利元就、出雲満願寺に戦死者追福のため、光明真言法を修させる。	2月島津貴久、家督を嫡子・島津義久に譲る。
一〇	一五六七	3・20足利義昭、吉川元春に出雲の平定を賀す。7・22浦上宗景、花房与左衛門に所領を充行う。12・13毛利元就、輝元、佐藤又右衛門尉に安芸入江の地を充行う。	7・7毛利方に寝返った高橋鑑種が籠もる岩屋城が大友軍により落城する。
一一	一五六八	4月毛利元就、吉川元春および小早川隆景を伊予に遣し、河野通直を助けて大津城将宇都宮豊綱を攻めさせる。9・4吉川元春と小早川隆景、豊前三岳城を落とし、城将長野弘勝を	10・18足利義昭、征夷大将軍に任ぜられる。

一二	一五六九	殺害する。2・20足利義昭、赤松政秀の女を侍女とする。7・3尼子勝久、出雲に入り、毛利元就の諸城を落とす。10・15毛利元就、尼子勝久・大内輝弘等の出雲・周防侵入を聞き、吉川元春・小早川隆景を召還する。	1・10織田信長入京する。
元亀 元	一五七〇	2・14毛利輝元、尼子勝久・山中幸盛等と出雲布部で戦う。5・5吉川元春、尼子勝久の属城出雲平田を攻める。8月宇喜多直家、備中に攻め込む。10・22浦上宗景、播磨三木城を攻める。	1・8武田信玄が駿河を占拠する。
二	一五七一	3・16毛利元就、出雲日御碕社に社領を寄進して、病気平癒を祈願する。3・19吉川元春等、尼子勝久の属城出雲高瀬を攻め落とす。6・12浦上宗景等、備前児島に攻め込み、毛利氏と戦う。6・14毛利元就死去。11・17山名韶熙、丹波山垣城を攻める。	2月織田信長、佐和山城の磯野員昌を調略する。
三	一五七二	7・25足利義昭、熊谷信直に命じて、毛利輝元と備後甲山城主山内隆通・元通父子との和睦を斡旋させる。10・29毛利輝元、室町幕府の命を奉じて、浦上宗景・宇喜多直家と和睦する。11・5牛尾保常、伯耆瑞仙寺に万灯江平前の地を寄進する。	5・4木崎原の戦いで島津義弘軍が伊東軍を破る。
天正 元	一五七三	1・11赤松満政、播磨国円教寺衆徒等の条規を定める。10・24吉川元春、山名豊国を鳥取城で降す。11月織田信長、浦上宗景に備前・播磨・美作を安堵し、宗景と別所長治を和睦させる。12・12毛利輝元の使僧安国寺恵瓊、備前岡山で宇喜多直家に面会する。	2・13足利義昭、織田信長討伐のため挙兵する。
二	一五七四	3・13宇喜多直家、浦上宗景と関係を絶ち、美作原田佐高父	2月武田勝頼、美濃明知城を

		子と盟約する。9・21尼子勝久・山中幸盛等、因幡鳥取城を攻める。11・22毛利輝元、安芸洞春寺に寺領を寄進する。	落とす。
三	一五七五	1・11毛利輝元、山名韶熙・氏政父子と和睦する。5・10朝廷、毛利輝元に蘭奢待を与える。9月浦上宗景、宇喜多直家に敗れ、天神山城を退去する。10・20赤松広秀・小寺政職・別所長治・浦上宗景・山名韶熙、織田信長に謁す。	5・21長篠の戦いで織田信長が武田勝頼を破る。
四	一五七六	2・6吉川元春、毛利元康・杉原盛重と共に尼子勝久の属城因幡宮吉城を攻める。5・7毛利輝元、穂井田元清に織田信長征伐を表明する。7月織田信長、羽柴秀吉に西国計略を命じる。9・13宇喜多直家、播磨上月城を攻略する。	7・13木津川口の戦いで毛利軍が織田軍を破る。
五	一五七七	4・23毛利氏の兵、宇喜多直家等と共に播磨室津に着陣する。5・14播磨御着城の小寺政職、毛利氏の軍と同国英賀で戦う。12・21山名豊元、姫地玄番允に所領を宛行う。	6月織田信長、安土に楽市令を出す。
六	一五七八	2・23別所長治、毛利氏等に通じ織田信長に反旗を翻す。3・29羽柴秀吉、三木城を包囲する。5・16羽柴秀吉、山名豊国の所領等を安堵する。7・3上月城落城。尼子勝久が自害。8・3毛利輝元等、島津義久に幕府回復に協力するよう求める。	3・13上杉謙信死去。10・17荒木村重が本願寺顕如と盟約を結び織田信長に謀反を起こす。
七	一五七九	3月宇喜多直家、織田方に与し毛利方の美作三星城を攻める。9・1伯耆羽衣石城南条元続、織田信長に通じ、毛利氏に背く。11・2山名氏政、榎並山城守の所領等を安堵する。	9・15徳川信康、二俣城にて自刃。
八	一五八〇	1・17三木城落城。別所長治が自害。2・14羽柴秀吉、宇喜多直家の兵と共に、美作祝山城で湯原春綱等を攻める。9・3毛利輝元、美作祝山城湯原春綱の要請により、宇喜多直家を討つべく安芸吉田城より出陣する。9・21羽柴秀吉、山名	8・15織田信長、佐久間信盛を追放する。

		豊国を因幡鳥取城で包囲する。	
九	一五八一	2・21宇喜多基家、備前児島の麦飯山を占拠する。6・25羽柴秀吉、因幡に入り、吉川経家を鳥取城で包囲する。10・25羽柴秀吉軍により鳥取城落城。	2・28織田信長、京都で馬揃えを挙行する。
一〇	一五八二	1・9宇喜多直家死去。5・7羽柴秀吉、備中高松城を包囲する。6・4清水宗治が自害。高松城落城。7・17毛利輝元、羽柴秀吉に使を遣して、織田信長の死去を弔す。	6・2明智光秀の謀反により織田信長が本能寺で自害する。6・13山崎の戦いで羽柴秀吉が明智光秀を破る。
一一	一五八三	2・13足利義昭、京都に復帰するため、毛利輝元、柴田勝家、徳川家康に連絡し助力を求める。4・25羽柴秀吉、宇喜多秀家に書状を送り、柴田勝家の敗死と北陸の平定とを報じる。	2・12羽柴秀吉、伊勢の滝川一益を攻める。
一二	一五八四	3・9小早川秀包・元総、羽柴秀吉に従い、近江に出陣する。5・12羽柴秀吉、尾張竹鼻攻囲の状況を宇喜多秀家に報じる。	4・9長久手の戦いで徳川家康が羽柴秀次を破る。
一三	一五八五	3・17毛利輝元、紀伊雑賀に警固船を派遣する。4・17毛利輝元、羽柴秀吉の四国征伐に従い、伊予に出兵準備をする。6・27小早川隆景、吉川元長等と共に、毛利氏の軍を率いて伊予に渡る。7・19宇喜多秀家、長宗我部氏の討伐で讃岐より阿波に進む。	7・11羽柴秀吉、関白となる。8・6長宗我部元親、羽柴秀吉に降伏する。9・9羽柴秀吉、豊臣姓を賜姓される。
一四	一五八六	3・3宇喜多次郎九郎等、千人切と称して大坂で人を殺す。8・15豊臣秀吉、肥前松浦鎮信に対し、毛利輝元等の豊後出陣を報じる。10・4毛利輝元、吉川元春・小早川隆景・黒田孝高と共に、高橋元種の属城豊前小倉を攻め落とす。	2・21豊臣秀吉、聚楽第の造営を開始する。
一五	一五八七	1・25豊臣秀吉、小早川隆景等に書状を送り、先鋒宇喜多秀家の九州出陣を告げる。3・1豊臣秀吉、九州征伐のため大	5・8島津義久、豊臣秀吉に謁し降伏する。

		坂城を出陣する。4・6羽柴秀長、毛利輝元等の諸将を率い、島津氏の将山田有信を日向高城で包囲する。	
一六	一五八八	閏5・13肥後の一揆が鎮定したため、毛利輝元・小早川隆景・吉川広家等、兵を収めて帰る。8・1毛利輝元・小早川隆景・吉川広家、聚楽亭において、豊臣秀吉に謁する。10月宇喜多秀家、備前長法寺の寺領を安堵する。	7・8豊臣秀吉、刀狩令を発する。
一七	一五八九	5・19毛利輝元、足利義輝二十五回正忌法会を山城相国寺で修す。5月宇喜多秀家、大和長谷寺観音堂に燈籠を寄進し、室の平産を祈る。12・2毛利輝元、御料所石見大森銀山の貢租を献じる。	5・27淀殿、鶴松を出産。
一八	一五九〇	2・28宇喜多秀家、長原菅作に所領を加増する。4・24毛利輝元、賀屋五右衛門尉に周防岩国の地を宛行う。	7・5北条氏直、豊臣秀吉に降伏する。8・1徳川家康、江戸に入府する。
一九	一五九一	1・11毛利輝元、朝鮮に出兵すべく、留守居の掟を定める。閏1・9千宗易、宇喜多秀家から竹百本を贈られたことを謝す。4月毛利輝元、安芸吉田から同国五箇荘を広島と改め、城を築き移る。	12・28豊臣秀吉、甥の秀次に関白職を譲る。
文禄元	一五九二	2・28毛利輝元、安芸広島より出陣する。また吉川広家、同国富田より出陣する。4月宇喜多秀家等、朝鮮釜山浦に入港する。5・3宇喜多秀家等、慶尚道星州より居昌、京畿道竹山、龍仁を経て京城に入る。	1・5豊臣秀吉、諸将に朝鮮出兵を命じる。
二	一五九三	2・16秀吉、平安道平壌の敗報を受け、黒田如水（孝高）・浅野長吉（長政）を朝鮮に遣わし、宇喜多秀家等に善後策を指示する。6月豊臣秀吉、宇喜多秀家・毛利秀元等に慶尚道	8・3豊臣秀頼誕生。

		晋州城を攻めさせる。	
三	一五九四	2・16秀吉、毛利豊前守等を遣わし、天野元政の朝鮮在陣の労をねぎらう。9・9毛利輝元、口羽元智に父春良の遺領の石見・出雲の地を安堵する。9・16宇喜多秀家、花房志摩守に知行を宛行う。	
四	一五九五	2・22毛利元康を大蔵大輔に任じ、従五位下に叙す。7月徳川家康・毛利輝元・小早川隆景、豊臣秀吉・拾丸（秀頼）父子に異心なきことを誓う。11・16宇喜多秀家、備前遍照院の諸役を免除する。	7・15豊臣秀次、高野山で自害させられる。
慶長元	一五九六	2・5毛利輝元、山内九郎兵衛尉の備後における給地付立を承認する。3・26毛利輝元、山城伏見の亭で能を興行する。	閏7・13伏見で大地震発生。
二	一五九七	5・16毛利輝元、朝鮮出兵の条規を定める。7・28宇喜多秀家・毛利秀元、諸将と共に全羅道に入る。8・16毛利輝元・加藤清正・鍋島直茂・黒田長政・長宗我部元親等、全羅道黄石山城を攻め落す。9月宇喜多秀家等、全羅道康津・海南・昆陽・昌原等の地に榜文を下す。	1・14加藤清正と小西行長、朝鮮へ渡海する。
三	一五九八	3・13豊臣秀吉、宇喜多秀家・毛利秀元等に帰国を命じる。5・3宇喜多秀家、大坂の邸で能を興行する。5月宇喜多秀家・毛利秀元・吉川広家・蜂須賀家政・藤堂高虎・脇坂安治等、朝鮮より帰国する。	8・18豊臣秀吉死去。
四	一五九九	3・11毛利輝元、部将の大坂城の普請衆を定める。閏3・21徳川家康、毛利輝元に異心なきことを誓う。この年末、宇喜多騒動が勃発する。12・1宇喜多秀家、代官大森藤左衛門尉に山城伏見の在番を命じる。	閏3・3前田利家死去。閏3・4七将が石田三成邸を襲撃する。

五	一六〇〇	8・1毛利輝元・宇喜多秀家、島津忠恒に上京することを求める。11・1福島正則、安芸国厳島社に法会・祭礼を行わせる。11・11小早川秀秋、木下信濃守に知行を宛行う。12・22池田輝政、播磨国朝光寺の寺領を安堵する。	8・1西軍の攻撃で鳥居元忠籠る伏見城が落城する。9・15関ヶ原合戦で徳川家康率いる東軍が石田三成らの西軍を破る。
六	一六〇一	4・16小早川秀秋、備前国西大寺に土地を寄進する。10・1六条河原で安国寺恵瓊等が処刑される。11・7福島正則、志賀小左衛門等に知行を与える。12月池田輝政、播磨国広峰社の条規を定める。	8・16上杉景勝、三十万石へ減封処分となる。
七	一六〇二	3・7福島正則、右近衛権少将に任じられる。6・23小早川秀秋、家臣の知行を定める。10・18小早川秀秋死去。12・1毛利秀元、長門住吉社に禁制を下す。	12・28島津忠恒、伏見で徳川家康に謁見。関ヶ原合戦の戦後処理完了する。
八	一六〇三	2・6森忠政、美作に入封し、池田忠継、備前に入封する。3・3福島正則、佐西郡玖島村の徴租の率を定める。5・7毛利輝元、江戸を参観する。その後、江戸より伏見に帰る。8・6島津忠恒、桂忠詮等に命じて、宇喜多秀家を伏見に護送させる。	2・12徳川家康、征夷大将軍に任じられる。
九	一六〇四	3・11森忠政、美作の諸社寺に社領・寺領を寄附する。6・1毛利輝元、萩指月に築城を開始する。6・2福島正則、江戸を参観する。12・20池田忠継、諸社寺に領地を寄附する。	7・17徳川家光誕生。
一〇	一六〇五	8・2池田忠継、西明寺に禁制を掲げる。12・13毛利輝元、江戸城修築の助役を命じられる。12・14毛利輝元の家臣八百二十余名、輝元に連署起請文を呈す。	4・16徳川家康、秀忠に将軍職を譲る。
一一	一六〇六	1・15森忠政、法度三ヶ条を領内に発布する。3・23毛利輝	12月幕府、慶長通宝を鋳造す

		元、領内における船具漁具等の輸出を禁じる。4月幕府、宇喜多秀家を八丈島に流す。	る。
一二	一六〇七	2・18毛利輝元、封内玖珂郡山代村に命じて、荒地を開墾させる。6・2徳川秀忠、池田利隆に松平氏を授ける。12月毛利氏の江戸桜田の邸が完成する。	4月林羅山、幕府の儒者になる。
一三	一六〇八	4・2毛利輝元、周防佐渡郡玉祖明神社に社領を寄附する。9・13徳川秀忠、毛利秀就に松平氏の称号を与える。この年、池田輝政、姫路城を改築する。	3月駿府城を修築する。
一四	一六〇九	3・22毛利輝元、山口高嶺城に禁制を掲げる。5・13池田忠継、参内して叙任の礼を述べる。7・14福島正則、居城を修築し、徳川家康の不興を被る。10・22毛利輝元、三井元延に命じ、諸臣の給地を丈量させる。	4・5島津氏、琉球王国を制圧する。
一五	一六一〇	2・23徳川家康、池田忠雄に淡路を与える。2月福島正則等、名古屋城の普請に参加する。	7月暴風雨で近畿地方に甚大な被害。
一六	一六一一	3・10池田利隆、法令十四ヶ条を江戸邸の家臣に授ける。6・24福島正則、子息の正勝に生前に家督を譲ろうとする。12月徳川秀忠、毛利秀就が江戸に在していたことから、十万石の役儀を免じ、暇を与え帰国させる。	3・27後陽成天皇、後水尾天皇に譲位する。
一七	一六一二	9月以前、池田輝政、病に伏す。10・14福島正則、駿府で家康に謁見する。	3・21徳川家康、京都などに禁教令を出す。
一八	一六一三	1・11毛利秀就、江戸に参観し、徳川秀忠に謁見する。1・25池田輝政死去。	6・16幕府、公家衆法度を発する。
一九	一六一四	9・24池田長吉死去。10・1徳川家康、豊臣征伐のため諸大名に軍役を命じる。10・8福島正則、書を秀頼・淀殿に送り、	12・4松平忠直ら真田信繁の真田丸を攻撃する。

元和　元	一六一五	関東下向を勧める。11・7池田忠継、摂津中島の敵を破り大和田を取る。池田利隆、森忠政、戸川達安等も相次いで中島に進む。 2・23池田忠継死去。4・5徳川家康、諸大名に再び大坂出陣を命じる。5・1池田利隆、摂津兵庫に出陣する。5・4毛利秀就、三田尻を出発し大和に向かう。	5・8豊臣秀頼・淀殿自害。大坂城落城。

《著者紹介》

渡邊大門（わたなべ・だいもん）

1967年　横浜市生まれ。

佛教大学大学院文学研究科博士後期課程修了。佛教大学博士（文学）。

現　在　株式会社歴史と文化の研究所代表取締役。専攻は，日本中世政治史。

著　書　『中世後期山名氏の研究』日本史史料研究会，2009年。

『奪われた「三種の神器」——皇位継承の中世史』講談社現代新書，2009年。

『戦国期赤松氏の研究』岩田書院，2010年。

『中世後期の赤松氏』日本史史料研究会，2011年。

『宇喜多直家・秀家——西国進発の魁とならん』ミネルヴァ書房，2011年。

『戦国誕生——中世日本が終焉するとき』講談社現代新書，2011年。

『戦国の交渉人——外交僧・安国寺恵瓊の知られざる生涯』洋泉社歴史新書y，2011年。

『戦国期浦上氏・宇喜多氏と地域権力』岩田書院，2011年。

『備前浦上氏』戎光祥出版，2012年。

『大坂落城——戦国終焉の舞台』角川選書，2012年。

『赤松氏五代——弓矢取って無双の勇士あり』ミネルヴァ書房，2012年。

『戦国・織豊期 赤松氏の権力構造』岩田書院，2014年。

『宇喜多秀家と豊臣政権——秀吉に翻弄された流転の人生』洋泉社歴史新書y，2018年，ほか。

地域から見た戦国150年⑦
山陰・山陽の戦国史
——毛利・宇喜多氏の台頭と銀山の争奪——

2019年5月20日　初版第1刷発行　〈検印省略〉

定価はカバーに
表示しています

著　者　渡　邊　大　門
発行者　杉　田　啓　三
印刷者　江　戸　孝　典

発行所　株式会社　ミネルヴァ書房
607-8494 京都市山科区日ノ岡堤谷町1
電話（075）581-5191（代表）
振替口座 01020-0-8076番

共同印刷工業・新生製本

ISBN978-4-623-08494-4
Printed in Japan

人名索引

あ　行

か　行

さ　行

た　行

な　行

は　行

ま　行

や　行

ら　行

わ　行

事項索引

あ　行

か 行

さ 行

た 行

な　行

は　行

ま　行

や 行

ら 行

わ 行